Eishockey – Alles, was man wissen muss

Allgemeiner Hinweis:

Aus Gründen der besseren Lesbarkeit haben wir uns entschlossen, durchgängig die männliche (neutrale) Anredeform zu nutzen, die selbstverständlich die weibliche mit einschließt.

Das vorliegende Buch wurde sorgfältig erarbeitet. Dennoch erfolgen alle Angaben ohne Gewähr. Weder der Autor noch der Verlag können für eventuelle Nachteile oder Schäden, die aus den im Buch vorgestellten Informationen resultieren, Haftung übernehmen.

SEBASTIAN BÖHM

EISHOCKEY

★ ★ ALLES, WAS MAN WISSEN MUSS ★ ★

* * *
SPIELER
REGELN
EVENTS
* * *

MEYER & MEYER VERLAG

Eishockey – Alles, was man wissen muss

Bibliografische Information der Deutschen Bibliothek
Die Deutsche Bibliothek verzeichnet diese Publikation in der Deutschen Nationalbibliografie; detaillierte bibliografische Details sind im Internet über <http://dnb.ddb.de> abrufbar.

Auckland, Beirut, Dubai, Hägendorf, Hongkong, Indianapolis, Kairo, Kapstadt, Manila, Maidenhead, Neu-Delhi, Singapur, Sydney, Teheran, Wien
Member of the World Sport Publishers' Association (WSPA)
Druck: CPI – Clausen & Bosse, Leck
ISBN 978-3-8403-7693-1
E-Mail: verlag@m-m-sports.com
www.dersportverlag.de

INHALT

EINLEITUNG

0:00 ALLES, WAS MAN WISSEN MUSS?

Hans Ronning ist Kindergärtner – und nebenbei Eishockeyschiedsrichter, was er an diesem Abend in Piešťany wahrscheinlich bereut. 33 Minuten und 53 Sekunden sind zwischen Kanada und der Sowjetunion gespielt, als der Norweger mit seinen Linienrichtern in die Kabine flüchtet – und die Spieler auf dem Eis weiterhin aufeinander einprügeln. Erst als an diesem 4. Januar 1987 im Zimný Štadión das Licht gelöscht wird, lassen die jungen Männer allmählich voneinander ab. Das Spiel wird abgebrochen, Finnland zum U-20-Weltmeister erklärt, alle Beteiligten werden gesperrt.

Die beiden Kanadier, die sich nicht an der Prügelei beteiligten, heißen Steve Nemeth und Pierre Turgeon, der zwar später zu einem Star in der National Hockey League (NHL) heranreift, aber „den Schwefelgeruch der Weichheit nicht mehr aus den Kleidern" bekommt, wie der Schweizer Journalist Klaus Zaugg schreibt.

Tja, interessant, irgendwie. Aber muss man das wissen?

„Es ist ein fucking Komplettskandal!" Greg Holst hat dann noch acht weitere Varianten gefunden, um das in seiner nordamerikanischen Heimat verpönte und dennoch omnipräsente Vier-Buchstaben-Wort „fuck" in einem Fernsehinterview unterzubringen. Außerhalb von Nordamerika ist man da nicht so zimperlich, der Videomitschnitt wird seitdem immer wieder nicht nur von österreichischen Eishockeyfans auf YouTube® gesucht und aufgerufen. Wirklich überrascht aber war wohl niemand, der den Trainer des Villacher SV noch als Spieler gekannt hatte. Holst war schon immer, nun ja, anders. Weil es kanadischem Bier an einer Schaumkrone mangelt, hatte er stets einen Salzstreuer dabei. Und selbst nach seinem Wechsel nach Österreich würzte Holst nach – bis das Bier regelmäßig überschäumte.

Muss man das wissen?

Nachdem Benoit Doucet zum zweiten Mal getroffen hat, führt der EV Landshut mit 7:0 vielleicht ein wenig zu hoch, aber nicht unverdient. Zu viele Chancen hat der BSC Preussen Berlin zu Beginn vergeben und dann den Sturmlauf der Niederbayern nicht aufhalten können. In der 38. Minute ist das Bundesligaspiel jedenfalls entschieden. Sogar in dieser Sportart, die doch so gerne von sich selbst behauptet, dass sie zu jedem Zeitpunkt noch alles möglich mache.

Nach der zweiten Drittelpause treffen die Berliner schnell – 7:1, 7:2, 7:3. Richtig entsetzt schreien die Fans im Eisstadion am Gutenbergweg aber erst auf, als Axel Kammerer in der 53. Minute das 7:4 erzielt. Die Treffer zum 7:5 (Holzmann), 7:6 (Birk) und zum Endstand von 7:7 (Malo) nehmen sie in schicksalhafter Ergebenheit hin. Trainer dieser jungen Landshuter Mannschaft, die an diesem Sonntag im November 1990 ein 40-minütiges Eishockeyspiel 7:0 gewinnt und ein 20-minütiges 0:7 verliert, ist Erich Kühnhackl.

Kurios. Aber muss man das wissen?

Das erste Spiel gewinnen die New York Islanders 8:1, am Tag darauf unterliegen sie den Los Angeles Kings 4:6. Um von Long Island an die Westküste der USA überzusiedeln, bleibt ihnen nur ein freier Tag. Die Spiele drei und vier der Play-off-Serie finden erneut an zwei aufeinanderfolgenden Tagen statt und die Legende will, dass Stefan Persson und Anders Kallur in diesen Tagen beschließen, sich im Frühjahr 1980 nicht mehr zu rasieren. Sie haben einfach keine Zeit mehr dafür. Dass ein ungleich populärerer Landsmann namens Björn Borg in dieser Zeit sauber rasiert in Tennisturniere startet und die Trophäen später mit einem Zwei-Wochen-Bart entgegennimmt, soll die beiden Schweden ebenfalls inspirieren.

Sechs Wochen später gewinnen sie mit den Islanders den Stanley Cup, den heiligen Gral des Eishockeys. Heute gelten sie als Erfinder des Play-off-Barts. Ein Jahr nach dem Stanley-Cup-Sieg wird Anders Kallur Vater von Zwillingen. Susanna und Jenny Kallur werden Leichtathletinnen und gewinnen viele Hürdenrennen.

Okay. Aber muss man das wissen?

Muss man wissen, dass die ersten Pucks aus aufgeschnittenen Lacrosse-bällen hergestellt wurden? Dass Wayne Gretzky als 12-Jähriger 378 Tore schoss – in einer Saison? Dass sowohl der Vater von Jaromir Jagr als auch seine beiden Großväter auf den Namen Jaromir getauft wurden? Dass das längste Spiel erst nach 217 Minuten und 14 Sekunden entschieden war (dann traf Joakim Jensen zum 2:1 für Storhamar gegen Sarpsborg)? Muss man das alles über Eishockey wissen?

Nein. Aber dazu ist es jetzt ohnehin zu spät. Eishockey ist ein Sport für Geschichtensammler, für Zahlenmenschen und Statistiknerds und für Menschen, die stolz darauf sind, dass sie Eishockeyfans sind, also anders, und nicht Fußballfans, so wie es als normal gilt. Wer bei Google die Worte „Eishockey ist" in das Suchfeld eingibt, bekommt folgende Ergänzungen vorgeschlagen: „... meine Leidenschaft", „... cooler", „... besser als Fußball" und „... der geilste Sport der Welt". Für diese Erkenntnis muss man eigentlich überhaupt nichts wissen.

Man muss es spüren: wie den Wasserfilm eines zugefrorenen Weihers, auf dem du gerade zwischen zwei Bierkästen hindurchgerutscht bist, um den Siegtreffer deines Kumpels zu verhindern; wie das Glück, das deinen Körper durchströmt, wenn du im Spätsommer das erste Mal die Kälte einer Eishalle auf den Unterarmen spürst; das Gemeinschaftsgefühl, das den Fanblock einnimmt, wenn der Herzensspieler deiner Mannschaft in der zweiten Verlängerung eines Play-off-Spiels das entscheidende Tor erzielt; wie die Tränen, die dir über die Wangen laufen, weil dieser Herzensspieler im Sommer zu einem anderen Klub wechselt; oder wie der Unglaube, den du empfunden hast, als Jonas Müller an einem frühen Sonntagmorgen ein wunderschönes Tor erzielt hat.

Denn so ging es doch allen, an diesem 25. Februar 2018, den fünf Millionen Menschen, die in einem verschlafenen Fußballland lange vor Sonnenaufgang aufgestanden waren, um dabei zu sein, wenn eine deutsche Eishockeymannschaft um olympisches Gold spielt.

In diesem Buch geht es um Eishockey. Es geht aber auch um dieses Spiel, das ganz offensichtlich erschaffen wurde, um damit diese wunderschöne Sportart zu erklären. Drei Partien bei Olympischen Spielen haben die Geschichte des deutschen Eishockeys geprägt: Das 4:1 gegen die USA am 14. Februar 1976 in Innsbruck, nach dem die deutschen Spieler niedergeschlagen in die Kabine zurückkehrten, weil sie dachten, ein Tor zu wenig geschossen zu haben, nachdem sie einen Funktionär beschimpften, weil er meinte, doch noch einmal nachgerechnet zu haben („Schleich di!") und mit dem sie dann tatsächlich die Bronzemedaille gewonnen hatten – wegen eines Torquotienten von 1,166. Das mit dem Torquotienten muss man nicht verstehen, aber man muss es wissen.

Dann war da noch das Viertelfinalspiel von Meribel, als Deutschland die kanadische Mannschaft ins Penaltyschießen zwang und die *ARD* dazu, den Beginn der *Tagesschau* hinauszuzögern, und als der Puck nach dem Versuch von Peter Draisaitl unter Torhüter Sean Burke hindurchkullerte, schlingerte, schwankte, umkippte und auf der Torlinie liegen blieb. Und eben das Finale der Olympischen Spiele von Pyeongchang am 25. Februar 2018.

Brendan Shanahan wurde einst gefragt, ob Eishockey hart sei. Eine dämliche Frage, vielleicht wusste der Fragesteller aber auch nicht, dass Shanahan zu jenen jungen Männern zählte, die sich im slowakischen Piešťany geprügelt hatten, bis das Licht ausgemacht wurde.

Die Antwort des Weltklassespielers, Stanley-Cup-Siegers, Weltmeisters und Olympiasiegers Shanahan aber gilt seither als eine Definition für den Sport: „Ist Eishockey hart? Ich weiß es nicht, sagen Sie es mir. Wir brauchen die Kraft und die Power eines Footballspielers, das Durchhaltevermögen eines Marathonläufers und das Konzentrationsvermögen eines Gehirnchirurgen. Das alles müssen wir zusammenfügen, während wir uns in hoher Geschwindigkeit auf einem rutschigen Untergrund fortbewegen, während fünf andere Jungs mit Keulen in den Händen versuchen, uns umzubringen. Ach ja, habe ich erwähnt, dass wir währenddessen auf Kufen stehen, die keinen halben Zentimeter dick sind? Ich weiß es nicht, sagen Sie mir die Antwort. Nächste Frage."

Okay, damit weiß man schon sehr viel mehr über Eishockey – ganz nebenbei auch noch, dass die Spieler ebenfalls stolz sind auf ihre Sportart, die so anders ist, so schnell und so hart. Alles weitere wird in diesem Buch erklärt. Und zwar anhand des Finales zwischen Deutschland und einer Mannschaft, die sich *Olympische Athleten aus Russland* nennen musste. Warum, das wird auf den folgenden Seiten ebenso erklärt, wie das Anspiel im Eishockey (Bully), der unerlaubte Weitschuss (Icing), die Vorwärtsverteidigung (Forecheck), die plötzlichen Gewaltausbrüche, die Wucht eines Schlagschusses und die Kunst der besten Spieler.

Die Reihenfolge hat dabei das olympische Finale 2018 vorgegeben, vom nervösen Beginn bis zum dramatischen Ende. Jedes Kapitel berichtet direkt aus dem Gangneung Hockey Centre und widmet sich dann einer Besonderheit dieser Sportart und den Anekdoten und Typen, die sie hervorgebracht hat.

Und wenn Sie diese auf 214 Seiten gestreckten 69 Minuten und 40 Sekunden Eishockey hinter sich haben, dann – das muss schon vor dem Spielbeginn eingestanden werden – werden Sie viel über Eishockey wissen, hoffentlich so viel, wie man wissen muss, und trotzdem werden Sie noch sehr viel mehr wissen wollen.

★ 1 ★

ERSTES DRITTEL

1.1 0:01 BULLY

Patrick Hager gegen Alexander Barabanov, das erste von vier Dutzend Duellen an diesem Nachmittag im Gangneung Hockey Centre. Hager geht in die Knie, er stützt sich auf seinen Schläger, Schiedsrichter Aleksi Rantala wirft den Puck ein. Hager und Barabanov versuchen, die Scheibe mit der Rückhand auf ihre Seite zu wischen. Der Deutsche kontrolliert sie als Erster und passt sie zu Christian Ehrhoff.

Bullys nerven, etwa 50-mal pro Spiel. Bullys zerteilen es in Portionen, strukturieren selbst das größte Chaos. Gerade eben haben sich erwachsene Menschen noch beleidigt, verflucht und sich nur nach einer einstudierten Choreografie von ihren Kollegen davon abhalten lassen, sich gegenseitig ins Gesicht zu schlagen. Da gruppieren sie sich schon wieder brav um den Bullykreis herum – sofern sie nicht im Rücken des Linienrichters stehen, der die Scheibe einwerfen darf.

Für ein Bully wird nicht nur die Zeit eingefroren, sondern auch das Spiel selbst. Vor Bullys glauben Schiedsrichter, alles unter Kontrolle zu haben. Die schnellste Mannschaftssportart der Welt (darauf kommen wir noch zu sprechen) gibt ihnen für einen kurzen Moment die Illusion, das Geschehen kontrollieren zu können. Das Regelwerk ist zwar für nahezu alle Situationen detailliert ausformuliert, nur beim Bully lassen sich diese Regeln auch in aller Ruhe anwenden – und genau diese Chance lassen sich Schieds- und Linienrichter nur ungern entgehen.

Bevor der Puck fällt, darf niemand den Bullykreis betreten. Die beiden Bullyspieler dürfen gewisse Markierungen (Hashmarks) nicht berühren. Der Vertreter der verteidigenden Mannschaft muss mit seinem Schläger das Eis zuerst berühren. Bricht eine Mannschaft diese Regeln, werden Spieler ermahnt, Bullys wiederholt, immer und immer wieder, oder Strafen ausgesprochen. Das ist die eine Seite des Pucks.

Auf der anderen Seite ist diese Pedanterie angemessen. Wie so oft lassen die Spieler den Schiedsrichtern gar keine andere Möglichkeit. „Bullys zu nehmen", das gab der NHL-Profi Brian Boyle zu, „bedeutet zunächst einmal, die Grenzen auszutesten." Bei jedem neuen Schiedsrichter, bei jedem neuen Spiel, in jedem neuen Drittel, bei jedem neuen Bully. Und es bedeutet, sein Wissen sekundenbruchteilschnell anzuwenden. Denn Bullyspezialisten sind Nerds, die nicht nur ihre Kollegen im Training quälen („Nur noch 100 Bullys, bitte!") oder bei Videomeetings auch ihre Coaches („Darf ich das letzte Bully noch einmal in Zeitlupe sehen?"), sondern Experten, die auch alles über ihre Gegner wissen und welche Hand welcher Schiedsrichter benutzt, um die Scheibe einzuwerfen.

Bullyspezialisten verwenden gerne härtere Schläger. Das mag ein Nachteil sein bei Handgelenkschüssen. Am Punkt aber gibt spätestens beim zweiten Versuch der Gegner des Schlägers nach. Ryan O'Reilly, Stanley-Cup-Sieger mit den St. Louis Blues, lässt sich von seinem Ausrüster sogar einen Schläger anfertigen, dessen Blatt in einer Art Haken endet. Sein Arbeitsgerät sieht aus, als sei er in einer Tür hängen geblieben (auch davon wird später noch einmal die Rede sein). Bei Bullys aber lässt sich der Puck so leichter auf seine Seite ziehen. Wobei das nur eine von zwei grundsätzlichen Möglichkeiten ist:

- ★ Die meisten Spieler versuchen, den Puck mit der Rückhand nach hinten abzulegen, im Idealfall treffen sie die Scheibe vor ihrem Gegner und wischen sie sich durch die Beine oder an der Seite vorbei. Dabei ist es einerlei, wie groß oder wie schwer sie sind. „Die meisten Menschen glauben, dass es beim Bully nur um die Größe geht", sagte Adam Oates, der für seine Qualitäten am roten Punkt nur deshalb nicht berühmt wurde, weil er eben vor allem auch noch ein herausragender Spielmacher war. „Aber das stimmt nicht. Es geht nur um den Hebel." Deshalb gehen Spieler in die Knie, senken ihren Körperschwerpunkt, ziehen die Schultern nach hinten, um sich nicht zu klein zu machen, achten genau darauf, wann sich der Ellbogen des Schiedsrichters bewegt und ziehen ihr Schlägerblatt einmal über den roten Punkt. Natürlich geht das auch mit der Vorhand, mehr Kraft aber entwickelt man mit der Rückhand.
- ★ Bei der zweiten Möglichkeit sind Hand-Auge-Koordination und Geschwindigkeit nicht bedeutend, bei der zweiten Möglichkeit geht es nur um Kraft und Entschlossenheit und darum, den Kontrahenten gar nicht erst in die Nähe des Pucks zu lassen. Mit einem Block wird der Gegner fixiert, der Puck bleibt liegen und wird von einem Verteidiger aufgenommen. Natürlich sollte der Verteidiger wissen, was der Bullyspieler vorhat.

Genau deshalb tuscheln die Spieler vor Bullys gerne noch einmal. Die Aufstellungen sind eigentlich einstudiert, aber wie der Schiedsrichter scheint auch der Bullyspieler die Aufmerksamkeit zu genießen. Da sollen die Flügelstürmer im letzten Moment noch einmal ihre Plätze tauschen, da wird der Verteidiger angewiesen, noch einmal fünf Zentimeter weiter nach rechts zu rücken – und dann geht das Bully verloren. Was dann wahrscheinlich aber auch Absicht war.

Vom Kanadier Ryan Getzlaf heißt es, dass er Anspiele in der offensiven Zone immer mal wieder absichtlich verloren hat, um die Gegner sofort unter Druck setzen zu können. Sollte das tatsächlich zutreffen, könnte es ein Geheimnis seines Erfolgs sein. Getzlaf ist Olympiasieger und mit den Anaheim Ducks Stanley-Cup-Sieger geworden.

Über derlei Vermutungen hinaus lässt sich übrigens kein Zusammenhang zwischen Bully- und Erfolgsquote nachweisen. Jedes einzelne Bully kann eminent wichtig sein. Der grandiose Dale Hawerchuk ist in Kanada vor allem deshalb bekannt, weil er vor dem zweitwichtigsten Tor in der Geschichte des Landes das Bully gewonnen hatte. Viele Bullys sind wiederum nicht bedeutend. Wie so oft lässt sich das ob der 31 Klubs, der 82 regulären Spieltage, der langen Geschichte der Liga und des deshalb reichhaltigen Zahlenmaterials am besten in der NHL nachweisen.

Keine Mannschaft hat seit 2010 mehr Spiele gewonnen als die Pittsburgh Penguins, dabei haben sie mehr Bullys verloren als gewonnen. Und, Achtung, Spoiler: Auch die deutsche Mannschaft wird an diesem 25. Februar 2018 mehr Bullys gewinnen als die Olympischen Athleten aus Russland.

Es geht also nicht darum, möglichst viele Bullys für sich zu entscheiden, sondern vor allem dieses eine entscheidende. Nach einem Play-off-Spiel hat der große Sidney Crosby einst zugegeben, dass er 24 Bullys falsch angesagt hatte. Die meisten hatte er direkt verloren, bei den anderen waren seine Kollegen falsch postiert. „Nur dieses eine war richtig." Dieses eine vor dem Siegtreffer in der Verlängerung.

Drei herausragende Bullyspieler

Bobby Clarke: Das Motto der Philadelphia Flyers war denkbar einfach: „Wir spielen, wir hauen ihnen aufs Maul und dann trinken wir ihr Bier." Okay, es war das Motto von Dave Schultz, den sie nur *The Hammer* nannten. Aber es passte zu einer Mannschaft, die außerhalb von Philadelphia von allen gehasst wurde – heimlich aber wünschten sich viele Fans ein Team wie die Flyers der 1970er-Jahre.

Die Broad Street Bullies, die Rüpel von der Broad Street, veränderten das Spiel für immer, schon alleine, weil die National Hockey League ihr

Regelwerk der skrupellosen Spielweise der Flyers später anpassen musste. Diese Ansammlung von Schlägertypen, die aussahen wie Pornostars, hätte aber niemals den Stanley Cup gewonnen, wenn sie in Bobby Clarke nicht einen Anführer gehabt hätte, der sich immer hatte beweisen müssen.

Clarke war nicht besonders groß, nicht außergewöhnlich stark und er war Diabetiker. Die Flyers holten den jungen Mann trotzdem und bekamen einen der außergewöhnlichsten Superstars, die das Spiel zu bieten hatte. Clarke spielte nicht schmutzig, er spielte grausam und weil er nebenbei ein herausragender Spielmacher war, wurde er gehasst. Er reagierte mit einem Grinsen, einem zahnlosen Grinsen, mit dem er an den Bullypunkt fuhr – und jedes wichtige Anspiel gewann, mit allen Mitteln.

Derek Sanderson: Der Mann, der den Spitznamen *Truthahn* trug, wurde nicht für seine Qualitäten im Bullykreis berühmt. Derek Sanderson war der Mittelmann des Doppelpasses, der zu einem besonderen Tor der Eishockeygeschichte führte. Das Bild des fliegenden Bobby Orr hat sich jeder Eishockeyfan schon einmal als Hintergrund auf einem Bildschirm gespeichert. Orrs Jubel im Flug, die Fans im Hintergrund und die abschätzigen Blicke der Spieler der St. Louis Blues – das alles wäre ohne Sanderson nicht möglich gewesen.

Später machte der Mittelstürmer der Boston Bruins Schlagzeilen als Alkoholiker, der alles verlor, was er sich in den 1970er-Jahren erarbeitet hatte. Drinks mixte er in Salatschleudern, Playboy-Bunnys lud er spontan zu Flügen nach Hawaii ein. Er hat Geld für Alkohol, Frauen und schnelle Autos ausgegeben, den Rest hat er einfach verprasst. So wie später ein ungleich bekannterer Fußballprofi aus London.

Sanderson war aber eben auch ein pedantischer Bullyspezialist, der seinen Gegnern und seinen Mitspielern mit dieser Fertigkeit auf die Nerven ging. Im Training soll Sanderson den ebenfalls berühmten Phil Esposito herausgefordert haben. Nachdem Sanderson 20 Anspiele in Folge für sich entschieden hatte, soll der stolze Esposito beleidigt das Eis verlassen haben.

Yannic Perreault: Bullys waren immer da, aber erst gegen Ende der 1990er-Jahre wurden sie auch statistisch erfasst. Gerade noch rechtzeitig für einen jungen Kanadier, der sehr gut Eishockey spielen konnte, womit man in der NHL aber nicht unbedingt auffällt. Perreault brauchte eine Superkraft, er begann, Bullys zu analysieren, übte mit der Vorhand, übte mit der Rückhand und wurde so zum vielleicht besten Bullyspieler in der Geschichte der NHL.

Jede Bullyquote über 50 % ist gut, eine Quote von mehr als 55 % ist exzellent, Perreault gewann regelmäßig mehr als 60 % seiner Anspiele. Sein härtester Kontrahent war dabei kein Gegenspieler, sondern Mike Cvik, ein 2,06 Meter langer Linienrichter. „Er hielt den Puck so hoch, dass ich ihn nicht mehr sehen konnte. Mit ihm war es besonders schwer."

1.2 0:04 ICING

Christian Ehrhoff nimmt den Puck an, legt ihn sich auf die Vorhand, holt aus und schießt die Scheibe die Bande entlang, tief ins Drittel der Olympischen Athleten aus Russland. Ein Linienrichter kann dem Puck gerade noch ausweichen. Er pfeift, als das schwarze Hartgummi die Torlinie überquert.

In einer Zeit, in der man noch nicht meinte, Eishockeyfans mit den größten Hits aus der Samplerreihe „Mallorca XXL" dauerbeschallen zu müssen, bestand eine der Hauptaufgaben der Stadionsprecher darin, unerlaubte Weitschüsse anzusagen. Immer, wenn eine Mannschaft den Puck aus der eigenen Hälfte hinter die gegnerische Torlinie jagte, meldete sich der Stadionsprecher: „Icing!"

Die entsprechende Regel ist nicht so alt wie das Spiel selbst und wie so viele andere machte der Pragmatismus der Teams ihre Einführung unvermeidlich. In einem Spiel in der NHL-Saison 1936/1937 trafen die Boston Bruins und die New York Rangers aufeinander und nachdem die Rangers sich durch damals noch erlaubte Weitschüsse 61-mal befreit und 3:2 gewonnen hatten, kündigte Charles Adams, der Besitzer der Bruins, an, es beim nächsten Mal genauso machen zu wollen. Das Ergebnis im Madison Square Garden: 0:0 dank 87 erlaubter Weitschüsse der Mannschaft aus Boston.

In der darauf folgenden Saison führte die NHL die Icingregel ein, die die Taktik verhindern sollte, den Puck einzufrieren (*to ice*). Seither wurde die Regel mehrmals verändert: Seit 1939 dürfen sich Mannschaften in Unterzahl ohne Konsequenzen durch Weitschüsse befreien (eine Reaktion auf das tödlich effiziente Powerplay der Montreal Canadiens in dieser Zeit). Lange Zeit musste der Verteidiger den Puck noch berühren, bevor ein Linienrichter das Spiel unterbrechen konnte, ehe es im gegenüberliegenden Drittel fortgesetzt wurde.

Doch die Rennen um die Scheiben wurden immer gefährlicher und nachdem der Tscheche Ludek Cajka in die Bande gekracht war, sich dabei schwere Verletzungen zuzog und Wochen später starb, führte der Weltverband die *No-Touch-Regel* ein. Es reichte, wenn der Puck die Torlinie überquerte. „Icing!"

Später wurden Mannschaften dazu noch doppelt bestraft, indem ihnen die Möglichkeit eines darauf folgenden Wechsels verwehrt wurde. Aber natürlich fanden Spieler und Trainer auch diesmal eine Möglichkeit, die Regel im eigenen Sinne abzumildern. Vielleicht ist es aber auch nur Zufall, dass Torhüter gerade dann Probleme mit der Ausrüstung haben, wenn sich ihre Vorderleute gerade eben das vierte Icing in Folge geleistet haben und ganz dringend ein großes Sauerstoffzelt bräuchten. Während ein Betreuer die gerade in diesem Moment gelockerten Beinschienen wieder festzurrt, kommen dann selbst die Gelegenheitsraucher unter den Kollegen wieder zu Atem.

Noch später kam die *Hybrid-Icing-Regel* hinzu, die immer dann zum Leben erweckt wird, wenn ein Angreifer einem aus der eigenen Hälfte geschossenen Puck hinterherjagt und eine gedachte Linie zwischen den zwei Bullypunkten im gegnerischen Drittel vor dem ersten Verteidiger überquert. Die Sprints wurden damit weiter nach vorne verlagert. Trotzdem ist die Icingregel wieder ein bisschen gefährlicher geworden. Auch für Linienrichter, die sehr viel mehr laufen müssen, um stets auf Höhe des Pucks zu bleiben.

Drei herausragend schnelle Eishockeyspieler

Connor McDavid: Der schnellste Mannschaftssport der Welt hat sich immer verändert. Hart war er immer, in den 1970er-Jahren wurde er brutal. Und in den 1990er-Jahren wurde Eishockey gebremst. Wer das Mitteldrittel kontrollierte, kontrollierte das Tempo und gewann das Spiel – 1:0, 2:1. Das Eishockey der Moderne ist so fair wie nie zuvor und schneller denn je. Verteidigerpylonen konnten noch um die Jahrtausendwende auf jedem Niveau mitspielen, weil Halten und Haken und Hacken toleriert wurde. Doch mittlerweile muss jeder schnell denken und schnell sein.

Der Schnellste unter den Schnellen ist Connor McDavid. Wenn der Kanadier im eigenen Drittel antritt, sieht es nicht selten so aus, als wäre die Partie samt aller Akteure in ein besonders unrealistisches Videospiel gebeamt worden, mit McDavid als Superhelden mit Superkräften. Das mag unfair gegenüber Howie Morenz, Syl Apps, Maurice Richard, Bobby Hull, Yvan Cournoyer, Bobby Orr, Paul Coffey und Mike Gartner sein, gegenüber all den Spielern, die allen anderen in den 1930er-, 1940er-, 1950er-, 1960er-, 1970er- und 1980er-Jahren davongeskatet waren, aber McDavid ist der Spieler, der Geschwindigkeit noch einmal neu definiert hat, weil er nicht nur schnelle Oberschenkel, sondern auch schnelle Hände und ein schnelles Auffassungsvermögen hat. Er selbst führt das darauf zurück, dass er die Zeit, in der seine Füße nicht in Schlittschuhen steckten, in Inlineskates durch Newmarket/Ontario gefahren ist.

Lediglich zwei Jahre seines Lebens ist er gerollt, gekrabbelt und auf seinen Füßchen gelaufen. Es muss eine harte Zeit gewesen sein, dann durfte er endlich rollen und skaten und daran arbeiten, irgendwann selbst die Besten seiner Gegenspieler zu verblüffen. „Er gleitet schneller, als viele von uns skaten können", stellte Marc Scheifele von den Winnipeg Jets fest. McDavid beherrscht die Kunst, das Tempo steigern oder zumindest halten zu können, ohne ein weiteres Mal die Kanten seiner Schlittschuhe einsetzen zu müssen. Er selbst will noch schneller werden: „Jungs mit einem harten Schlagschuss hören doch auch nicht auf, an ihren Schüssen zu arbeiten."

Pavel Bure: 250.000 US-Dollar haben die Vancouver Canucks an die Rote Armee gezahlt, um Pawel Wladimirowitsch Bure an die Westküste Nordamerikas zu holen. Selten wurde Geld in diesem Sport sinnvoller investiert. Mit dem schmächtigen, jungen Mann bekamen die Canucks einen Star, der die Leute in jedem Eisstadion auf der Welt von den Sitzen riss. „Als würde er aus einer Kanone geschossen werden", stellte einer der Verteidiger fest, an denen er vorbeigeschossen war. *Mitchell Meteor* (Morenz), *Flying Frenchman* (Cournoyer) – die schnellsten Eishockeyspieler bekamen schon immer die schönsten Spitznamen.

Bure nannte man *Rocket, the Russian Rocket*. In der Deutschen Eishockey Liga hält Bure übrigens einen Rekord für die Ewigkeit. Drei Punkte pro Spiel wird kaum jemand mehr übertreffen. Die russische Rakete zündete allerdings auch nur einmal für den EV Landshut, schoss drei Tore und ward nicht mehr gesehen.

Kendell Coyne Schofield: Manon Rhéaume war die erste Frau, die in einem NHL-Spiel eingesetzt wurde. Am 8. August 1992 stand sie in einem Vorbereitungsspiel gegen St. Louis im Tor der Tampa Bay Lightning. Durchsetzen konnte sie sich aber in keiner Männermannschaft. 44 Sekunden war Maren Valenti 1998 im Trikot der Eisbären Berlin auf dem Eis zu sehen, ebenfalls in einem Vorbereitungsspiel. Beide waren hervorragende Eishockeyspielerinnen, in die Geschichte des Männereishockeys aber gehen beide als Marketinggags ein.

Und genau danach sah es auch aus, als Kendall Coyne Schofield beim All-Star-Spiel 2019 antrat. Doch dann trat die Olympiasiegerin zu ihrer Runde an und durchbrach nach nur 14.326 Sekunden die Lichtschranke. Im Feld der schnellsten Skater belegte sie Platz sieben. Gerade die Finals zwischen Kanada und Schofields Team USA zählen zu den spektakulärsten Eishockeyspielen der Neuzeit, erst mit ihrer schnellen Runde aber ersprintete Schofield sich und ihrer Sportart den Respekt, den sie längst verdient gehabt hätten.

1.3 0:14 DIE ZWEI-MINUTEN-STRAFE

Eigentlich führte Sergei Andronov den Puck, hinter dem deutschen Tor aber wurde er von Felix Schütz gestört. Andronov verlor die Scheibe, lehnte sich gegen Schütz und berührte dessen Schlittschuh. Schütz verlor die Balance, fiel, weshalb Schiedsrichter Mark Lemelin den rechten Arm hob und das Spiel mit einem Pfiff unterbrach, als Vyacheslav Voynov den Puck berührte. Zwei Minuten wegen Beinstellens.

Der Gebrauch von unanständiger, lästerlicher oder ausfallender Sprache gegenüber einem Spieloffiziellen; die Benutzung von Videotechnologie durch einen Teamoffiziellen, um eine Entscheidung eines Spieloffiziellen infrage zu stellen; die Beteiligung am Spiel mit einem gebrochenen Schläger; der unnötig herbeigeführte Kontakt mit einem Torhüter außerhalb seines Torraums; das Dramatisieren eines Fouls eines Gegners – all das wird im Eishockey mit einer *Kleinen Strafe* geahndet. Viel wahrscheinlicher ist aber, dass man wegen eines weitaus banaleren Vergehens für zwei Minuten aussetzen muss, vorausgesetzt, die eigene Mannschaft übersteht das Unterzahlspiel.

Theoretisch verbietet das Regelbuch den Check gegen die Bande, den unerlaubten Körperangriff, den Check von hinten, das Einschließen des Pucks mit der Hand, den Check mit dem Stock, die Verzögerung des Spiels, das Verschieben des Tors, die Schwalbe, den Check mit dem Ellbogen, den hohen Stock, Halten, Halten des Stocks, die Benutzung eines übertrieben gebogenen Schlägerblatts, die Verweigerung, das Spiel zu beginnen, Verhöhnen und Verspotten, zu viele Spieler auf dem Eis, Beinstellen, unsportliches Verhalten und die langweilige Aufzählung aller Vergehen, die im Eishockey zu Zwei-Minuten-Strafen führen. Praktisch werden diese Regelverstöße erst konsequent seit 2005 geahndet. Zuvor waren die entsprechenden Paragrafen eher als Vorschlag an die Schiedsrichter zu sehen.

Seitdem Pieter Bruegel der Ältere 1565 auf seinem Großgemälde *Jagers in de Sneeuw* einen ersten Eishockeyspieler verewigt hat, versuchen Menschen, sich gegenseitig auf dem Eis zu behindern, aufzuhalten, zu stoppen.

Die Spitze der Evolution hatte der haltende und hakende Mensch aber erst gegen Ende des zweiten Jahrtausends erreicht: In Nagano stellte die Tschechische Republik den Olympiasieger, weil sie mit Dominik Hašek den besten Torhüter der Eishockeygeschichte im Aufgebot hatte und breite Spieler, die ihre Schläger auch einsetzten, wenn sie keine Chance hatten, an den Puck zu kommen; und ein Jahr später gewannen die Dallas Stars den Stanley Cup, weil die Verteidigerriesen Derian Hatcher und Richard Matvichuk sich bei den Stürmern der Buffalo Sabres einhaken konnten und wie Wasserskifahrer einem Motorboot hinterherfuhren.

Der entscheidende Treffer in der dritten Verlängerung von Spiel sechs ist so etwas wie des Eishockeys Antwort auf das Wembley-Tor im Fußball. Brett Hull stand im Torraum, als er die Serie und die Saison 1998/1999 beendete. Für die Sabres stand dabei ein Tscheche namens Dominik Hašek im Tor. Niemand hat dem Karma jemals Humor abgesprochen.

Es musste etwas passieren, Eishockey musste wieder aufregender werden, mehr Tore mussten fallen. Wie immer wurde darüber nachgedacht, die Tore zu vergrößern, die Ausrüstung der Torhüter zu verkleinern. Besonders angestrengt aber hatten die Herrschaften beim US-amerikanische Verband ihre Hirne arbeiten lassen. Nach einer mehrtägigen Klausursitzung mit ausgiebigen Spaziergängen an den Ufern des Lake Placids wagte es ein Praktikant, seine Stimme zu erheben und zu fragen, warum man denn nicht einfach das bestehende Regelwerk anwenden wollte (an dieser Stelle sollte man zugeben, dass nicht jeder Absatz dieses Buchs eine Überprüfung der berühmten Dokumentation des *Spiegels* überstehen würde).

Nach und nach beantworteten auch andere Verbände diese Frage für sich, revolutionierten das Spiel und ruinierten es natürlich. Zumindest behaupteten das all jene, die zuvor noch ihre Schläger benutzt hatten, um durchs eigene Drittel gezogen zu werden. Erste Vorbereitungsspiele verbrachten manche Wasserskifahrer komplett auf der Strafbank. Mit der Zeit aber wurde das Spiel ansehnlicher, kleinere, wendigere, kreative Spieler bekamen plötzlich ihre Chance und nutzten sie. Verteidiger mussten nicht mehr die Statur von Türstehern mitbringen, Stürmer unter 1,80 Meter mussten vor dem Wettlauf in die Bande nicht erst noch darüber nachdenken, ob sie auch wirklich eine Lebensversicherung abgeschlossen hatten.

Und weil es irgendwie peinlich gewesen wäre, das ganze Wir-machen-alles-so-wie-bisher-nur-jetzt-Richtig zu nennen, bekam der neue Stil einen griffigen Namen: *Zero Tolerance*. Mit ein wenig Verspätung wurde auch in Deutschland das Haken und Halten nicht mehr toleriert. Und, nein, das Spiel hat es nicht ruiniert, es hat nur dazu beigetragen, dass die besten Spieler auch beweisen durften, dass sie die besten Spieler sind.

Es gibt angezeigte Strafen (weshalb Schiedsrichter neben Schlittschuhtechnik und Ausdauer im Sommer vor allem daran arbeiten, ihren rechten Arm möglichst lange in die Luft strecken zu können, denn bis die zu bestrafende Mannschaft den Puck nicht unter Kontrolle gebracht oder die Mannschaft, die sofort ihren Torhüter in einen weiteren Feldspieler austauschen kann, ein Tor geschossen hat, wird er seinen Arm nicht wieder herunternehmen dürfen), Zwei-Minuten-Strafen, die sich gegenseitig aufheben, weil sich Spieler unterschiedlicher Mannschaft desselben Vergehens schuldig gemacht haben, normale Zwei-Minuten-Strafen und doppelte Zwei-Minuten-Strafen. Interessanter ist es allerdings, Vergehen nach ihrer Sinnhaftigkeit zu unterscheiden.

Das Beinstellen gegen Sergei Andronov hätten Schiedsrichter in allen Ligen auch so früh gepfiffen, weil es die Gelegenheit gab, schon früh im Spiel auf sich aufmerksam zu machen und Grenzen aufzuzeigen. Felix Schütz wiederum ließ sich die Gelegenheit nicht entgehen, die erste

Feindberührung, die sich nicht im Streben nach dem Puck zutrug, zu einem effektvollen Straucheln zu nutzen – trotz fortgeschrittener Schlittschuhlaufbegabung. Es gibt also Fouls, die nicht aus böser Absicht heraus entstehen, die nicht bewusst geplant werden oder in der Hoffnung ausprobiert werden, dass sie die Schiedsrichter tolerieren oder übersehen; es gibt Fouls, die entstehen, weil sich der Gegner unvermittelt dreht oder drehen will (klassisch: Beinstellen). Es gibt also Fouls, die sich kaum vermeiden lassen.

So wie das Foul von Andronov oder das Foul, das dieses Endspiel gegen Ende dieses Buchs entscheiden wird. Es gibt Fouls, die sich ebenfalls kaum vermeiden lassen, weil der Gefoulte unbedingt gefoult werden will (ebenfalls: Beinstellen; aber auch: Halten).

So hat nicht jeder Schiedsrichter nur die Hälfte des Kapitels *Halten* im Regelbuch gelesen, nicht selten halten sich die Spieler gegenseitig, klemmen sich gegnerische Schläger unter die Achseln oder zwischen die Beine und breiten theatralisch die Arme aus, wenn wieder kein Schiedsrichter reagieren will.

Es gibt unabdingbare Fouls, weil das Spiel selbst sie unabdingbar macht, die passieren, weil Spieler zu langsam sind oder Gegner zu schnell (Haken, Stockschlag).

Und es gibt Fouls, die dazu dienen sollen, dem Gegner zumindest wehzutun, selbst wenn danach alle Eishockeyspieler davon sprechen, niemandem wehtun zu wollen, und die nur deshalb lediglich mit zwei Minuten bestraft werden, weil sich der Schiedsrichter vor dem Spiel mit einem Küsschen von seinem Töchterchen verabschiedet oder er die dem Foul innewohnende Niedertracht nicht erkannt hat (vor allem: Stockschlag).

Die Spieler wissen ja selbst am besten, wo ihre Gegner nicht ausreichend geschützt sind, wo es am meisten wehtut, wenn man das Schlägerblatt vermeintlich zufällig drüberzieht oder den Stock kurz vor dem gemeinsamen Aufprall in der Bande hineinstemmt. Das erklärt auch eine gängige Praxis in der Veröffentlichung von Verletzungsmeldungen.

Es gab Zeiten, in denen ein Muskelfaserriss auch der Öffentlichkeit als Muskelfaserriss verkauft wurde. Und dann brach die Zeit an, in der ein Muskelfaserriss im Oberschenkelbeuger in die Gruppe der *Lower Body Injuries* eingeordnet wurde und eine ordentliche Schultereckgelenksprengung in die Gruppe der *Upper Body Injuries*.

Entscheidend war nur noch, ob die Verletzung den Verletzten über oder unter der Gürtellinie plagte. Und weil man in Deutschland dazu neigt, gerade die Absonderlichkeiten aus Nordamerika zu übernehmen, war in Pressemitteilungen alsbald nur noch von Oberkörper- und Unterkörperverletzungen zu lesen, gerade wenn die Play-offs das Spiel noch einmal grundlegend veränderten.

Das mag man albern finden, es zeigt aber, dass Eishockeyspieler sich und allen anderen grundsätzlich alles zutrauen. Ein Spieler, der gerade erst nach einer Oberkörperverletzung aufs Eis zurückgekommen ist, wird in jedem Zweikampf so hart behandelt, wie sein Gegner das gerade für nötig hält. Ein Spieler hingegen, von dem jeder weiß, dass er sich vor drei Wochen den Daumen angebrochen hat, muss ständig damit rechnen, dass der nächste Stockschlag seinem gerade wieder zusammengewachsenen Daumen gilt – schon alleine, weil er selbst dieses Wissen auch nicht ausblenden könnte.

Die Zwei-Minuten-Strafe ist ein Korrektiv, das im besten Fall zur Attraktivität des Spiels beiträgt. Dabei war sie gar nicht von Beginn an vorgesehen. So etwas Ähnliches wie Eishockey wurde in Kanada bereits drei Jahrzehnte gespielt, als man auf die Idee kam, Fouls nicht nur durch ein Bully (das damals auch in Nordamerika noch als *Bully* und nicht als *Faceoff* bezeichnet wurde) zu „bestrafen". Erst 1904 wurden Spieler vom Eis geschickt, damals noch zwei, drei oder fünf Minuten lang. Zu dieser Zeit wurden allerdings auch noch Torhüter bestraft, wenn sie sich aufs Eis fallen ließen, um einen Puck abzuwehren.

Die Zwei-Minuten-Strafe kann aber auch bedeuten, dass ein Spieler mehr als 40 Minuten lang auf der Strafbank Platz nehmen muss. Als Derek Hahn zum Ende der Verlängerung des Spiels seines EHC München und der Straubing Tigers wegen eines Crosschecks zusehen musste, ärgerte er sich vor allem deshalb, weil er seinem Team als sicherer Penaltyschütze nicht mehr helfen konnte. Und wer weiß, vielleicht hätte es dieses DEL-Spiel mit Derek Hahn auf dem Eis nicht in die Rekordliste geschafft. So aber sah der Kanadier hinter der Plexiglasscheibe Kollegen und Gegner scheitern oder treffen, allerdings immer im Einklang. Erst die Schützen 41 und 42 entschieden die Partie, Straubings Eric Meloche traf, Münchens Stephane Julien vergab. Und Derek Hahn durfte endlich die Strafbank verlassen – nach dem längsten Penaltyschießen in der Geschichte des Eishockeys.

Drei herausragend unfaire Eishockeyspieler

Gordie Howe: Er war das Idol des größten Eishockeyspielers. Wayne Gretzky verehrte Gordie Howe. Keiner hat mehr Spiele absolviert, nur einer hat mehr Tore geschossen. Er wurde *Mister Hockey* genannt, aber nicht von allen. Wenn ein Spieler in einem Spiel ein Tor schießt, eines vorbereitet und sich einem Faustkampf stellt, wird noch immer auf den Mann aus Saskatchewan verwiesen. Der Gordie-Howe-Hattrick ist längst ein Standardbegriff aus dem Eishockeyvokabular. Gegner nannten Howe allerdings gerne *Mister Elbows*, ganz einfach, weil er sich nicht zu fein dafür war, seine Ellbogen im Zweikampf einzusetzen. Sein Sohn Mark, selbst ein NHL-Veteran, bezeichnete seinen Vater als „den fiesesten Spieler, den ich je gesehen habe".

Ulf Samuelsson: „Ich würde niemals behaupten, dass ich sauber Eishockey spiele, weil ich das nicht tue." Dieser Satz stammt nicht aus einem Treffen der anonymen Schlägertypen. Es stammt von Ulf Samuelsson, einem Verteidiger aus der *Clutch-and-Grab-Ära*.

Samuelsson war sehr groß und sehr böse. In Umfragen, sowohl unter Spielern als auch unter Fans, kam *Mister Dirty* regelmäßig auf Spitzenwerte bei der Frage nach dem schmutzigsten Spieler – obwohl es ihm an Konkurrenz nicht mangelte.

In der Saison 1990/1991 beendete er die Saison von drei Gegnern, darunter auch die Karriere von Cam Neely, einem der begabtesten Power

Forwards, die das Spiel je hervorgebracht hat. Es gab immer Spieler, die mehr Strafminuten hatten als der Schwede, aber genau das empörte seine vielen Feinde: Samulsson duckte sich nicht selten weg, wenn ihn ein Gegner einer Strafe zuführen wollte, die der Allgemeinheit damals als angemessener erschien als ein Aufenthalt auf der Strafbank. Samuelsson aber war kein Schläger, das machte ihn noch gefährlicher.

David Leggio: In der Geschichte des Eishockeys finden sich sicher an die 100 Torhüter, die verrückter, brutaler oder schmutziger spielten als der Mann aus Buffalo. Und trotzdem darf Leggio selbst in dieser sehr exklusiven Auflistung nicht fehlen. Leggio trug das Trikot der Bridgeport Sound Tigers, als er zwei Stürmer der Springfield Falcons auf sich zufahren sah, aber keinen seiner Verteidiger. Leggio hob also das Tor aus seiner Verankerung und kippte es um. In Sekundenschnelle erfasste er, dass er gegen einen Spieler eine höhere Chance hatte, den Puck abzuwehren, als gegen zwei Spieler. Leggio wusste, dass er lediglich mit einem Penalty bestraft werden würde. Den Penalty parierte er und die American Hockey League passte nach der Saison ihr Regelwerk an.

Nach seinem Wechsel in die Deutsche Eishockey Liga erkundigte er sich vor der Saison, wie in Deutschland in einem solchen Fall verfahren würde. Spätestens da hätte man bei der DEL alarmiert sein müssen. Aber als Leggio im Spiel gegen Bremerhaven Ross Mauermann auf sich zufahren sah und er wieder sein Tor verschob, konnten die Schiedsrichter erneut nur auf Penalty entscheiden. Auch den parierte der US-Amerikaner. Und wieder wurde ein Regelwerk um die „Leggio-Rule" erweitert, weshalb es ein Torhüter in diesen sehr exklusiven Kreis geschafft hat.

1.4 4:33 FORECHECK

Zwei Spieler bedrängen David Wolf an der blauen Linie. Ein Puckverlust würde mit großer Wahrscheinlichkeit zu einer Torchance für die Olympischen Athleten aus Russland führen. Wolf schießt den Puck deshalb

die Bande entlang aus dem eigenen ins gegnerische Drittel. Marcel Goc und Patrick Reimer preschen der Scheibe hinterher, geben Ilya Kablukov keine Chance, den Puck kontrolliert und ruhig anzunehmen.

Reimer bedrängt den Russen, schlägt ihm kontrolliert auf die dicke Hose, verfolgt ihn hinter das Tor, zieht den Schläger gerade rechtzeitig wieder zurück, bevor ein Schiedsrichter die Chance hat, den Arm zu heben. Als Kablukov den Puck ablegt, dreht auch Reimer ab, um Yegor Yakovlev zu nerven, er zwingt den Verteidiger, die Scheibe die Bande entlang aus dem Drittel zu chippen. An der Mittellinie wartet bereits David Wolf, der den Puck Marcel Goc in den Lauf legt.

Gilbert Perreault hat keinen Stanley Cup gewonnen, er hat am Canada Cup teilgenommen, dabei aber kein Tor geschossen, das man in Kanada je vergessen wird – vor dem Halbfinale brach er sich den Unterschenkel. Er hatte mit Marcel Dionne und Guy Lafleur die ganz große Bühne betreten, der Zufall aber verkaufte ihn nach Buffalo, eine Stadt, in der selbst die größten Superstars vergessen werden. Er war *the Forgotten Frenchman*, der Franko-Kanadier, den man vergessen hatte. Dabei hatte er wirklich alles, Tempo, Eleganz, Spielintelligenz – und Humor. Perreault wurde nach den drei wichtigsten Elementen seines Sports gefragt. Er anwortete: „The forecheck, the backcheck and the pay check" – der Forecheck, der Backcheck und der Gehaltsscheck.

Für eines dieser Wörter gibt es eine deutsche Übersetzung, aber den Forecheck und seinen spießigen Bruder, den Backcheck, haben selbst die Fußballer entlehnt, weil „Pressing" nicht so sexy klingt und sich unter „Angriffsverteidigung" niemand etwas vorstellen kann. Wobei der deutsche Begriff am treffendsten ist. Der Forecheck ist schließlich genau das: ein Angriff ohne Puckbesitz. Und im besten Fall folgt er sofort auf den Angriff mit Puckbesitz. Ein guter Angreifer, heißt es, plant seinen Forecheck in dem Moment, in dem er geschossen hat.

Das ist der Vorteil des Stürmers, der Verteidiger muss sich im Normalfall drehen, die Situation scannen: Hält der Torhüter den Puck? Lässt er ihn prallen? Und wenn ja, wohin? Das ist der Moment, in dem der Angreifer den Verteidiger unter Druck setzt, ihn in die Ecke drängt, seine Passoptionen limitiert. Beim Forecheck geht es gar nicht zwangsläufig darum, sofort den Puck zurückzuerobern, es geht auch darum, dem Gegner die Möglichkeiten zu nehmen, ihn zu einem Fehlpass oder zumindest zu einem schlechten Pass zu zwingen.

Es gibt Spieler, die den Forecheck im Wortsinn interpretieren, die den Verteidiger tatsächlich checken. Das muss aber nicht unbedingt der beste Weg sein, um an den Puck zu kommen. Ein technisch versierter Spieler befreit sich aus solchen Situationen. Nur was ist, wenn sich ihm keine offenen Passwege bieten? Dann hat die forecheckende Mannschaft alles richtig gemacht.

Der Ein-Mann-Forecheck sieht oft sehr gut aus, Spieler verdienen sich Fleißpunkte. Effektiv aber ist er nicht – und schon gar nicht effizient. Einen Forechecker spielen selbst mittelmäßig begabte Mannschaften leicht aus, lassen ihn zuvor aber noch ein bisschen laufen. Wirkungsvoll wird der Einsatz eines Stürmers tief im gegnerischen Drittel erst, wenn er Unterstützung erhält – nicht nur von einem, sondern von allen vier Kollegen.

Bei einem klassischen *2-1-2-Forecheck* nimmt der tiefe Stürmer Kontakt auf (was eine nette Umschreibung ist für: er nagelt seinen Gegner an die Bande) und ein zweiter Angreifer lauert darauf, den Puck aufzunehmen, während sich der dritte bereits in Position für ein Anspiel bringt. Im Falle eines Passes setzt ein Angreifer den Passempfänger unter Druck, ein anderer übernimmt den Puck und der dritte wartet erneut in einer aussichtsreichen Schussposition auf den Pass. Die beiden Verteidiger hoffen derweil an der blauen Linie auf Panikreaktionen oder Fehlpässe.

Ein *1-2-2-Forecheck* ist nicht ganz so aggressiv, der zweite Angreifer lauert eher auf einen Fehlpass als auf einen Puckgewinn des ersten Stürmers.

Und dann gibt es noch den *1-3-1-Forecheck*, der zum langweiligsten Drittel in der Geschichte des Eishockeys geführt hat. Unter der Anleitung von Coach Guy Boucher versuchte sich der Tampa Bay Lightning 2012 an einer Art Nicht-Forecheck. Ein Stürmer hatte die undankbare Aufgabe, sich in der Mitte der gegnerischen blauen Linie zu postieren. An der roten Mittellinie warteten dahinter drei Kollegen, einer sicherte an der eigenen blauen Linie, obwohl es ohnehin keine Mannschaft durch diese Falle geschafft hätte. Die Philadelphia Flyers wussten von dieser Taktik und hatten sich vorbereitet. Und als sich der erloschene Lightning postierte, stellten die Flyers-Verteidiger die Vorwärtsbewegung ein.

Zunächst bewegte sich niemand mehr auf dem Eis, woraufhin die Schiedsrichter abpfiffen. Beim zweiten Versuch kreiselte ein Verteidiger unter den Pfiffen der Fans ein wenig im eigenen Drittel umher. Wieder pfiffen die Schiedsrichter ab. Beim dritten Mal passten sich die Verteidiger den Puck gegenseitig zu, aber erneut ohne jeglichen Raumgewinn. Der erste Stürmer der Lightning sollte aber erst angreifen, wenn die Scheibe über die blaue Linie geführt wurde. Und so tat sich gar nichts, womit sogar die Schiedsrichter überfordert waren. „Immerhin konnte man nicht einschlafen", stellte Eishockeyfan Dolly Reynolds fest, „dazu waren die Buhrufe viel zu laut." Andere Fans glaubten, Tickets für ein Fußballspiel gekauft zu haben, so sehr langweilte sie das Geschehen.

Aber es blieb bei dieser kurzen Episode in der Geschichte des Sports, die Vorwärtsverteidigung definiert Eishockey. Seitdem gilt wieder: Forecheck, Backcheck, Paycheck.

Drei herausragende Forechecker

Frank Nighbor: Wenn ein Eishockeyspieler seine Karriere in der Mannschaft des Debattierklubs anfängt, sollte man erwarten, dass er später vor allem durch lange Streitgespräche mit Schiedsrichtern bekannt wird, oder als Vertreter der Spielergewerkschaft in langen Arbeitskämpfen. Vom Pembroke Debating Club Hockey Team aus aber wurde Frank Nighbor zwischen 1923 und 1937 zum besten Spieler, den heute keiner mehr kennt. Nighbor soll so elegant gespielt haben, dass er ohne Falte vom Eis gegangen wäre – selbst wenn er im Anzug gespielt hätte. In der Anfangszeit der NHL hat er mehr Tore geschossen, als Spiele absolviert.

Sein Vermächtnis aber ist sein Defensivspiel. Nighbor war der Erste, der Puckverluste mit einer Kehrbewegung provoziert hatte. Er wedelte mit seinem Schläger vor den Verteidigern hin und her. Zu Beginn waren seine Gegner so perplex, dass sie ihm den Puck freiwillig überließen. Als sie sich an seine Bewegungen gewöhnt hatten, erfand er den *Poke-Check*, indem er seinen Gegnern die Scheibe direkt vom Schläger gestochen hat.

Er war der erste Gewinner der *Hart Trophy* für den wertvollsten Spieler der Saison und der erste Gewinner der *Lady Byng Trophy* für den Spieler, der durch hervorragende sportliche Leistungen auffiel und durch vorbildliches Benehmen. Die Trophäe bekam er direkt von Evelyn Byng, der Vicomtesse Byng von Vimy überreicht. Sein Spiel soll die Lady Byng erst dazu inspiriert haben, die Trophäe zu stiften. Fünfmal durfte er den Stanley Cup in die Höhe stemmen. Als er 1966 schwer krebskrank auf einer Palliativstation lag, besuchte ihn ein junger Spieler namens Bobby Orr. Kurz darauf starb Frank Nighbor.

Pavel Datsyuk: Nach dem Spiel werden ihn viele deutsche Spieler um ein Foto bitten. Die ganz großen Superstars des Eishockeys sind in Pyeongchang nicht dabei gewesen – bis auf die Nummer 13 der Olympischen Athleten Russlands. Es sind Sidney Crosby, Alexander Ovechkin, Connor McDavid, in Toronto auch Auston Matthews, die unter Fans und Journalisten immer wieder die Diskussion um die Frage nach dem besten Spieler unserer Zeit bestimmen. Und dann ist da Pavel Datsyuk, für den sich wohl die Mehrzahl der Spieler und Trainer entscheiden würde.

Es gibt Menschen, die behaupten, dass niemand jemals besser mit dem Schläger hat umgehen können, und es gibt unzählige YouTube®-Videos, die genau das bestätigen. Datsyuks Tricks sind einzigartig, seine Penaltys ein Ereignis. Für einen Fernsehbeitrag wurde er gefragt, ob es denn stimme, dass er als Kind mit einem Gewicht an seinem Schläger Techniktraining absolvieren musste, um seine Handgelenke stärker zu machen. „Ja", antwortete Datsyuk, „aber das war nichts Besonderes. In Russland hat das jeder gemacht."

Das mag sein, aber selbst unter den russischen Spielern findet sich keiner, der sowohl den Puck und den eigenen Schläger kontrollierte als auch den Schläger seines Gegners. Von dem Moment an, in dem Datsyuk das Eis betritt, gehört der Puck ihm. Es spricht für seine Klasse, dass zwischendurch auch alle anderen den Puck berühren dürfen. Wenn auch nur kurz.

Allerdings gibt es ebenso offensichtlich Gründe, warum Datsuyk nie zum Superstar wurde. Sein stiller Charakter, sein unscheinbares Auftreten. Wahrscheinlich aber ist Datsyuk als Eishockeyspieler zu wertvoll, zu bedacht darauf, seine Fähigkeiten auch im Backcheck einzubringen. Unstrittig aber ist seine exponierte Stellung als Forechecker. Datsyuk nutzt sein herausragendes Stickhandling auch, wenn er den Puck nicht hat.

Der Weltmeister Datsyuk wird in den Triple Gold Club aufgenommen werden, die Detroit Red Wings haben ihm zwei Einträge auf dem Stanley Cup zu verdanken, er wurde dreimal zum defensivstärksten Stürmer gewählt und, wahrscheinlich weil es so schien, als gewähre er seinen Gegner immer wieder eine echte Chance, an den Puck zu kommen, viermal zum fairsten Spieler der NHL. Im Finale von Pyeongchang wird er in einer entscheidenden Szene dem unerschrockenen Yasin Ehliz den Puck abnehmen, so wie er es bei Jaromir Jagr, Ovechkin und vielen anderen Superstars gemacht hat. Ehliz sollte den Puckverlust als Auszeichnung akzeptieren.

Cam Neely: Ob das nun ein normaler Angriff war oder doch ein Forecheck, das war bei Cam Neely nicht immer klar. Der Flügelstürmer mit den Ausmaßen eines Bauernschranks legte sich den Puck selbst in der offensiven Zone noch einmal vor – und kümmerte sich nicht um den Verteidiger, der sich da bedauerlicherweise meist noch zwischen ihm und der Scheibe verlaufen hatte. Neely fuhr einfach durch seine Gegner hindurch. Dieses Talent machte ihn zu einem der wenigen Spieler, die auch als Ein-Mann-Forecheck funktionierten.

Neely war stark, furchtlos, schnell und ein gefährlicher Torjäger, noch beeindruckender als seine Zahlen in der regulären Saison (395 Tore in 726

Spielen), sind seine Play-off-Statistiken: Der Ausnahmespieler der Boston Bruins traf 57-mal in 93 Partien. Neely aber konnte zu viel. Er war nicht nur immer im Auge Sturms, er war der Sturm. Und bei den Hartford Whalers, einem der gehassten Rivalen der Boston Bruins, gab es jemanden, der sich diesem Sturm entgegenstellte. Mit allen Mitteln.

Neely und Ulf Samuelsson bekriegten sich bei jedem Aufeinandertreffen und dass es Samulesson nie zum Äußersten kommen ließ und jeden Faustkampf verweigerte, trug nicht zur Beruhigung bei. Erst am Rande einer Massenschlägerei mit den Whalers verpügelte Neely den großen Schweden. Samuelsson wurde nach Pittsburgh zu den Penguins abgegeben, einer Mannschaft mit weitaus größeren Ambitionen und einer Mannschaft, die bei den Bruins ähnlich unbeliebt war wie die Whalers. Nachdem Neely bereits 13 Tore in zwölf Play-off-Spielen geschossen hatte, trafen sie im Mai 1991 im Halbfinale um den Stanley Cup erneut aufeinander. In Spiel drei der Serie (Boston führte 2:0) erwischte Samuelsson Neely im offenen Eis.

Sein Kniecheck beendete nicht die Saison Neelys und verhinderte auch nicht, dass er es im Laufe der Serie noch einmal an Neelys anderem Bein versuchte. Mit etwas Verspätung beendete er Neelys Karriere. Er kam noch einmal zurück, schoss noch einmal 50 Tore in 50 Spielen, erholte sich aber nie mehr von den Verletzungen und musste seine Karriere im Alter von 31 Jahren beenden. Viel zu früh für einen der komplettesten Angreifer, der das Spiel jemals gespielt hat. Seine Nummer acht werden die Bruins nicht mehr vergeben.

Und so brutal, dumm und gefährlich die Männerkultur im Eishockey oftmals und zu Recht wirken mag: Hätte sich Samuelsson jedes Mal gestellt und Verantwortung für seine grenzwertigen Fouls übernommen, hätte diese Feindschaft niemals so traurig enden müssen.

1.5 9:12 CHECK

Der Pass von Nikita Gusev ist schlampig, ungewohnt schlampig für einen Spieler seiner Qualität. In vollem Lauf muss sich Yegor Yakovlev den Puck mit dem linken Schlittschuh vorlegen. Das dauert keine Sekunde, der Verteidiger aber muss mehr Zeit und Konzentration auf diese Korrektur verwenden, als er sich leisten kann. Und er begeht jenen Fehler, vor dem Eishockeyspieler gewarnt werden, sobald sie ohne Laufhilfe über das Eis skaten können, Yakovlev hat den Kopf unten. Erst im letzten Moment sieht er Patrick Hager herangleiten. Er gibt den Puck auf und wartet auf den Einschlag.

Er hat gegen die ganz Großen gespielt, gegen Gretzky, Oates und Koivu, gegen die Denker des Spiels, gegen Lemieux, Lindros und Jagr, gegen die Dominatoren, und gegen Bure, Mogilny und Selänne, die Raketen auf dem Eis. Wenn Nicklas Lidström aber gefragt wird, wer sein unangenehmster Gegenspieler war, wen selbst er, der kompletteste Verteidiger überhaupt, gefürchtet hat, dann antwortet er: Brad May. Und warum? „Weil er alle seine Checks zu Ende gefahren hat."

Jeden Check zu Ende fahren, das ist ein Mantra dieses Sports, gerade weil er durch den Check definiert wird. Das vorsätzliche Rammen, Schubsen, Überfahren des Gegners, vermeintlich, um ihn vom Puck zu trennen, charakterisiert Eishockey neben dem Schlagschuss wie keine zweite Bewegung auf dem Eis. Gecheckt werden darf allein ein Gegner in Scheibenbesitz. Es gibt klare Vorgaben für diese sehr offensive und aggressive Verteidigungstechnik, die Arme müssen angelegt sein, der Schläger darf nicht eingesetzt werden, schon gar nicht in Brust- oder gar Kopfhöhe, im Moment des Aufpralls selbst dürfen die Schlittschuhe nicht das Eis verlassen. Bleibt all das aus, ist der Check sauber. So viel zur Theorie.

In der Hektik des Spiels aber wird es schnell unrein, zumindest unordentlich und selbst ein schmutziger Körperkontakt muss nicht zwangsläufig geahndet werden. Dabei muss die Grenze zwischen dem erlaubten Einsatz und dem Foul gar nicht bewusst überschritten werden, jeder Check erfordert Aggressivität und Vorsatz. Und auch, wenn Eishockeyspieler danach gerne behaupten, dass sie das Spiel nicht spielen, um andere zu verletzen, ist es offensichtlich, dass ernsthafte Folgen, wenn nicht gewünscht, so doch immerhin in Kauf genommen werden. Die besten Checker sind Raubtiere, die ihre Beute selten ungeschoren davonkommen lassen.

„Mir wurde beigebracht, nach Gegnern Ausschau zu halten, die mit dem Kopf nach unten herumfahren", erklärte Darius Kasparaitis, eines der gefährlichsten Raubtiere. „Es ging immer darum, die Dinge vorauszusehen: Wohin geht der Pass? Wie wird er den Pass annehmen? Wird er dabei auf den Puck schauen? Was passiert im Moment vor dem Moment? Das ist die Kunst des Checkens. Es ist nicht anders als das Toreschießen: zur richtigen Zeit am richtigen Ort zu sein." Die Kunst des Checkens. Jahrelang wurde über diese Kunstform gar nicht erst nachgedacht. Nur ein Spieler, der seine Checks zu Ende fuhr, galt als engagierter Spieler, weil für die weniger kunstvoll Checkenden immer die Gefahr besteht, sich selbst Schmerzen zuzufügen oder sich zu verletzen.

Kinder bekommen nicht beigebracht, die Scheibe besonders effizient zu stehlen – mit geringem Risiko für beide Beteiligten. Sondern ihnen wird eingeredet, immer den Kopf oben zu halten. Mittlerweile gibt es aber auch Trainer, die ihren Spielern vorgeben, das Stilmittel Check bedachter einzusetzen.

Jeder Check nimmt schließlich zwei Spieler aus dem Geschehen, den Gecheckten und den Checker. Das bedeutet allerdings auch nicht, dass jeder Check sinnlos war, wenn er nicht zu einem direkten Puckgewinn geführt hat. In Erwartung eines Checks treffen Spieler schlechte Entscheidungen, passen unpräzise oder überhastet. Und selbst wenn das nicht beim ersten oder zweiten Einschlag der Fall war, dann vielleicht beim sechsten oder achten. Wie so oft im Eishockey geht es auch beim Check vor allem um: Einschüchterung.

Ein erfahrener deutscher Nationalspieler hat erzählt, dass nordamerikanische Trainer in Erwartung langer Play-off-Serien insbesondere für die ersten Spiele ausgeben, wirklich jede Gelegenheit zum Check zu nutzen. Und wenn das nicht sofort Wirkung zeigte, spielte das keine Rolle. Irgendwann, spätestens ab Spiel vier, würden die Gegner genervt sein von den vielen Erschütterungen, müde, vielleicht ängstlich.

Aber noch einmal: Generell findet auch beim Check ein Umdenken statt. Highlightvideos reihen zwar immer noch schwere und nicht selten auch folgenschwere Zusammenstöße an herrliche Kombinationen oder beeindruckende Schüsse. Ein krachender Check an die Bande provoziert noch immer mindestens ein Raunen des Publikums, ein sogenannter *Open-Ice-Hit* spontanen Jubel.

Aber es gibt Spieler, die machen sich nicht nur über die Sinnhaftigkeit von Checks Gedanken, sondern auch über ihre Gegner. Selbst Spieler, denen man das ob ihrer Spielweise nicht zugetraut hätte. „Ich denke, dass man viele Situationen mit Sinn und Verstand anders lösen kann als mit Checks, die den Gegner gefährden", sagte Patrick Köppchen, ein vermeintlich eisenharter und skrupelloser Verteidiger. „Das hat auch mit Respekt vor dem Gegner zu tun, denn es darf nicht sein, dass Eishockeyspieler nach der Karriere nicht mehr drei Sätze geradeaus reden können."

40 % aller Verletzungen im Eishockey sind die Folge von Checks und zwar von allen Checks, nicht nur von den regelwidrigen. Und trotzdem raten in Drittelpausen die Experten den Teams im Rückstand, physischer zu spielen, mehr zu checken – nicht dass es irgendein Team auf der Welt interessiert, was ihnen ein ehemaliger Spieler rät, der keinen Plan für die Karriere nach der Karriere hatte, aber immerhin zwei Sätze fehlerfrei in eine Kamera sagen kann.

Der Check scheint das Universalinstrument dieses Sports zu sein. Wenn du deinen Gegenspieler beeindrucken willst, check ihn; wenn du ihm den Puck abnehmen willst, check ihn; wenn du gewinnen willst, check ihn.

Statistisch macht es übrigens überhaupt keinen Sinn zu checken. Wobei das mehr über die Statistik als über Checks aussagt. Denn dass im statistischen Mittel Teams, die mehr Checks aneinanderreihen als der Gegner, weniger Tore schießen, also eher verlieren, liegt natürlich nur daran, dass sie den Puck nicht so oft haben. Ein Spieler in Puckbesitz kann eben nicht checken, aber Tore schießen.

Zu Beginn seiner Karriere wurde der US-Amerikaner Patrick Kane gerne nach seiner offensichtlich größten Schwäche gefragt, für Kane wurden nahezu keine Checks erfasst. Seine Antwort darauf war immer dieselbe: „Es ist schwierig, zu checken, wenn man den Puck die ganze Zeit hat."

Drei herausragende Checker

Darius Kasparaitis: Mit 40 kauft man sich eine Harley Davidson, wechselt vom Spinning- in den Pilates-Kurs oder man spielt weiter Eishockey. So wie Darius Kasparaitis. Sein Team trug den perfekten Namen: *Hockey Punks*. Denn genau das war der Verteidiger zu seiner großen Zeit, ein Punk auf dem Eis. Dazu brauchte er keinen Iro, keine gefärbten Haare, sein Spiel war unangepasst, nonkonform.

Kasparaitis war klein für einen Abwehrspieler in den 1990er-Jahren. Er spielte für ein Land, dessen Eishockey für vieles bekannt war, aber nicht für eisenharte Bodychecker. Und er stammte aus einem Land, von dem allenfalls Nordamerikaner gehört hatten, deren Vorfahren zufällig von dort eingewandert waren. Und am Ende seiner Karriere spielte Kasparaitis genau dort noch einmal: in Litauen.

Bekannt aber wurde er erst in den Nachwuchsmannschaften des sowjetischen Eishockeys und dann in New York und Pittsburgh, indem er ein Klischee widerlegte. Sowjets waren nicht weich. Später bestätigten das viele weitere Russen, Weißrussen und Letten, Alexander Ovechkin zum Beispiel, oder Vladimir Konstantinov, dessen Karriere durch einen grauenvollen Autounfall viel zu früh beendet wurde.

Kasparaitis aber war der Erste, der ein nach Blut und Brutalität lechzendes Publikum aus den Sitzen riss. Kasparaitis war keine 1,80 Meter groß, die vermeintliche Schwäche aber machte er zu seiner Stärke, tauchte unter seinen Gegnern hindurch und hebelte sie aus. Der Hüftcheck schien ausgestorben zu sein, zu schnell war das Spiel geworden. Kasparaitis aber belebte diese alte Form und im Erfolgsfall spektakuläre Form wieder. Sein Timing war perfekt, ebenso seine Technik und seine Balance. Kasparaitis musste nicht abheben, er musste keinen Anlauf nehmen oder seine Ellbogen einsetzen. Er war einfach nur mutiger als seine Gegner.

Niklas Kronwall: Wenn in der „Joe" wieder einer in die Wand gerannt ist, wussten die Fans sofort Trost zu spenden. „You got kronwalled", riefen sie, eher hämisch als mitfühlend, während sich auf dem Eis ein Spieler der Gegner neu sortierte – wenn er Glück hatte. Die Kunst Pavel Datsyuks, die Dynamik Henrik Zetterbergs, die Akrobatik Dominik Hašeks und die Tradition der „Joe", der Joe Louis Arena, das waren die Detroit Red Wings nach der Jahrtausendwende. Und die Checks von Niklas Kronwall, einem ungemein freundlichen Schweden, der auf dem Eis unfreundlich gemein werden konnte.

Dabei wirkte seine Arbeit gar nicht so aggressiv wie bei vergleichbaren Spielern, Kronwall erhob das Checken zu einer Kunstform, wenn er sich seinen Opfern im Mitteldrittel rückwärtsfahrend näherte, darauf wartete, dass sie den Puck annahmen und sie dann an seinem offensichtlich aus schweren Klinkersteinen gemauerten Körper zerschellen ließ. Das Letzte, was seine Gegner sahen, war Kronwalls Nummer: 55. Sein Revier machte Kronwall einzigartig. Er brauchte keine Bande, an der er seine Gegner zerquetschen konnte, Kronwall jagte im offenen Eis.

Und: Seine Checks waren brutal, aber den Regeln nach waren sie sauber. Kronwall war ein anständiger und ehrlicher Spieler, seine Strafzeitenbilanz stand in einem bizarren Missverhältnis zu dem Schaden, den er anrichtete. In der Lounge des Triple Gold Clubs, zu dem nur Spieler Zutritt haben, die sowohl eine olympische Goldmedaille und einen Weltmeistertitel als auch einen Stanley Cup gewonnen haben, werden immer alle genau wissen, wo sich der Mann gerade einen Drink gönnt, dem ein Partizip gewidmet worden ist.

Scott Stevens: Ohne es zu wollen, hat Scott Stevens das Spiel verändert. Und es gibt tatsächlich immer noch Menschen, die das bedauern. Die aber nicht bedauern, dass Stevens die Karrieren von Vyacheslav Kozlov, Eric Lindros, Paul Kariya, Shane Willis und Ron Francis beendet hat. That's hockey! Und eben nicht Eiskunstlauf. Stevens hat das selbst gesagt, nachdem ihm Arturs Irbe, der sehr eigene Torhüter der Carolina Hurricanes, vorgeworfen hatte, andere Spieler töten oder zumindest aus den Play-offs befördern zu wollen.

Irbe hatte selbst auf dem Eis gesehen, wie Willis und Francis an dem 1,90 Meter großen und 100 Kilogramm schweren Stevens zerschellt waren. Dabei war Stevens nicht nur für seine Checks bekannt. Er zählte zu jenen Spielern, die ihr erstes Tor mit dem ersten Schuss erzielten, als Kapitän führte er die New Jersey Devils zu drei Stanley-Cup-Triumphen.

Aber wenn man nach „Scott Stevens" bei YouTube® sucht, wird man immer erst den Check finden, der die Karriere von Eric Lindros beendet hat. Ja, Lindros hatte eine Geschichte an Gehirnerschütterungen. Und, ja, für einen kurzen Moment hielt Lindros den Kopf nicht oben, als er über die blaue Linie der Devils fuhr. Stevens reichte das, er traf den wuchtigen Mittelstürmer der Philadelphia Flyers mit dem Ellbogen am Kinn. Stevens-Fans verweisen jetzt darauf, dass der Mann aus Kitchener in seiner langen Karriere angeblich nur viermal wegen eines Ellbogenchecks auf der Strafbank saß.

Nur ist das weniger ein Argument für Stevens, sondern eher gegen die NHL, für die Stevens' Checks so wichtig waren wie Wayne Gretzkys Pässe oder Brett Hulls Tore. Stevens spielte von 1982 bis 2004, zu seiner Zeit wurde der Großteil seiner Checks als sauber angesehen. Seine Schreckensbilanz und letztlich der brutale Check von Matt Cooke gegen den Kopf von Marc Savard führten dazu, dass die NHL ihre Regeln änderte und Angriffe gegen den Kopf konsequenter ahndete (wenn auch, ohne deren Einfluss auf Gehirnerschütterungen und auf die Hirnerkrankung CTE einzugestehen). Stevens' Spiel hinterließ aber auch bei ihm selbst Spuren. In seiner letzten Saison kam er nur auf 38 Einsätze, zu viele Gehirnerschütterungen beendeten seine Karriere.

1.6 11:04 BREAKOUT

Moritz Müller stiehlt den Puck an der eigenen blauen Linie, passt ihn zu Frank Hördler, der sieht, dass die Olympischen Athleten aus Russland wechseln. Also zieht er sich hinter das deutsche Tor zurück. Er sieht zwei Spieler auf sich zukommen, einer links, einer rechts vom Tor. Hördler wartet – bis Ivan Telegin ausrutscht, dann nutzt er den Platz zu einem Pass auf Dominik Kahun, der von der Bande aus startet und sich in der Mitte anbietet. Kahun macht zwei schnelle Schritte, sieht, dass die Mitte blockiert ist, spielt die Scheibe auf den rechts mitgelaufenen Matthias Plachta. Plachta hat Platz, ist schnell, spielt einen Russen aus, verliert dabei die Scheibe, die Yasin Ehliz hinter dem Tor aufnimmt. Ehliz passt auf Kahun, der sofort abzieht. Vasili Koshechkin pariert.

Wenn die Erfolge ausbleiben und selbst der Tabellenletzte als gefährlicher Gast angesehen werden muss, wenn das leichte Eishockey also plötzlich schwerfällig daherkommt, dann stellen die Fans gerne und inzwischen besonders in Kommentarspalten: die Systemfrage. Weil es ja so aussieht, als gäbe dieser überforderten Mannschaft niemand ein System vor oder als weigere sich diese überforderte Mannschaft, ein System zu spielen. In beiden Fällen ist derjenige schuld, der das System vorgegeben hat. Der Trainer. Doch gibt es das überhaupt im Eishockey, das System?

Jede Sportart mit einem gewissen taktischen Anteil ist irgendwann von irgendwem schon einmal mit Schach verglichen worden. Zum American Football passt das auch sehr gut, weil das Spiel ständig unterbrochen wird und die Coaches die gesamte Zeit über Einfluss auf das Geschehen nehmen können. Jede Mannschaft hat ein Playbook mit unzähligen Spielzügen, für nahezu jede denkbare Situation.

Solche Bücher gibt es auch im Basketball, auch wenn es gerade in der National Basketball Association so aussieht, als würden die meisten Spielzüge nur gelaufen, um am Ende jenen Spielern den Ball aussichtsreich zu überlassen, die am meisten Geld verdienen und dem Klub am meisten Geld einbringen.

Im Eishockey verdienen die Stars ebenfalls Millionen von Us- Dollar oder Rubel, es macht aber keinen Sinn, Systeme für einen Spieler zu kreieren, weil dieser eine Spieler kaum mehr als ein Drittel der Spielzeit auf dem Eis verbringen wird. Klare Laufwege vorzugeben, ist ebenfalls keine gute Idee, weil sich gute Verteidigungen spätestens nach dem zweiten Mal darauf einstellen würden und Eishockey ohnehin eine schnelle, unvorhersehbare Abfolge von Angriff, Puckverlust, Forecheck, Backcheck, Puckgewinn, Angriff und so weiter ist.

Holger Geschwindner, der Mann, der Nationalspieler war, Physiker, Weltenbummer und Leiter des Instituts für angewandten Unfug und der der Welt die beste Version von Dirk Nowitzki geschenkt hat, dieser geniale Kauz hat behauptet, Basketball sei Jazz. Wahrscheinlich aber nur, weil er noch nie ein Eishockeyspiel gesehen hat.

Eishockey scheint eine ständige Improvisation zu sein. Die Trainer aber geben ihren Verteidigern und ihren Stürmern natürlich für verschiedene Spielsituationen unterschiedliche Aufgaben mit auf den Weg. Bei Puckbesitz ist festgelegt, wer wem hilft, wer für wen absichert, wer sich wie weit vorwagen darf. „Gerade, wenn es nicht läuft", sagen Coaches gerne, „ist das System dein Freund." Wenn ein Coach gehen muss, behaupten die Spieler gerne das Gegenteil. Nachdem die Toronto Maple Leafs von Mike Babcock erlöst wurden, sollte der Weltklassestürmer Austin Matthews den größten Unterschied benennen. Er sprach von: „Freiheit."

Vergleichsweise klar und unverhandelbar geben Trainer das Verhalten im Aufbau vor, wobei die nordamerikanische Bezeichnung, wie so häufig, passender ist: *Breakout*. Lange Zeit gab es für den Transport des Pucks ins gegnerische Drittel zwei Schulen. Im sowjetischen Eishockey war der Spieler im Puckbesitz der Diener seiner Mitspieler. Im Unterschied zum kanadischen Eishockey aber konnte sich der Diener auf seine vier Mitspieler verlassen. Im kanadischen und im kanadisch geprägten Eishockey verließen sich die vier Mitspieler auf ihren Diener. Je scheibensicherer, geduldiger und umsichtiger dieser Diener war, desto Erfolg versprechender geriet der Aufbau, nicht selten endete er aber an der blauen Linie, indem der Puck tief ins Drittel gespielt wurde.

Dump and Chase, den Puck wegwerfen und dem Puck hinterherjagen, das charakterisierte über Jahrzehnte das kanadische Spiel. Wie Choreografien aus einer anderen Welt wirken da die Spielzüge der Sowjets in den 1980er-Jahren. Dabei hatte die *Sbornaja* mit Sergei Makarov und Slava Fetisov Spieler, die die Scheibe problemlos über die gesamte Eisfläche tragen konnten. Wenn es sein musste, machten sie das auch genauso. Aber eher widerwillig. Gerade das Spiel des berühmten „grünen Blocks" mit Fetisov, Alexei Kasatonov, Vladimir Krutov, Igor Larionov und Makarov war eine fein abgestimmte Symphonie, die so überhaupt nicht ins militärisch geprägte Bild der Sowjetmannschaften passte.

„Wenn man sich heute Videos von damals ansieht, ähnelt das Spiel kaum dem Spiel, das heute in der NHL gespielt wird", schrieb der Mittelstürmer Larionov für *The Players' Tribune*. „Es ähnelt eher der Art, wie der FC Barcelona Fußball spielt. Unsere Philosophie war Puckkontrolle, Improvisation und unablässige Bewegung. Heute geht das Spiel nur von Norden nach Süden und wieder zurück. Wir haben uns auch seitlich bewegt, wir sind über das Eis gekreist, immer auf der Suche nach offenen Räumen. Ein Pass zurück war so gut wie ein Pass nach vorne. Und dazu haben wir unseren Mitspieler gar nicht sehen müssen. Man konnte ihn riechen. Ehrlich jetzt, wir hätten auch blind spielen können."

Nur wird es wohl nie mehr fünf Spieler geben, die über ein Jahrzehnt mehr Zeit miteinander verbringen als mit ihren Freundinnen und Freunden, die miteinander unter Viktor Tikhonov gelitten hatten und die miteinander nur auf dem Eis Freiheit verspürt haben. Normalbegabte Blöcke lassen das Spiel auch weiterhin über einen Verteidiger aufbauen, der aus dem Schutz hinter dem eigenen Tor heraus das Spiel dirigiert, der erst links einen oder einen zweiten Spieler vorbeikreisen lässt, bevor er den Puck nach rechts zum Mittelstürmer passt – oder umgekehrt. Oder der scharf vor das eigene Tor zieht, um Gegenspieler abzuschütteln, die Scheibe dann auf sich anbietende Flügelspieler passt, die den Puck wiederum kurz auf den Mittelstürmer ablegen. So wie das die deutsche Mannschaft zu Beginn der zwölften Minute im olympischen Finale 2018 gemacht hat.

Ausgerechnet am Stil der KHL lässt sich allerdings beobachten, wie sich das Spiel verändert hat. In der russischen Liga haben die meisten Verteidiger nur eine Aufgabe: den Puck so schnell wie möglich an die Angreifer weiterzugeben. Zumindest die drei Stürmer verlassen sich also auf einen Diener, der allenfalls den zweiten Verteidiger durch einen Pass über die Bande miteinbezieht, bevor der sich an einem langen Pass an die gegnerische blaue Linie versucht.

Dieser sogenannte *Stretch Pass* hat das schnelle Spiel noch einmal beschleunigt, aber auch langweiliger gemacht. Denn selbst wenn das Zuspiel klappt, fehlt es an weiteren Optionen. Mittlerweile können auch russische Eishockeyspieler ihre Kollegen nicht mehr riechen, ganz einfach, weil sie meistens zu weit weg sind.

1.7 19:59 SCHLAGSCHUSS

Sinan Akdag sichert den Puck hinter dem Tor, passt nach links hinaus auf Yasin Ehliz. Der Außenstürmer braucht den Bruchteil einer Sekunde zu lange, um die Scheibe anzunehmen, sein Versuch, sie an seinem Gegenspieler vorbeizulegen, scheitert. Pavel Datsyuk klaut den Puck, legt ihn durch zwei Deutsche ab auf Nikita Gusev. Aber auch den Russen scheint keine überlegte Aktion mehr zu gelingen, die Zeit läuft ab.

Dann sichert aber Kirill Kaprizov den Puck noch einmal hinter dem Tor, den klammernden Ehliz schüttelt er ab, spielt auf Gusev, der dreht sich und bringt 2,9 Sekunden vor dem Ende des ersten Drittels Vyacheslav Voynov ins Spiel. Der Verteidiger zieht auf – noch 1,2 Sekunden – und trifft aus zentraler Position perfekt gegen die Rutsch-

richtung von Torhüter Danny aus den Birken links halbhoch ins Tor. 0:1. Die Uhr bleibt bei 0,5 Sekunden stehen.

Al Pacino wollte die Rolle. Al Pacino konnte aber nicht Schlittschuh laufen. Und an anderen Qualitäten war George Roy Hill nicht interessiert. Paul Newman konnte Schlittschuh laufen, also bekam er die Rolle. Eigentlich aber war es dem Regisseur einerlei, wer die Rolle von Reggie Dunlop übernahm. Die Figur war so stark, jeder hätte sie spielen können. Er musste nur Schlittschuh laufen können. Tatsächlich ist Newman nicht der Grund, warum der 123-Minüter über die Charlestown Chiefs als einer der besten Sportfilme gilt, als bester Eishockeyfilm sowieso (auch wenn die Konkurrenz im Fiktionalen nicht allzu groß ist) und als der Film, der so sehr 1970er-Jahre ist, wie kaum ein anderer.

Die drei Figuren, an die man sich immer erinnern wird, trugen dicke Hornbrillen und alle den Namen Hanson auf ihren Trikots, ihre Sprüche können Generationen von Eishockeyfans auf der ganzen Welt herunterbeten wie andere das *Vater Unser*. In einem Film über Eishockey, ein bisschen Sex, ein bisschen Gesellschaftskritik, den häufigen Gebrauch des *Four-Letter-Words* (nein, nicht „Love") und sehr viel Gewalt waren die Hanson Brothers die Stars (dass zwei der drei Darsteller tatsächlich miteinander verwandt waren, allerdings Carlson hießen, soll hier der Vollständigkeit halber erwähnt werden).

Um den Schlagschuss, dieses immer wiederkehrende Element eines jeden Eishockeyspiels, ging es allenfalls am Rande. Ganz erstaunlich für einen Film, der *Slap Shot* heißt.

Mit dem Schlagschuss werden im Eishockey die meisten Tore erzielt, so stellt man sich das vor, wenn man nie ein Eishockeyspiel sieht. Brachial, schnell, unwiderstehlich – so sieht es aus, wenn ein Eishockeyriese seinen Schläger nach hinten schwingt, voll durchzieht und den Puck unter die Latte schweißt. Aber der Schlagschuss ist eine bedrohte Art. Das Spiel ist zu schnell für ihn geworden.

Vor allem aber passt der Schlagschuss nicht mehr zur Spielweise von Elias Petterson, Johnny Gaudreau oder Connor McDavid, die ihr Spiel über Schnelligkeit definieren und über schnelle Entscheidungen. Und er passt auch nicht mehr zu den jungen Verteidigern, die aufgrund ihrer Größe und ihres Gewichts lange Jahre noch nicht einmal die Chance bekommen hätten, sich auf höchstem Niveau auszuzeichnen, die das Spiel mittlerweile aber noch einmal von hinten heraus beschleunigen dürfen.

Der Finne Patrik Laine, noch ein Vertreter der neuen Weltklasse, hat den Schlagschuss noch in seinem Repertoire. Bekannt aber ist er für die Schnelligkeit seines Abzugs – einerlei, in welcher Situation, gleichgültig, wie viel Zeit und Platz er dafür hat. „Seine Schüsse sind Kunst", sagte Sami Salo, selbst als brachialer Schütze bekannt. „Es spielt keine Rolle, ob der Pass aus einem schlechten Winkel kommt oder nicht ganz präzise ist, er lässt immer den perfekten Schuss folgen."

Noch vor ein paar Jahren blieben weltweit Spieler nach dem Training auf dem Eis, um sich gegenseitig Schlagschüsse aufzulegen. Mittlerweile spielen sie sich die Pucks extra schlecht zu, um zu lernen, mit dieser im Spiel viel häufiger vorkommenden Situation umzugehen. In der National Hockey League sinkt der Anteil von Schlagschüssen kontinuierlich. Lediglich jeder fünfte Schuss erfüllt die Kriterien eines ordentlichen Schlagschusses. Und nur noch Mannschaften mit herausragenden Spezialisten in ihren Reihen setzen auf die brachialste Form des Abschlusses. Außerdem wird sich im Eishockey kein Trainer finden, der es wagt, Alexander Ovechkin den Schlagschuss zu verbieten.

Wie der ordentlichen Schlägerei mit bloßen Fäusten zwischen zwei blutenden Männern und dem rückenmarkerschütternden Check wird auch dem Schlagschuss hinterhergeweint. „Den Schlagschuss umgibt eine herrliche Romantik", sagte Dave Poulin, ein Ex-Profi, der es zwischenzeitlich in die Chefetage der Toronto Maple Leafs geschafft hatte. „Wir haben einen Jungen in der Mannschaft, Phil Kessel, der in Sachen Timing und Abzug einen der besten Handgelenkschüsse überhaupt hat. Aber wenn er vor der Wahl steht, den Handgelenkschuss zu nehmen oder es vom Rand des Bullykreises krachen zu lassen, dann wird er sich immer für den direkt abgenommenen Schlagschuss entscheiden." Und dann gibt es noch die Schlagschüsse, von denen selbst die Schützen wissen, dass sie nicht im Netz einschlagen werden – zumindest nicht direkt.

Jeder Schuss aufs Tor ist ein guter Schuss, selbst wenn er gar nicht beim Torhüter ankommt. Es gibt Powerplays, die werden von außen als einfallslos wahrgenommen – Puck an die blaue Linie, Direktabnahme, Verteidiger blockt den Schuss, Puck also wieder an die blaue Linie, Direktabnahme, wieder blockt der Verteidiger den Schuss. Schüsse zu blocken, kann sehr wehtun und schlimme Folgen haben (Greg Campbell, Jörg Mayr und unzählige weitere furchtlose Unterzahlspezialisten, die sich dabei schwere Verletzungen zugezogen haben, können davon immerhin auf jeder Party berichten).

Vielleicht noch nicht beim ersten oder zweiten Mal, spätestens aber beim dritten Mal und beim vierten Mal schmeißt sich der Unterzahlverteidiger nicht mehr mit Verve in den Schuss. Torhütern geht es genauso. Selbst ein harter, relativ schnell abgefeuerter und präziser Schlagschuss sollte für einen Torhüter bei freier Sicht kein Problem sein. Nach zwei sicheren Paraden mit der Fanghand lässt vielleicht die Konzentration nach, vielleicht stimmt der Winkel nicht ganz und plötzlich wird der Puck vielleicht noch abgewehrt, vielleicht aber prallt er von den Schienen ab, wird unkontrollierbar und unkalkulierbar. Und dann liegt er im Netz, weil sich zuvor jemand der Macht eines Schlagschusses erinnert hatte.

Es gibt aber noch einen Grund für den Bedeutungsverlust des Schlagschusses: das Material. Die Qualitäten eines Holzschlägers wussten nur die schwersten und größten Spieler zu nutzen. Vom jungen Uwe Krupp gibt es ein großartiges Foto, das den Kölner, der später Deutschlands erster Stanley-Cup-Sieger werden sollte, beim Schlagschuss zeigt – und zwar genau in dem Moment, in dem sein Schläger das Eis berührte. Krupp bog das Holz durch, indem er sein Gewicht in den Abzug legte. Krupp ist beinahe zwei Meter groß, ohne Schlittschuhe, und war als Spieler mehr als 100 Kilogramm schwer.

Sogenannte *Composite-Schläger* aber biegen mittlerweile auch die *Waterbugs* durch, die Wasserflöhe, die einst nach Europa umziehen mussten, um ihr Talent zu entfalten, und die das Eishockey revolutioniert haben. Niemand muss mehr auf den einen Moment warten, in dem er die Zeit hat, den Puck per Schlagschuss ins Netz zu prügeln, wenn man ihn mit dem neuen Schlägermaterial per Handgelenkschuss oder per *Snap Shot* (ein Hybrid aus Handgelenk- und Schlagschuss) ähnlich beschleunigen, dabei aber präziser zielen kann. Und das auch aus Entfernungen, aus denen früher der Schlagschuss zum Einsatz kam.

Der Schlagschuss wird natürlich trotzdem überleben, schon allein, weil er für eine Technik Voraussetzung ist, die im Eishockey immer beliebter wird: die *Deflection*, das Abfälschen eines Schusses. Es ist noch nicht allzu lange her, da hatten Feldspieler noch die Chance, einen Torhüter zu überwinden, ohne ihn ausspielen zu müssen. Da reichte es, einen Schlagschuss wie Al Iafrate zu haben. Der US-Amerikaner Brian Rolston zum Beispiel war dafür bekannt, im Penaltyschießen voll aufzuziehen und damit erstaunlich oft zu treffen.

Moderne Torhüter sind im direkten Duell durch Schüsse kaum mehr zu überwinden. Deshalb ist es so wichtig, dass immer ein Angreifer dem Torhüter die Sicht nimmt – und/oder den Puck auf seinem Weg ins Tor noch leicht berührt. Als gelegentlicher Beobachter dieser schönen Sportart könnte man meinen, es sei Zufall, wenn ein 150 km/h schneller Puck über das Blatt eines Schlägers rutscht und deshalb dem Torhüter durch die Schienen. Ist es aber nicht, es ist die Präzisionsarbeit zweier Spieler, die das nicht ein- oder zweimal, sondern hundert-, oft tausendmal geübt haben.

Das heißt nicht, dass es nicht auch Zufall sein kann, deshalb werden Jugendtrainer ja auch nicht müde, aufs Eis zu schreien, dass die Stürmer vor dem Tor verdammt noch mal ihre Schläger nicht vom Eis anheben sollen. Je höher jedoch das Niveau ist, desto unwahrscheinlicher ist es, dass sich ein Torhüter durch flache, abgefälschte Schüsse überwinden lässt.

Der halbhohe Schuss aber, den ein Stürmer im letzten Moment nach unten abfälscht, stellt auch die besten Torhüter vor unlösbare Probleme. Die Flugbahn des Pucks wird dabei ebenfalls nicht zufällig verändert, es gibt Stürmer, die in Bruchteilen von Sekunden erkennen können, womit der Torhüter rechnet – um zu versuchen, genau das Gegenteil eintreten zu lassen. Und das passiert wiederum, während ein 100 Kilogramm schwerer Verteidiger versucht, genau das zu verhindern.

Es braucht also Mut, um sich in die Bahn eines im schlimmsten Fall tödlichen Hartgummigeschosses zu stellen, Durchsetzungsvermögen und Kraft, um genau diese Position zu halten, und eine außergewöhnliche Hand-Auge-Koordination.

Es braucht aber manchmal weder einen brachialen Schlagschuss noch eine kunstvolle Deflection. Reggie Dunlop beleidigte Tommy Hanrahans Ex-Frau Suzanne so lange, bis der Torhüter der Long Island Ducks auf den Spielertrainer der Charlestown Chiefs losging – und deshalb ein Tor kassierte. Wobei nicht vergessen werden sollte, dass es sich sowohl bei Dunlop als auch bei Hanrahan um Charaktere aus dem Film *Slap Shot* handelt.

Drei herausragende Schlagschützen

Bernie Geoffrion: Es heißt, dass die Spieler damals Mitleid mit den Torhütern gehabt hätten. Masken und Schutz, oder zumindest die Möglichkeit, das eigene Gesicht abzudecken, hätte es zwar auch vor 50 Jahren schon gegeben. Nur schickte sich das nicht. Eishockeyspieler galten als hart, Eishockeytorhüter als härter. Es wurde als gute Idee angesehen, sich den fliegenden Pucks ohne Helm entgegenzustellen.

Natürlich wurden Torhüter im Gesicht getroffen, das musste aber nicht bedeuten, dass sie sich auswechseln ließen. Heute würde man das unter einem besonders krassen Fall toxischer Maskulinität subsummieren. Damals war es normal, auch weil der Schlagschuss noch nicht erfunden war. Das übernahm Bernie Geoffrion, ein Stürmer, der in Montreal immer im

Schatten von Maurice Richard stand, den sie *The Rocket* nannten. Dabei war es seine Art zu schießen, die die NHL zu einer Regeländerung bewegte.

Geoffrion zog auf und knallte die Pucks links und rechts an den beinahe ungeschützten Torhütern vorbei ins Tor. Wohl auch aufgrund seiner Trefferquoten führte die NHL ein, dass Zwei-Minuten-Strafen in dem Moment zu Ende waren, in denen die gegnerische Mannschaft traf. Zuvor hatten die Montreal Canadiens ihre Gegner meist im erstbesten Powerplay demoralisiert. Geoffrion traf selten nur einmal, weshalb man ihn irgendwann mit dem Kosenamen *Boom Boom* Geoffrion feierte.

Al Iafrate: Er trug Tattoos, als es noch nicht cool war, Tattoos zu tragen. Zum ersten Training nach dem Sommer brummte er auf einer Harley heran und trug nichts als Boxershorts. Und als er später seine Schläger präparierte, in einer Hand stets eine Kippe, trug er noch nicht einmal mehr die Boxershorts. „Mich", sagte er einer Reporterin der *Washington Post*, „gibt es nur einmal." Und auch wenn nicht alles, was er sonst so von sich gab, Sinn ergab, damit hatte Alberto Iafrate recht.

Der Mann, den sie *Big Al* nannten, *Wild Thing* und *The Planet*, war tatsächlich einzigartig in einer Liga, in der stets nur die Mannschaft, nur die Kameradschaft zählt und jungen Spielern jeglicher Individualismus aberzogen wird. So Rock'n'Roll war die NHL nie zuvor gewesen und wird sie vielleicht auch nie wieder sein, wie in den 870 Spielen, in denen der US-Amerikaner sein Können vorführte. Iafrate war schnell wie *Rocket* Richard, hatte einen Körper wie ein Linebacker und er konnte so hart und schnell schießen wie kein Zweiter. Am Ende kam er auf vier Teilnahmen an All-Star-Spielen, bei all seinen Klubs gilt er als Kultspieler, sogar bei den Boston Bruins, für die er nur 12-mal auflief, dabei aber fünf Tore schoss und acht auflegte.

Nicht schlecht für einen Spieler, der zwischen seinem Draft und seinem ersten Spiel in der NHL mit seinen Kumpels auf der Polizeiwache gelandet ist, weil er sich mit dem Türsteher eines Stripklubs angelegt hatte, und der sich nicht wenige seiner Tattoos selbst gestochen hat. 20 Jahre später wäre Iafrate mit seinem Talent und seiner Persönlichkeit ein Superstar gewesen. In einer Zeit aber, in der „Freigeist" keinesfalls als Kompliment verstanden wurde, wurde der Mann mit dem Vokuhila und der kahlen Stelle am Hinterkopf außerhalb der Kabine als Freak angesehen. Nur beim All-Star-Spiel 1993 galt ihm die volle Aufmerksamkeit: Iafrate entschied den Schusswettbewerb für sich, er beschleunigte den Puck auf 169,3 km/h – mit einem Holzschläger. Trotzdem war es 16 Jahre lang Weltrekord.

Denis Kulyash: Eishockey wird in Russland amerikanischer inszeniert, als man das in Amerika jemals für möglich gehalten hat – und ein bisschen wilder. Beim Ska St. Petersburg gibt es nicht nur ein Maskottchen, es gibt vier. Als AK Bars Kazan während einer Aussperrung in der NHL Stars des Welteishockeys in die Republik Tatarstan holte, hatte der Klub zwar ein höheres Spielerbudget als die vermeintliche Konkurrenz in Nordamerika, die Spieler aber hatten keine Handtücher, um sich den Schweiß aus den Gesichtern zu wischen.

Bären, Adler und Tiger wurden dem Publikum vor Spielen auf dem Eis vorgeführt, lebende Bären, Adler und Tiger. Und die Geschichten von achtwöchigen Trainingslagern in den „Bazas", mitten im Nichts, erzählen manche Importspieler auch nach Beendigung ihrer Karrieren mit zitternder Stimme. Das Eishockey ist natürlich trotzdem großartig und im Einzelfall auch gewaltig.

Im Rahmenprogramm des All-Star-Spiels der KHL wurde nach dem Vorbild der NHL am 5. Februar 2011 natürlich auch der härteste Schuss gesucht. Russische und tschechische Spieler nahmen kurz Anlauf und hämmerten den Puck auf ein Tor, hinter dessen Netz ein Blitzer die Geschwindigkeit maß. Die Ergebnisse waren beeindruckend, immer wieder aber scheiterten Spieler daran, den Puck auf über 150 km/h zu beschleunigen. Bis Denis Kulyash kam. Bereits mit seinem ersten Versuch übernahm er die Führung, mit dem zweiten deklassierte er den damaligen Weltrekord und stellte einen neuen auf: 177,58 km/h.

★ 2 ★

ERSTE DRITTELPAUSE

2.1 DIE NHL, DIE KHL, DAS IOC UND DER GANZE REST

Datsyuk auf Gusev auf Voynov, einer der besten, vielleicht sogar der beste Zwei-Wege-Stürmer passt auf einen Feinmechaniker, der den Puck an einen Weltklasseverteidiger weiterleitet. So weit, so normal für ein olympisches Eishockeyfinale. Oder? Nein, am Endspiel des Eishockeyturniers von Pyeongchang 2018 war nichts normal. Ganz so, wie es sich für olympische Eishockeyturniere gehört. Und warum? Es ist kompliziert.

Nero hatte die Olympischen Spiele noch nach Rom gebracht, im Jahr 60 nach Christus, einem Jahr, in dem zehn von 14 Stadtteilen von einem verheerenden Brand zerstört worden waren, einem Brand, den er wohl nicht gelegt haben kann, den er aber besungen haben soll – obwohl er sich gar nicht in Rom aufhielt. Es spielt keine Rolle, entscheidend ist, dass der römische Kaiser Nero Claudius Caesar Augustus Germanicus ein Fan der Olympischen Spiele war – und später an seinen eigenen Spielen, den

Neroneia, teilnahm. Nicht als Eishockeyspieler, sondern als Sänger. Zumindest das ist historisch unumstritten.

Theodosius I. aber schon konnte nichts mehr mit den heidnischen Riten anfangen, weshalb er die Plätze in Olympia schließen ließ. Theodosius II. verbot die Olympischen Spiele dann endgültig. Erdbeben zerstörten den Zeustempel. Was mit der prächtigen, aus Gold und Elfenbein gefertigten, 13 Meter hohen Zeus-Statue des Phidias passierte, man weiß es nicht. Aber nicht nur die Kaiser, auch die normalen Menschen waren der Olympischen Spiele wohl überdrüssig geworden, Leibesübungen wurden sowohl von Heiden als auch von Christen als eitel angesehen. Die Olympischen Spiele der Antike scheiterten am Größenwahn und an der Hybris. Selbst Zeus wandte sich ab.

Warum dieser historisch sehr wahrscheinlich äußerst fragwürdige Absatz in einem Buch steht, das alles vereinen soll, was man über Eishockey wissen muss? Weil man etwas weiter ausholen muss, um den Konflikt zwischen dem Internationalen Olympischen Komitee (IOC), der International Ice Hockey Federation (IIHF), der National Hockey League (NHL) und der Kontinental Hockey League (KHL) verstehen zu können und um die Frage zu beantworten, warum in Pyeongchang bis auf Südkorea keine Nationalmannschaft in Bestbesetzung hat antreten können.

In etwa zu genau der Zeit, in der sich in Kanada die Sehnsucht der Menschen manifestierte, auf dem Eis mit Schlägern aufeinander loszugehen, legten deutsche Archäologen auf der Peloponnes die Ruinen von Olympia frei. Plötzlich war die eigentlich nette Idee von einem fairen, völkerverbindenden, sportlichen und künstlerischen Wettstreit wieder en vogue.

Pierre de Coubertin sorgte sich derweil um den körperlich verheerenden Zustand der französischen Armee, den er für die Niederlage im Deutsch-Französischen Krieg (1870/1871) verantwortlich machte, und ein bisschen auch um die nationalen Egoismen im Europa des ausgehenden 19. Jahrhunderts. Der Baron aus Paris wurde zum Influencer, verbreitete den olympischen Gedanken. Im April 1896 ging es in Athen dann mit den Olympischen Spielen von Neuem los. Allerdings sieht es so aus, als hielte man beim zweiten Versuch nicht mehr ganz so lang durch.

Eigentlich von Beginn an überstrahlten die Geschichten von Fairness, der unendlichen Kraft des menschlichen Geistes und des menschlichen Körpers die Schattenseiten der Olympischen Spiele. Die unwahrscheinliche Freundschaft zwischen Jesse Owens und Luz Long, Zehnkämpfer Rein Aun, der seinen ins Ziel taumelnden Konkurrenten und Olympiasieger Willi Holdorf auffängt, nicht zuletzt das „Miracle on Ice" einer US-amerikanischen Eishockeymannschaft 1980, all die Heldenleistungen überstrahlten Korruption, Manipulation, den Missbrauch einer zeitlos wunderbaren Idee und die offenbar systemimmanente Verlogenheit von Sportfunktionären. Die olympische Geschichte des Eishockeys passt da leider perfekt hinein.

1920 ging es los, eher spontan bei den Sommerspielen in Antwerpen, weil sich die Betreiber des Palais de Glace weigerten, die Eiskunstlaufwettbewerbe auszurichten, wenn nicht auch Eishockey ins Programm aufgenommen wurde. Eishockey profitierte selten von der Wirkung, den das Spiel auf die Massen hatte, sondern schon immer von der Leidenschaft, dem Geld und dem Einfluss Einzelner. Die Tschechoslowakei, die USA, Schweden, die Schweiz und Belgien entsandten Mannschaften.

Für Kanada nahmen die Winnipeg Falcons teil, eine Amateurmannschaft, die es im eigenen Land lange Zeit schwer hatte, weil sie ihre Spieler aus der isländischen Minderheit in Winnipeg rekrutierte. Konnie Johannesson und Frank Fredrickson aber machten die Falcons trotzdem zu einem Gewinnerteam. Das Finale in Antwerpen wurde nicht sehr spannend. Die Isländer aus Winnipeg gewannen 12:1. So erwartbar ging es weiter.

In Nordamerika entwickelte sich die NHL zu einem Geschäft und alle vier Jahre holten die Amateure von den Toronto Granites, den Toronto Varsity Blues, des Winnipeg Hockey Clubs und von den Ottawa RCAF Flyers Gold für ihr Heimatland. Lediglich 1936 gelang der Mannschaft von Großbritannien ein erstes Wunder auf dem Eis, als sie im Kunsteisstadion von

Riessersee die Port Arthur Bearcats 2:1 besiegten. Neun der 13 Spieler, die das Vereinigte Königreich in Garmisch-Partenkirchen vertraten, hatten den Großteil ihres Lebens allerdings in Kanada verbracht – und waren nebenbei zu ordentlichen Eishockeyspielern herangereift.

Kanada dominierte also die Olympischen Spiele, bis man in Moskau auf die Idee kam, die noch immer junge Sportart Eishockey als Propagandainstrument zu missbrauchen. Keine vier Jahre brauchte Anatoli Tarasov, um die beste Nationalmannschaft der Welt zu entwickeln, zumindest die beste, die tatsächlich bei Turnieren antrat. 1960 deuteten die USA in Squaw Valley schon einmal an, auf eigenem Eis Wunder vollbringen zu können, die Kitchener Waterloo Dutchmen holten noch einmal Silber für Kanada, danach aber übernahm endgültig die *rote Maschine*.

Eine Rivalität auf dem Eis pflegte die Sowjetunion allein mit der Tschechoslowakei. Die Amateure aus Nordamerika waren dem perfekten Eishockey körperlich und spielerisch nicht mehr gewachsen. 1970 zog Kanada seine Teams aus offiziellen Wettbewerben des Weltverbands zurück – zum einen, weil die IIHF selbst den Einsatz von Halbprofis untersagte, zum anderen aus Protest gegen die Ungleichbehandlung.

Denn natürlich waren es keine Amateure, die die UdSSR und die CSSR bei Olympischen Spielen vertraten. Offiziell waren Anatoli Firsov, Boris Mikhailov, Valeri Kharlamov, Alexander Maltsev, Alexander Ragulin oder Vladislav Tretiak Soldaten der Roten Armee, tatsächlich aber waren sie Vollzeiteishockeyspieler. Soldaten mit Eishockeyschlägern statt Gewehren, die professioneller lebten und trainierten als Phil Esposito, Bobby Hull, Ivan Cournoyer, Stan Mikita, Bobby Orr oder Jacques Plante auf der anderen Seite des Atlantiks.

Es ist überflüssig, zu erwähnen, dass beide Eishockeygroßmächte davon überzeugt waren, die weltbesten Mannschaften aufstellen zu können. Daran konnten auch die Ergebnisse der *Summit Series* oder der Canada-Cup-Turniere nichts ändern. Das galt insbesondere für das selbsternannte Mutterland des Sports. 50 Jahre ohne Olympiasieg, 33 Jahre ohne WM-

Titel konnten das kanadische Selbstvertrauen nicht erschüttern. Wichtig war die National Hockey League. Sonst nichts.

Die NHL war da aber schon lange keine kanadische Liga mehr, die Profis kamen noch immer aus Saskatchewan, Ontario und aus den Northwest Territories, sie spielten aber mittlerweile auch in Tampa Bay, San Jose, Miami und Anaheim. Nashville und Atlanta sollten die nächsten NHL-Franchises bekommen. Das Fernsehpublikum im Süden der USA aber war noch nicht bereit für die raue Sportart aus dem Norden. Für Olympische Spiele konnte es sich hingegen erwärmen, doch für Olympische Spiele wollte die NHL ihren Spielbetrieb noch immer nicht unterbrechen. Das Spiel aber sollte wachsen, erst bis nach Florida und Kalifornien, dann nach Asien.

Gegen anfängliche Proteste der NHL-Profis beschlossen die Liga und die Spielergewerkschaft, an den Spielen in Nagano 1998 teilzunehmen, was dem jungen Tschechien neue Feiertage bescherte. Aus Sicht von Team USA und Team Canada hätte man in der Nachbetrachtung besser bis zu den Spielen in Salt Lake City 2002 gewartet. Die Frage, warum Coach Marc Crawford den großen Wayne Gretzky nicht am Penaltyschießen im Halbfinale gegen den unglaublichen Dominik Hašek antreten ließ, wird Kanada wohl ewig beschäftigen. Und in den USA schämte man sich noch am wenigsten für das lustlose 1:4 im Viertelfinale gegen Tschechien.

In der Nacht danach verwüsteten beeindruckend betrunkene US-Profis ihre Zimmer im olympischen Dorf, Möbel wurden zertrümmert, Feuerlöscher geleert. Wer dabei war, ließ sich nie rekonstruieren, Mobiltelefone waren kaum verbreitet, zudem konnte man sie allein zum Telefonieren nutzen. Es gab also keine Insta™-Storys von der Nacht der Schande.

Brett Hull meinte, überhaupt nichts mitbekommen zu haben. „Es war geradezu lächerlich, wie viele Stunden ich auf meinem Bett damit verbracht habe, Musik zu hören und Kreuzworträtsel zu lösen.“ Kreuzworträtsel also, natürlich. Und Jeremy Roenick, der sich in der NHL nicht nur als Offensivspieler einen Namen gemacht hatte, sondern auch als Witzbold, der seine Teamkollegen virtuos hereinlegte, sagte: „Eines weiß ich sicher:

Die Möbel im olympischen Dorf waren billig. Wir saßen herum, spielten Karten und unter uns sind die Stühle zusammengekracht." Im Nachhinein muss man froh sein, dass sich von den kreuzworträtselnden Kartenspielern niemand verletzt hat.

Die NHL blieb trotzdem dabei. In Salt Lake City wurde der Finne Raimo Helminen zum ersten Spieler, der an sechs olympischen Eishockeyturnieren in Folge teilgenommen hat. In Sarajevo hatte er als 20-Jähriger gegen Erich Kühnhackl gespielt, in der Mormonenstadt gegen den jungen Ilya Kovalchuk, der wiederum erst 16 Jahre später Olympiasieger werden sollte – in einem Finale gegen Deutschland. Im E Center von West Valley City gelang Weißrussland und vor allem Torhüter Andrei Mezin mit dem 4:3 im Viertelfinale gegen Schweden eine Sensation, im Finale aber trafen Kanada und die USA aufeinander – genauso, wie man sich das in den NHL-Büros in New York City vorgestellt hatte.

Paul Kariya und Jarome Iginla konterten im ersten Drittel die Führung von Tony Amonte, nach dem Ausgleich von Brian Rafalski waren es Joe Sakic und erneut Iginla, die mit ihren Treffern zum 5:2 Kanada das erste Gold sicherten, seit die Edmonton Mercurys ein halbes Jahrhundert zuvor das olympische Turnier in Oslo gewonnen hatten. 2006 in Turin entschädigten Mats Sundin, Peter Forsberg und Nicklas Lidström das schwedische Volk mit einem 3:2 im Endspiel gegen Finnland – natürlich war Lidström der Schütze des Siegtors. Danach aber mussten sich die Stars erst einmal dafür rechtfertigen, dass sie in der Gruppenphase offenbar absichtlich gegen die Slowakei verloren hatten, um im Viertelfinale Kanada oder Tschechien zu entgehen.

Vier Jahre später fieberten 26 Millionen Kanadier und 27 Millionen US-Amerikaner vor dem Fernseher mit ihren Teams, als das Finale von Vancouver in der Verlängerung entschieden wurde. Als Sidney Crosby traf, dürfte man die Erschütterung auch im Nachbarland noch gespürt haben. Und in Sotschi verteidigte Kanada seine Goldmedaille mit einem 3:0 im Endspiel gegen Schweden.

Die ewig unterschätzten Finnen hatten bereits im Viertelfinale Russland aus dem Weg geräumt – und das Land des Gastgebers samt seines Autokraten in eine Sinnkrise gestürzt. Die Zeitung *Sport-Express* titelte mit einem berühmten Zitat: „Diese Art von Eishockey brauchen wir nicht." Ein russischer Fernsehkommentator hatte das gesagt, als Kanada die Summit Series vor allem aufgrund kompromissloser Härte gegen Team Canada für sich entschieden hatte. 44 Jahre später war die russische Interpretation von modernem Eishockey gemeint. Erst später sollte sich zeigen, dass das schwache Abschneiden der Sbornaja Vladimir Putin geringstes Problem war.

Aber eigentlich schien alles gut zu sein. Das Eishockey war aufregend, die Spieler waren zufrieden damit, ihre Länder alle vier Jahre auf der größten Bühne ihres Sports vertreten zu dürfen. Man hätte es besser wissen müssen: Auf der einen Seite eine Liga, die Eishockey bereits zum Geschäft gemacht hatte, als in Europa noch kaum Eishockey gespielt wurde; eine Liga, bestimmt durch knallharte Hardliner, die als Klubeigner in den Arbeitskämpfen mit den Profis mehrmals bewiesen hatten, dass es ihnen am wenigsten um das Spiel selbst geht.

Und auf der anderen Seite eine Organisation, gebeutelt durch Korruption, Korruptionsvorwürfe und viele weitere Skandale; eine Organisation, die jeden Straßenverkäufer verklagte, der die olympischen Ringe auf billige T-Shirts drucken ließ, und sich derweil die Spiele selbst von den ausrichtenden Nationen finanzieren ließ.

Anfang 2016 gab das Internationale Olympische Komitee bekannt, dass es nicht mehr weiter für die Versicherung der Spieler aufkommen würde – und auch nicht für die Reisekosten. Von Nagano 1998 bis Sotschi 2014 war das noch so gewesen. Für Pyeongchang 2018 müsste sich die NHL selbst etwas überlegen. Zusammen mit der Kompensation für den Ausfall in der nordamerikanischen Profiliga im Februar 2018 verweigerte das IOC der NHL eine Zahlung von geschätzten 10 Millionen US-Dollar. Zwar bot der Weltverband an, insgesamt sogar mehr zu zahlen, um weiterhin das bestmögliche Eishockeyturnier anbieten zu können, trotzdem wuchsen auf der NHL-Seite die Bedenken.

Umfragen wurden eingeholt, die bestätigten, dass die Mehrzahl der Eishockeyfans in Nordamerika ohnehin gegen eine Unterbrechung des Spielbetriebs war. Außerdem hatte die NHL mit dem World Cup of Hockey 2016 selbst ein Turnier veranstaltet, das im September, also vor dem Beginn der Saison, stattfand, und von dem die NHL auch finanziell profitierte. Dazu kam die ewige Sorge um die teuren Profis. John Tavares, damals noch der Star der New York Islanders, hatte sich in Sotschi das Innenband im Knie und den Meniskus gerissen. Und dann war da noch die Eifersucht der Klubbesitzer, dass das IOC mit ihren Spielern Geld verdiente. Das IOC kam wiederum zu der Erkenntnis, dass es gerade eine Profiliga nicht anders behandeln könne als die gemeinnützigen Sportverbände. Es war kompliziert.

Im April 2017 gab die NHL bekannt, dass kein Spieler mit einem gültigen NHL-Vertrag an den Spielen von Pyeongchang teilnehmen dürfe. Danach gab es zwar immer wieder neue Verhandlungen, neue Hoffnung, auch befeuert durch die Trotzigkeit von Spielern wie Alexander Ovechkin, der ankündigte, auf alle Fälle für Russland spielen zu wollen (was er nicht tat). Letztlich aber schienen weder das IOC noch die NHL unglücklich über diese Entwicklung zu sein. Und nachdem sich die deutsche Mannschaft im September 2017 in Riga für das Turnier in Südkorea qualifiziert hatte, erstellte sie eine WhatsApp®-Gruppe. Ihr Name: Mission Gold.

Während des vor allem für die Fans des Sports schmerzhaften Trennungsprozesses zwischen der NHL und dem IOC zeigte sich, warum eine Viertelfinalniederlage gegen Finnland nicht sehr lange der einzige Makel in der russischen Bilanz nach den Spielen von Sotschi bleiben würde. Ein Dokumentarfilm der ARD enthüllte Ende 2014, dass in Russland systematisch gedopt worden ist und Dopingkontrollen manipuliert worden sind. Im Mai 2016 erzählte Grigory Rodchenkov, der ehemalige Leiter des Moskauer Anti-Doping-Labors, der *New York Times*, dass er in Sotschi positive Dopingproben russischer Athleten auf Anordnung des Staats vertuscht habe (die irre Geschichte Rodchenkovs erzählt wiederum der Film *Ikarus*).

Die US-Justiz, das IOC und die Welt-Anti-Doping-Agentur (Wada) nehmen Ermittlungen auf. Erste Sportverbände schlossen russische Sportler aus, an den Sommerspielen in Rio de Janeiro durften nur nachweislich saubere Sportler aus Russland teilnehmen. Im Dezember 2017 entschied das IOC, dass unbelastete russische Sportler an den Winterspielen in Pyeongchang unter neutraler Flagge starten dürfen, woraufhin die KHL ankündigte, ihre Spieler unter diesen Umständen ebenfalls nicht für das Turnier in Südkorea freistellen zu wollen. Etwa eine Woche lang sah es so aus, als müsste das vermeintlich beste Turnier der Welt nicht nur ohne die Spieler der besten Liga der Welt, sondern auch ohne die Spieler der zweitbesten Liga der Welt auskommen.

Doch die Aussicht auf eine sichere Goldmedaille in Putins Lieblingssportart beendete den halbherzigen Erpressungsversuch. Die russischen Eishockeyspieler aus der KHL würden als Olympische Athleten aus Russland in neutralen Trikots antreten, die den russischen Originaltrikots sicherlich nur zufällig auffallend ähnlich sahen.

Was das noch mit der ursprünglichen olympischen Idee, mit Sport, zu tun hatte? Nichts. Aber auch das war nicht neu. Zwei Jahrtausende nach Nero hatte erneut ein mächtiges Staatsoberhaupt die Olympischen Spiele in sein Land geholt und hatte sie missbraucht, während die Idee selbst wieder am Größenwahn jener zu scheitern scheint, die sie eigentlich in aller Demut und Bescheidenheit bewahren sollen. Es brauchte eine Heldenleistung, um all das zu überstrahlen. Konnte ja keiner damit rechnen, dass sich dazu ausgerechnet die deutsche Eishockeynationalmannschaft berufen fühlen würde.

2.2 EISHOCKEY IN DEUTSCHLAND

Gut, von den besten 500 Spielern der Welt sind in Pyeongchang also nur überschaubar viele mit dabei. Trotzdem ist es nicht weniger als eine Sensation, dass Deutschland in diesem olympischen Eishockey-

turnier das Finale erreicht. Die Rahmenbedingungen und die Geschichte hätten das eigentlich nicht hergegeben.

Wie groß Eishockey-Deutschland wirklich ist, hat man erstmals am 7. Mai 2010 gesehen – auf dem Busparkplatz der Arena auf Schalke. Trikots von den Revierlöwen Oberhausen, von Tornado Niesky, der Riverrats Geretsried, der Hammer Eisbären, des EC Braunlage, sämtlicher DEL-Mannschaften seit der Gründung 1994, diverser Bierliga-Mannschaften und jeder weiteren denkbaren Mannschaft, die irgendwo in Deutschland irgendwann einmal an irgendeinem Spielbetrieb teilgenommen hat, stiegen aus unzähligen Bussen. Und gefüllt waren diese bunten, nicht immer geschmackssicher gestalteten Trikots mit Menschen, die weit mehr verband als eine Eintrittskarte für das Eröffnungsspiel zur Weltmeisterschaft 2010 in Köln, Mannheim und eben auch in Gelsenkirchen.

Diese Menschen, die wenig später in der mit 77.803 Zuschauern gefüllten Fußballarena für ein Höllenspektakel sorgen sollten, verband die Liebe zu einer Sportart, deren Liebreiz nicht von jedem Sportinteressierten gleich erkannt wird und die selbst diese Liebe immer wieder auf eine harte Probe stellt. Und sie verband die stetige Sorge um ihre Sportart und um die Mannschaften, die ihnen ans Herz gewachsen sind.

„Von den verzweifelten Versuchen, einen unfinanzierbaren Sport zu finanzieren", so hat Günter Klein sein Buch *Die Droge Eishockey* untertitelt, auch zwei Jahrzehnte nach seinem Erscheinen gilt es immer noch als Standardwerk über den Wahnsinn, den es mit sich bringt, diesen Sport mit all seinen Eigentümlichkeiten in einem Fußballland zu etablieren, und über die Wahnsinnigen, die das immer wieder versucht haben und immer wieder daran gescheitert sind.

Eishockey wird überall in Deutschland geliebt, in Bremerhaven und Bad Tölz, in Weißwasser und Villingen-Schwenningen, aber eben immer nur die Mannschaften aus Bremerhaven, Bad Tölz, Weißwasser und Schwenningen. Die Sportart ist über die Jahrzehnte ein regionales Ereignis geblieben. Das ist ein Hauptgrund, warum die für eine Entwicklung auf eine höhere Ebene so wichtigen Fernsehgelder ein Trinkgeld für die Klubs blieben. Wie im Übrigen auch im Handball und im Basketball, in Sportarten, deren Nationalmannschaften sehr viel erfolgreicher (Handball) oder zeitweise erfolgreicher (Basketball) waren.

Natürlich hält der Spielplan der DEL Begegnungen wie Mannheim gegen Berlin bereit, oder Köln gegen Düsseldorf, die Geschichte und Geschichten bieten und in ganz Deutschland Interesse hervorrufen; aber eben auch Iserlohn gegen Wolfsburg, für die jenseits von Gifhorn und Grafhorst niemand mehr sein Tablet einschaltet, weil in Iserlohn die Eishockeyfans ja schon in der Halle stehen.

Und so werden die Klubs auch weiterhin auf Eishockeyfans mit Verantwortung für Werbeetats angewiesen sein, auf eitle Selfmademen, die erkannt haben, dass sie und ihre Firmen links unten auf der Werbetafel eines Fußballzweitligisten niemals so viel Aufmerksamkeit bekommen wie als Gesellschafter eines Zweitligisten im Eishockey, auf leidenschaftliche Unternehmer, die wirklich an das Potenzial dieser faszinierenden Sportart glauben, weil sie immer noch rauer, ehrlicher und zumeist auch spektakulärer als Fußball ist, auf Söhne von Unternehmern, die sich auch ein Spielzeug aussuchen dürfen, auf kühl kalkulierende Kooperationen aus den USA, die erst Multifunktionshallen bauen und die eine Eishockeymannschaft dann nicht loswerden, die zwar jedes Jahr mit Millionenbeträgen bezuschusst werden muss, die Arena aber immerhin an mindestens 30 Abenden im Jahr füllt.

Das klingt bitter? Mag sein. Aber für Eishockeyfans fühlt es sich nicht so an, wenn sie im August ihre Mannschaft in neuen Trikots und mit neuen Toren und Aufregung versprechenden AHL-Veteranen, Talenten aus der eigenen Jugend oder Finnen mit vielen Umlauten zum ersten Mal auf dem Eis sehen. Im Dezember gesellen sich auf den Tribünen dann jene hinzu, die sich genau aussuchen, wann sie bereit sind, 50 € oder mehr in einen Abend zu investieren, dessen sportlicher Reiz ein abstrakter bleibt, weil die Saison eigentlich erst nach 52 Runden anfängt.

Wirklich kompliziert wird es erst im Frühjahr, wenn die Sportart in den Playoffs alles ausspielt, was sie so großartig macht. Es ist die Zeit, in der aufmerksame Sportteilleser im Westen verwundert realisieren, dass es nicht Straubingen, sondern Straubing heißt. Am Ende aber wird nur in einer Stadt gefeiert. Mit zunehmender Wahrscheinlichkeit in Mannheim oder München, wo allerdings selbst die Autokorsi der Fußballer kaum noch von einer zurückhaltenden türkischen Hochzeit zu unterscheiden sind.

Die wirklich aufregenden Spieler sind dann meist schon weitergezogen in die Schweiz oder in die KHL, wo der Alltag zwar anstrengender ist, dafür aber die vielen Ziffern auf dem Gehaltsscheck entschädigen. Nachhaltigkeit ist auch in der DEL zu einem mehrheitsfähigen Thema geworden. Eine Sportart, die bei Freibadwetter beginnt, Eisflächen aufzuspritzen, sollte sich wenigstens um die Bierbecher Gedanken machen. Die sportliche und öffentliche Nachhaltigkeit ist hingegen ein Problem, das sich nicht so leicht wird lösen lassen, noch nicht einmal durch eine Silbermedaille bei Olympischen Spielen.

An Team Germany lässt sich aber im Februar 2018 bereits erkennen, dass sich das Eishockey verändert. Als die Olympiamannschaft von 1976 noch nicht damit rechnete, dass sie soeben die Bronzemedaille gewonnen hatte, saßen nur drei Spieler in der Kabine, die nicht in Garmisch, Landshut, Bad Tölz oder Füssen geboren oder aufgewachsen waren. Der große Erich Kühnhackl war 18 Jahre alt, als in Prag die sowjetischen Panzer auffuhren und er mit seinen deutschen Eltern aus der Tschechoslowakei übersiedelte. Ferenc Vozar stammte aus Ungarn, Verteidiger Rainer Philipp aus Bad Nauheim. Es war die Zeit, in der die zumindest vorgeblich reichen Klubs aus Köln und Düsseldorf bayerische Eishockeyspieler in den Westen lockten. Davon profitierten die Spieler selbst, nicht aber deren Vereine, wie der EV Füssen, der EV Landshut oder der EC Bad Tölz, die zwar gute Nachwuchstrainer und viel Zulauf hatten, aber irgendwann kein Geld mehr. Von den bayerischen Traditionsvereinen ist schon lange keiner mehr erstklassig.

Und weil sich in Deutschland kaum noch eine Gemeinde eine Eishalle leisten mag und selbst in Bayern kaum noch Weiher zufrieren und sich auch legendäre Kunsteisstadien, wie die von Reichersbeuern oder am

Schliersee, nur noch mit sehr viel Herzblut in Betrieb halten lassen, verlagert sich auch das erfolgreiche Nachwuchseishockey an die Standorte, wo man sich erstklassige Jugendarbeit leisten kann und will. Weil man erkannt hat, dass Mannschaften, die sich aus Saisonarbeitern aus Nordamerika, Russland und Skandinavien zusammensetzen, nicht zur Popularität der Sportart beigetragen haben. Und so stammen aus der Mannschaft, die in Pyeongchang Silber gewinnen wird, nur noch sechs Spieler aus traditionellen Eishockeystädten.

Das Problem mit den warmen Wintern und dem Verfall einstiger Hochburgen kennt man aber auch in Ländern, in denen Eishockey seit jeher und nicht nur regional die Nummer eins ist. Umso entscheidender ist es, dass die professionelle Nachwuchsausbildung nicht nur den von Großkonzernen alimentierten Akademien von München und Mannheim überlassen wird, dass an diesen Standorten auch die Geduld bewiesen wird, die es braucht, selbst jene Talente zu fördern, die es nicht in die NHL schaffen, und dass sich die DEL für Rückkehrer aus der NHL und potenzielle Abwanderer in die Schweiz oder die KHL interessant macht. An guten Ratschlägen aber hat es im deutschen Eishockey noch nie gemangelt, eher an der konsequenten Umsetzung.

Drei herausragende deutsche Eishockeyspieler

Udo Kießling: Gerhard Kießling hat Walter Ulbricht das Schlittschuhlaufen beigebracht, „einigermaßen zumindest". Erfolgreicher als beim Staatsrat der DDR war er bei seinem Sohn Udo. Schon kurz nach seiner Flucht in den Westen bestellte er Schlittschuhe in Kanada, Größe 22 gab es in Deutschland nicht zu kaufen. Aber als Talent, sagte der ehemalige Staatstrainer der DDR, „war der Udo eher mittelmäßig. 70 % hat er sich erarbeiten müssen." Dabei hätten selbst 30 % noch zu einer sehr ordentlichen Karriere gereicht. Denn sehr viel mehr als Rekordnationalspieler, Bronzemedaillengewinner (1976 in Innsbruck), sechs deutsche Meistertitel und die Wahl ins All-Star-Team 1987 sind für einen deutschen Eishockeyspieler eigentlich kaum realistisch.

Außergewöhnlich beliebt war er trotzdem nicht, diese Ambivalenz drückte sich selbst in dem Gesang aus, den ihm seine Fans widmeten: „Er ist kein Mensch, er ist kein Tier, er trägt bei Köln die Nummer vier." Kießling war immer stolz darauf, sich nicht verbiegen zu lassen, seinen Weg zu gehen – auch wenn der nicht immer nachvollziehbar war. Ein Verteidiger, der in der deutschen Bundesliga unglaubliche Zahlen auflegte, in seiner besten Saison 39 Tore für die Düsseldorfer EG schoss, war selbst für die NHL interessant.

Auch Udo Kießling sprach von einem Kindheitstraum, als ihn die Minnesota North Stars nach Nordamerika holten. Am 8. März 1982 gab er sein Debüt gegen die St. Louis Blues. „Auf der Strafbank gesessen, an den Pfosten geschossen, einer Massenschlägerei durch Zufall entgangen, alles erlebt", so lautete seine Zusammenfassung für die *Welt*. Und so wurde sein erstes NHL-Spiel zu seinem letzten. Kießling hatte es sich selbst bewiesen, in der besten Liga bestehen zu können. Das reichte ihm.

Es folgten Verteidiger, denen das nicht reichte. Christian Ehrhoff lief 862-mal in der NHL auf, zählte zwischendurch zu den bestbezahlten Abwehrspielern. Und Uwe Krupp (810 Spiele) gelang Historisches, als er die Colorado Avalanche mit seinem Overtime-Treffer gegen die Florida Panthers 1996 zum Stanley-Cup-Sieger machte. Dabei trug er die Nummer vier, wie sein großes Vorbild.

Marco Sturm: Wenn sich Jonas Müller den Puck mit der Rückhand heranziehen, nur noch Vasili Koshechkin vor sich haben und zu einem Handgelenkschuss ansetzen wird, den der lange russische Torhüter nicht erreicht, wird Marco Sturm zum Videowürfel hinaufstarren. Um ihn herum werden seine Spieler schreien, lachen, stolz sein ob dieses historischen Augenblicks, der Bundestrainer aber wird die Ruhe bewahren. Auch weil er aus 1.006 Spielen in der besten Liga der Welt und 205 weiteren in der Deutschen Eishockey Liga weiß, dass die ganz großen Partien erst vorbei sind, wenn man sich in einer nassen Spielertraube wiederfindet, die sich um den Torhüter gebildet hat.

So wie im Fenway Park, einem der klassischen und legendären Baseballstadien der USA, am 1. Januar 2010, als Sturm das Winter Classic zwischen seinen Boston Bruins und den Philadelphia Flyers mit seinem Treffer in der Verlängerung entschieden hat. Ein Junge aus Dingolfing, der nach einem Jahr in der DEL in die NHL wechselt, der sich sofort etabliert zwischen Superstars und Goons, der selbst zu einem Star wird, wichtige Spiele entscheidet, der zweimal an Olympischen Spielen teilnimmt, der für sechs NHL-Franchises spielt und für drei DEL-Klubs, der überall ob seiner außergewöhnlich freundlichen Art geschätzt und respektiert wird und der als Trainerneuling sofort Erfolg hat mit der Nationalmannschaft und nicht mehr nur in einer Reihe mit Xaver Unsinn und Hans Zach genannt wird, sondern nach den Olympischen Spielen von Pyeongchang in eine eigene Liga aufgestiegen ist – das liest sich wie eine Karriere, über die alleine man ein Buch schreiben müsste.

Dieses Buch enthielte aber viele Kapitel, die düstere Tage ausleuchten. Zum Beispiel, als ihm während des Aufwärmens gesagt wurde, dass er gerade von den San Jose Sharks zu den Boston Bruins transferiert wurde. „Pack your shit!" Am Tag danach stand er für seinen neuen Arbeitgeber auf dem Eis, schoss in seinem ersten Spiel sein erstes Tor. In einem Interview für das Buch *Die stärkste Liga der Welt* aber öffnete er sich: „Meine Frau war schon bei mir, unser Sohn war gerade ein Jahr alt. Wir haben uns wohlgefühlt, es war wunderschön dort. Und von der einen auf die andere Minute war auf einmal alles anders, alles weg. Alles, was wir uns dort aufgebaut hatten. Das war schon ziemlich traurig. [...] Ich war noch zu jung. Ich war einfach traurig, und – das kann ich gerne zugeben – habe viel geweint. Das tat so weh, von meinem Verein, bei dem es so viel Spaß gemacht hatte, weggeschickt zu werden und all die Kollegen, mit denen ich so viel erlebt hatte, verlassen zu müssen."

Es war bereits sein neuntes Jahr in der NHL, wirklich angekommen aber ist er erst in diesen Tagen zwischen der West- und der Ostküste der USA. Vielleicht erklärt schon diese Erfahrung, warum er sich nicht wird überwältigen lassen von diesem vermeintlich historischen Moment, kurz vor Ende des wichtigsten Spiels in der Geschichte des deutschen Eishockeys.

Ohne Sturm wäre die Nationalmannschaft nie so weit gekommen, er war es, der eine Mannschaft zusammengeschweißt hat und der diese Mannschaft hat glauben lassen, dass alles möglich ist.

Nachdem bekannt wurde, dass Sturm zurück in die NHL wechselt, diesmal als Co-Trainer der Los Angeles Kings, sagte Franz Reindl, der Präsident des Deutschen Eishockey-Bunds, der *Süddeutschen Zeitung*: „Marco hat den Stolz für die Nationalmannschaft wieder geweckt, und alle sind auf den Zug aufgesprungen. Jetzt wechselt der Lokomotivführer, aber das Leben geht weiter, die Erde dreht sich weiter."

Leon Draisaitl: Es hätte viele weitere Kandidaten gegeben für diese Aufzählung, Peter Draisaitl zum Beispiel, dieser spielstarke Mittelstürmer, der deutscher Meister mit den Kölner Haien und zum besten Spieler der DEL-Play-offs gewählt wurde, der lange Zeit aber vor allem dafür bekannt war, dass sich der Puck nach seinem Penalty auf der Torlinie ausschlingerte. Dann wurde umgeschaltet zur *Tagesschau*, die extra für die Zuspitzung im olympischen Viertelfinale in Meribel hatte warten müssen. Mittlerweile ist „der mit dem Penalty" dem Nachsatz „das ist der Sohn von Peter" gewichen.

Und Draisaitl junior hat sich Pavel Datsyuk als Vorbild ausgesucht, von dem in diesem Buch an sehr vielen Stellen die Rede ist. Sein Spiel aber hat sich anders entwickelt. Leon Draisaitl wirkt größer, als es die 1,88 Meter auf Papier vermuten lassen. Ein klassischer Power Forward ist er deshalb nicht, seinen wuchtigen Körper benutzt er nicht, um seine Gegner in die Bande zu knallen, sondern um den Puck abzuschirmen und seine Reichweite, um sich mit seiner Stocktechnik und seiner Intuition an seinen Gegner vorbeizuzaubern.

Mit diesen Talenten wäre er in jedem Eishockeyland dieser Welt herausgestochen, in Deutschland ist er ein Jahrhunderttalent, das sich nach einem kurzen Anlauf in der Juniorenliga WHL auch in der NHL durchsetzte. Und dass er in seinem fünften Jahr mit den irgendwie noch immer ruhmreichen Edmonton Oilers als erster deutscher NHL-Profi nicht nur die 30-, die 40- und dann sogar die 50-Tore-Marke knackte und insgesamt 105

Punkte sammelte, wurde in seiner Heimat nur deshalb nicht als größte sportliche Errungenschaft anerkannt, seitdem ein langer Basketballer aus Würzburg für einen Sommer zum besten Basketballer der Welt wurde, weil die irgendwie doch nicht mehr ruhmreichen Oilers daraus (und der Nebensächlichkeit, dass Draisaitl neben Connor McDavid nur der zweitbeste Spieler im Team war) keine Siege ziehen konnten.

Noch erstaunlicher ist nur noch, dass Draisaitl, trotz seiner außergewöhnlichen Begabung und seinem Willen, diese Begabung auszuschöpfen, nicht mehr einzigartig ist: Mit Moritz Seider, Dominik Bokk, Tim Stützle, Lukas Reichel und John-Jason Peterka folgen die nächsten Spieler, die das Potenzial mitbringen, in der NHL mehr als Rollenspieler zu sein. Als Vorbild können sie sich mittlerweile für einen deutschen Nationalspieler entscheiden.

2.3 EISHOCKEY IN RUSSLAND

Russland ist gar nicht am Start gewesen bei diesen Olympischen Spielen von Pyeongchang, aber 169 „Olympic Athletes of Russia". 2014 hatte Russland als Gastgeber der Spiele von Sotschi mit einer beispiellos kriminellen Energie das Internationale Olympische Komitee, die Welt-Anti-Doping-Agentur, hunderte Sportler und nicht zuletzt ein Publikum betrogen, von dem man dachte, dass es durch kriminelle Energie in Sachen Medikamentenmissbrauch eigentlich nicht mehr zu schockieren sei.

Das durch den *ARD*-Reporter Hajo Seppelt enttarnte Schattenlabor im offiziellen Dopingkontrolllabor von Sotschi, die Enthüllungen durch Grigory Rodchenkov, den ehemaligen Chef der russischen (Anti-)Anti-Doping-Agentur und den abschließenden McLaren-Report über die andauernden Manipulationen im russischen Sport, hatten zum Ausschluss der russischen Mannschaft geführt.

In Pyeongchang durfte nur starten, wer nachweisen konnte, kein Opfer oder Profiteur des staatlichen Dopingsystems gewesen zu sein. So wie die Eishockeyspieler, die in Pyeongchang die neutrale olympische Flagge repräsentieren. Die russische Flagge ist ebenso verboten wie das Singen der russischen Hymne.

Aber natürlich werden sich die Eishockeymannschaft und die Fans auf der Tribüne diesem Verbot nach dem Finale widersetzen. Zur olympischen Hymne werden sie den Text der russischen Hymne singen und auf der Tribüne russische Fahnen schwenken. Konsequenzen wird das keine haben. Dafür wird sich Vladimir Putin bei den Spielern für das Singen der Hymne bedanken, laut der Nachrichtenagentur *TASS* wird er in seiner Rede sagen: „Sie können uns alles nehmen – nur nicht unseren Charakter."

Ryan Whitney hat schnell gelernt, dass es keinen Sinn macht, in Russland nach dem Warum zu fragen. Selbst seine russischen Kollegen, die des Englischen mächtig waren, antworteten schulterzuckend: „Das ist Russland."

Also hat er nicht gefragt, wie es hatte sein können, dass die Krankenschwester, die ihm Blut abnahm und seinen Blutdruck maß, dabei eine Zigarette rauchte. Er hat auch nicht gefragt, warum jeder der Coaches des HC Sotschi auf den vielen Flügen durch das riesige Land Kette rauchten. Er hat nicht gefragt, warum ein Löschflugzeug seine gesamte Ladung über dem Hafenbecken von Sotschi aus etwa 50 Metern Höhe verlor – direkt auf mehrere Boote und einen Wasserskifahrer. Er hat nicht gefragt, warum nur eine Trainingseinheit mit seiner KHL-Mannschaft härter war als jeder Trainingstag, den er zuvor in Kanada und in den USA erlebt hatte. Er hat nicht gefragt. Er wusste die Antwort auf jede mögliche Frage.

Warum? Das ist Russland.

Sie hatten einen Anruf. Also mussten sie sich entscheiden, ob sie die мáма anrufen sollten oder die Freundin. 25 Mann standen vor dem einen Telefonapparat, 25 der besten Eishockeyspieler der Welt, Superstars einer Sportart, die damals nur einen Superstar kannte. Superstars und Gefangene eines Systems, das Fabrikarbeiter und Eishockeyspieler gleich misshandelte.

Vier Stunden auf dem Eis, sechs Stunden laufen und Gewichte heben, jeden Tag. „Manche pissten Blut", stellte der feinsinnige Torhüter Vladislav Tretiak unfein fest. Im Jahr vor den Olympischen Spielen in Sarajevo hatten sie sechs Tage frei. Es gab nur einen Ort, an dem sie sich ausdrücken konnten. Auf dem Eis. Aus der Sklaverei entstand das kreativste Eishockey überhaupt, in dem Moment, in dem die Unterdrückten das Eis unter ihren Kufen spürten, wurden sie zu Künstlern. „Das Spaß zu nennen, wäre zu einfach", sagte der große Igor Larionov über seine Zeit als kleines großes Rädchen in der großen roten Maschine, „es war Freiheit."

Warum? Das war die Sowjetunion.

Die beste Idee hatte Steve Warshaw zu Beginn. Er wusste, dass sie, die Imperialisten aus den USA, gehasst wurden, von den Fans, von den Funktionären, natürlich von Viktor Tikhonov, dem gefürchteten Trainer der Mannschaft, die die Pittsburgh Penguins und Investoren wie der Schauspieler Michael J. Fox und Superstar Mario Lemieux gerade wirtschaftlich gerettet hatten. Der Mann aus New York wusste aber, dass er zunächst einmal die Medien überzeugen musste.

Bevor er ZSKA Moskau in die Zukunft führte, erwies er der Vergangenheit seinen Respekt und ehrte die großen Eishockeyhelden des Kalten Kriegs. Und so wurde ein Banner mit der Nummer 20 von Valdislav Tretiak unter das Dach des Eispalasts gezogen. Der beste Torhüter in der Geschichte des Eishockeys (zumindest aus russischer Sicht) kam lange Zeit nicht darüber hinweg, dass erst ein Amerikaner nach Moskau kommen musste, um ihn und sein Vermächtnis zu feiern.

Die Idee, die Stripperinnen, die sich inzwischen im Eispalast des Zentralny Sportiwny Klub Armii eingemietet hatten, in den Drittelpausen auftreten zu lassen, sodass Tikhonov das nicht mitansehen musste, kam Warshaw erst später. Genauso wie der Einfall, Bären auf Schlittschuhen Bier servieren zu lassen. Lebende Bären auf Schlittschuhen. Warshaw war der Marketingmagier, der den Penguins Spieler zukommen lassen sollte und den Investoren Geld. Das funktionierte erstaunlich gut, obwohl der so stolze Armeesportklub sowohl Makarov, Larionov, Kasatonov, Fetisov und Krutov als auch deren Nachfolger Bure, Mogilny und Fedorov an die NHL verloren hatte und sich Tikhonov ohne die Drohkulisse des Machtapparats im Rücken als gar nicht so brillanter Trainer erwies.

Aber um Sport ging es bei den Russian Penguins ohnehin nicht mehr. Es ging um die Show und den Kapitalismus. Und die Mafia in Moskau, die Oligarchen und die korrupten Politiker lernten schnell. So schnell, dass sich Investoren wieder aus Moskau zurückzogen, weil selbst Warshaw vor Ort nicht mehr zwischen den einen unterscheiden konnte, die ihn bedrohten und den anderen, die ihn beschützen sollten.

Und warum? Das war Russland nach dem Ende der Sowjetunion.

27 Weltmeistertitel. Sieben olympische Goldmedaillen (Stand: Herbst 2019). Nach Zahlen gibt es keine Zweifel, wo das Eishockeyherz schlägt. Nur welches Herz? Jenes Herz von Viktor Tikhonov, das sich die Spieler bei einer Herztransplation gewünscht hätten, weil es ihr unbarmherziger Trainer ja nie gebraucht hatte? Oder das Herz eines jeden Jungen zwischen St. Petersburg und Khabarovsk, der so schießen wollte wie Sergei Makarov oder so schießen will wie Alexander Ovechkin? Die russische Liebe zum Eishockey kann man nicht fassen, dazu ist sie zu groß, aus zu vielen unterschiedlichen Interessen entflammt.

Aber die glänzende Eisfläche vor jedem Spiel in der KHL (Kontinental Hockey League), der MHL (Molodjoschnaja Chokkeinaja Liga) oder der VHL (Wysschaja Hockey-Liga) eignet sich perfekt als Projektionsfläche für die Entwicklung des ganzen Landes im letzten Jahrhundert. Eishockey war lange Propagandainstrument nach außen und ein Kontrollinstrument nach innen. Slava Fetisov, eine Ikone dieses Sports, wurde von KGB-Schlägern verprügelt, der junge Alexander Mogilny, Weltmeister und künftiger Superstar, bekam nicht einmal eine Wohnung gestellt.

Mehrmals wurde die Vorherrschaft, die sich aus einer seltsamen Mischung aus Planwirtschaft und spielerischem Einfallsreichtum ergab, für beendet erklärt – 1972 nach der Niederlage gegen die Tschoslowakei, 1980 nach dem „Miracle on Ice" und 1989 nach dem Niedergang der Sowjetunion. Und jedes Mal rückten neue Trainer und Spieler nach, weil sich die Ausbildung über die Jahrzehnte zwar der Zeit anpasste, dabei aber niemals ihre Grundidee verriet. Es ging schon immer darum, schneller und länger laufen zu können als alle anderen.

Also wurde und wird im Training gelaufen, noch immer werden die Mannschaften in sogenannten *Bazas* kaserniert – in alten Baracken an Nichtorten, an denen noch nie ein Google-Auto vorbeigekommen ist. Noch immer zählt die Stock- und Schusstechnik mehr als jeder Check. Noch immer definiert sich das russische Spiel über Finesse, Tempo und Spielwitz. Ein Rückpass ist noch immer generell nicht schlechter als ein Pass nach vorne. Und noch immer gilt es als respektlos, wenn ein Spieler die blaue Linie überquert und selbst schießt, ohne zu passen.

Das Drumherum aber hat sich verändert, beinahe um 180° gedreht. In den erfolgreichsten Zeiten des sowjetischen Eishockeys war den Fans das Klatschen nicht gestattet. Erst wenn sich Leonid Brezshnev, der Generalsekretär der kommunistischen Partei, in seiner Loge erhob, durften die Zuschauer klatschen.

Mittlerweile ist die Inszenierung amerikanischer, als sie es in Amerika je war. Bei KHL-Spielen in St. Petersburg und Moskau gibt es vier und mehr Kameraleute, die das Geschehen auf dem Eis ignorieren und nur den Exhibitionismus der Zuschauer bedienen sollen. Ein Abend ist dann erfolgreich, wenn auf dem Videowürfel der neue Designermantel oder die neue Gespielin zu sehen war – oder wie wohlgeraten die Kinder sind. Das Ergebnis ist zweitrangig. In der Arena von St. Petersburg wirkt der kleine Stehblock wie ein Terrarium für eine seltene Spezies. Die Fans darin sehen so aus, als seien sie kurz vor dem ersten Bully noch schnell im Fanshop eingekleidet worden und ihr Support wirkt so authentisch wie die Bemühungen des deutschen Fanklubs Nationalmannschaft bei Fußballländerspielen.

Aber wenn die russische Nationalmannschaft bei Weltmeisterschaften antritt, dann kommen selbstverständlich auch die millionenschweren NHL-Profis – gleichgültig, wie strapaziös und lange die Saison zuvor war oder wie frustrierend ihr Ende. Und vor den Fernsehern in den Wohnzimmern von Novokuznetsk und Nürnberg-Langwasser schreien die Russen „Schejbu!", so wie sie das schon immer gemacht haben.

Drei herausragende russische Eishockeyspieler

Alexei Kovalev: Darcy Tucker war eine Ratte, ein Spieler, der alle Grenzen überschritt, vielleicht um seiner Mannschaft zum Sieg zu verhelfen, vielleicht aber auch, weil er das genau so wollte, weil es seiner Interpretation von Eishockey entsprach. Und dazu gehörte es auch, die Einzigartigen anzugreifen, aus dem Spiel zu nehmen, selbst wenn es bedeutete, sie zu verletzen.

Tucker spielte für die Toronto Maple Leafs und an diesem Abend gegen die Montreal Canadiens. Da geht es nur vordergründig um Eishockey, meist geht es um eine tief empfundene, gegenseitige Abneigung, die sich auch in diesem Spiel in mehreren hässlichen Fouls und Raufereien manifestierte. Tucker war für solche Spiele geboren worden. Montreals Alexei Kovalev komplettierte dazu die Antithese, für Tucker trug der Russe keine Rückennummer auf dem Trikot, sondern eine Zielscheibe. Aber als sie sich scheinbar zufällig begegneten, verfehlte er die Zielscheibe gerade so mit seinem Ellbogen. Trotzdem: ein klares Foul, das die Schiedsrichter übersehen hatten.

Kovalev aber merkte sich die Attacke, holte sich den Puck zurück, zauberte sich scheinbar ziellos durchs Angriffsdrittel der Maple Leafs. Genauso, wie man das schon unzählige Male von ihm gesehen hatte. Und tatsächlich hatte Kovalev gar nicht vor, ein Tor zu schießen. Er fuhr direkt auf Tucker zu, legte ihm den Puck durch die Beine, nahm dabei selbst seinen Ellbogen hoch und traf die Ratte voll im Gesicht. Tuckers Faustschläge und die große Strafe der Schiedsrichter nahm er danach in stiller Demut hin, er hatte seine Arbeit an diesem Abend erledigt.

Dabei war Kovalev vor allem für sein Phlegma bekannt. Eine olympische Goldmedaille, der Stanley Cup mit den New York Rangers, mehr als 1.400 Spiele in der National Hockey League, beinahe 500 Tore und doch schien es oft so, als wäre Kovalev bereits damit zufrieden, nur hin und wieder anzudeuten, dass er jedes Spiel jederzeit dominieren konnte. Am Tag vor seinem 21. Geburtstag wollte Mike Keenan den jungen Zocker zähmen.

Kovalev neigte dazu, zu lange auf dem Eis zu bleiben, und das in seiner zweiten Saison in der NHL, in einer Mannschaft mit Mark Messier, Mike Gartner oder Adam Graves. Die New York Rangers lagen bereits 1:5 gegen die Boston Bruins im Rückstand, als ihm Keenan diese Respektlosigkeit für immer austreiben wollte. Kovalev zog eine Strafzeit, als er jedoch wechseln wollte, ließ ihn der Coach nicht auf die Bank zurück. Kovalev blieb das komplette Powerplay auf dem Eis und provozierte an dessen Ende ein weiteres Foul der Bruins. Seine Mitspieler wechselten, doch Kovalev durfte nicht. Er schoss ein Tor, aber erst die Sirene zum Ende des Drittels beendete seine Eiszeit – nach mehr als fünf Minuten und acht Unterbrechungen.

Als er danach auf die Strafe des Coaches angesprochen wurde, sagte er, dass er erst nach drei Minuten gemerkt habe, dass ihm Keenan damit etwas sagen wollte. Die lange Eiszeit wertete er als Belohnung. Kovalev war kein Superstar, keiner, über den voller Bewunderung gesprochen wurde. Spieler aber, vor allem seine Mitspieler, erzählen sich Wunderdinge von dem Magier aus Togliatti, der alles konnte, aber nicht immer alles zeigte.

Alexander Mogilny: Er war nicht der erste Russe in der NHL, aber Alexander Mogilny war der erste Russe, der die NHL für immer verändert hatte. Sergei Pryakhin und Victor Nechayev hatten zuvor das Vorurteil bestätigt, dass Russen zwar passabel mit dem Puck umgehen konnten, für echtes Eishockey aber zu weich waren.

Pryakhin war von der sowjetischen Führung ausgewählt worden. Sein Jahresgehalt von 125.000 US-Dollar wurde direkt an den sowjetischen

Verband überwiesen. Dabei war Pryakhin nur ein Mitläufer, kein Spieler, der das Selbstverständnis der Kanadier, die besten Eishockeyspieler der Welt hervorzubringen, beschädigen konnte.

Das gelang Mogilny; das Vorurteil, zu weich zu sein, widerlegte er bereits bei seiner Ankunft. Nach dem WM-Finale von Stockholm 1989 rief sein Begleiter Sergei Formachev in Buffalo bei den Sabres an, jenem Team, das sich die Rechte an Mogilny gesichert, ihm bei der Junioren-WM in Alaska vier Monate zuvor eine Visitenkarte übergeben und ihm ein Codewort für ein mögliches Telefonat gesagt hatte.

Mogilny sei jetzt bereit, abgeholt zu werden. Und so kam es, dass zwei Abgesandte der Sabres den rennenden Mogilny am Seiteneingang eines Einkaufszentrums in Stockholm in ihr Auto luden und mit quietschenden Reifen davonfuhren. Auf der Flucht vor Männern, die so aussahen, wie man sich noch heute Agenten des KGB vorstellt. Seine Flucht war spektakulär, sein Spiel war es auch.

Mogilny war nicht groß und kräftig, aber hatte den Willen, den es brauchte, um sich in der besten Liga der Welt durchzusetzen. In seiner vierten Saison in der NHL erzielte er in 77 Spielen 76 Tore für die Sabres. Erfolgreicher waren nur Brett Hull, Mario Lemieux und natürlich Wayne Gretzky. Trotzdem wird in jedem Jahr nach Mogilnys Karriereende 2006 darüber diskutiert, ob er es verdient habe, in die *Hall of Fame*, die Ruhmeshalle der Liga, aufgenommen zu werden. Dabei war bereits der Spieler Mogilny herausragend, die historische Figur Mogilny ist es ohnehin. Sein Freiheitsdrang hat es Hunderten von russischen Eishockeyspielern leichter gemacht und Eishockey aufregender.

Vsevolod Bobrov: Michailov, Petrov und Charlamov, die Super-Troika, die KLM-Reihe, Fetisov und Kasatonov, erst Freunde, dann Feinde, Bure, Mogilny, Fedorov, Kovalev, Datsyuk und natürlich Ovechkin, Tarasenko, Kucherov und Gusev, dessen Tore und Vorlagen das Finale von Pyeongchang entscheiden werden. Man könnte diese Liste um die Namen Dutzender weiterer außergewöhnlicher Eishockeyspieler aus Russland erweitern.

Begonnen aber hat alles mit einem Fußballer aus Morschansk, der nebenbei auch noch Eishockey und die Eishockeyvariante Bandy spielte.

Vsevolod Bobrov nahm 1952 als Kapitän der sowjetischen Fußballmannschaft an den Olympischen Sommerspielen in Helsinki teil und führte die sowjetische Eishockeymannschaft vier Jahre später bei den Olympischen Winterspielen in Cortina d'Ampezzo aufs Eis. Bobrov war der erste Sportler, der sich ideal für die sowjetischen Propagandaplakate eignete, Bobrov war erfolgreich, groß, stark, er trotzte Rückschlägen, wie mehrmaligen Knieoperationen, und trug als Anführer von Goldmedaillen- und Weltmeisterteams maßgeblich dazu bei, dass Eishockey zur beliebtesten Sportart im Riesenreich wurde.

Seine Heldentaten waren aber nur wenig wert, als die sowjetische Mannschaft bei der Weltmeisterschaft 1972 in Prag der Tschechoslowakei unterlag und die Siegesserie von sieben WM-Titeln in Folge unter Anatoli Tarasov endete. Tarasovs Nachfolger bei dem Turnier beim Erzrivalen war: Armeeoberst Vsevolod Bobrov, der sofort danach versetzt wurde. Als Fußballtrainer in die Provinz.

2.4 EISHOCKEY IN DER NHL

Die NHL war in Pyeongchang nicht dabei. Während das deutsche Eishockeywunder seinen Lauf nahm, wurde in Nordamerika ganz normal weitergespielt. Trotzdem war die beste Liga der Welt in Südkorea allgegenwärtig, durch ehemalige NHL-Größen, wie Pavel Datsyuk und Christian Ehrhoff. Vor allem aber, weil ständig über die NHL geredet wurde. So wie eigentlich immer. Die National Hockey League ist das Ziel aller Jugendspieler, hat erfolgreiche Videospielserien hervorgebracht und gilt allen anderen Ligen auf der Welt als Vorbild. Nicht immer ganz zu Recht.

Das Gebäude ist maximal braun und wirkt überhaupt nicht, als würden hier Ideen entwickelt, wie man Menschen im verregneten Nordosten des Landes für Eishockey begeistert. Es ist allein die Lage, die für die Immobilie spricht. Ganz in der Nähe sieht man, wie sich die *Space Needle* in den Himmel bohrt. Der *Puget Sound* ist nicht weit und natürlich die *Key Arena* – oder das, was von der *Key Arena* noch übrig ist oder dann eben das, was aus der *Key Arena* noch werden soll. Dass das NHL-Team in Seattle bei seinem zweiten Versuch bescheiden anfängt, ist sicher kein Fehler.

Der erste Versuch endete 1925 mit dem Abriss der Ice Arena an der Fifth Avenue von Seattle. Acht Jahre, nachdem die Seattle Metropolitans in der Eishalle mit dem Charme einer Fischdosenfabrik den Stanley-Cup-Sieg gefeiert hatten, musste sie zugunsten eines Parkhauses weichen. In einer Zeit aber, in der sich die National Hockey League gerade erst aus der National Hockey Association entwickelte, in der allein in Toronto auf Kunsteis gespielt wurde und in der Finalserien noch abgebrochen werden mussten, weil ein Großteil der Spieler an der Spanischen Grippe erkrankt war, in dieser Zeit zählten die Metropolitans dank ihrer risikofreudigen Besitzer Frank und Lester Patrick zu den Topmannschaften.

Doch Gehälter, die in den Eishockeymetropolen in Toronto und Montreal normal waren, konnten die Patrick-Brüder nicht zahlen. Erst lösten sich die mit der NHA und der NHL konkurrierenden Ligen im Westen auf und dann mit den Metropolitans auch die erste US-amerikanische Mannschaft, die den Stanley Cup gewinnen konnte. 20 Jahre später versuchten es die Totems in der Western Hockey League, doch mit der WHL fielen zu Beginn der 1970er-Jahre auch die Totems.

Hochklassiges Eishockey gab es in Seattle trotzdem zu sehen. Spätere NHL-Stars, wie Patrick Marleau, Ken Daneyko und Mathew Barzal, wurden bei den Thunderbirds ausgebildet, einem Team, das sich 2017 zum ersten Mal den Titel in der (Junior) Western Hockey League sicherte und sich damit zum zweiten Mal überhaupt für den *Memorial Cup*, das Finalturnier der drei Juniorenligen Nordamerikas, qualifizierte. Spätestens aber, nachdem das NBA-Franchise der Seattle (Super)Sonics und mit ihm

Basketballsuperstar Kevin Durant nach Oklahoma verkauft worden war, wuchs in der Stadt die Sehnsucht nach einem erfolgreichen Profiteam neben den Seattle Seahawks (Football).

Wie groß diese Sehnsucht wirklich war, zeigte sich am 1. März 2018, als die Oak View Group inmitten der Bewerbungsphase um einen Platz in der NHL wissen wollte, wie viele Dauerkarten sie würde verkaufen können. Zehn Minuten, nachdem sie den Vorverkauf freigegeben hatten, waren 10.000 Vorbestellungen eingegangen. „Seattle", sagte Tim Leiweke, ein erfahrener Sportmanager, der mit seinem Bruder Tod das Projekt NHL im Staate Washington leitet und eine Investorengruppe um den Hollywood-Produzenten Jerry Bruckheimer vertritt, „könnte das Größte werden. Überhaupt."

650 Millionen US-Dollar Aufnahmegebühr hatte die Oak View Group da bereits an die NHL überwiesen. Dazu kommen noch die 900 Millionen US-Dollar, die es kosten wird, die Key Arena in eine moderne Sportstätte umzubauen. Hinter solchen Investmentgesellschaften können zwar Eishockeyfans stecken, ihre Entscheidungen aber treffen sie als kühl kalkulierende Geschäftsleute. Und als solche wissen sie, dass sie ihr Geld vielfach zurückbekommen werden.

Die Zeit der geschlossenen Liga – bis 1967 bestand die NHL tatsächlich nur aus den *Original Six*, den Montreal Canadiens (1909), den Toronto Maple Leafs (1917), den Boston Bruins (1924), den Chicago Blackhawks (1926), den Detroit Red Wings (1926) und den New York Rangers (1926), die beinahe von Beginn an mit dabei waren – und der gescheiterten Expansionsversuche –, in Atlanta konnte sich Eishockey nie etablieren, in Phoenix brauchte dieses Unterfangen großes Durchhaltevermögen – war vorbei. Ausgerechnet in Las Vegas hatte man bewiesen, dass Eishockey überall funktionieren kann, wirtschaftlich und emotional.

Nach 100 nicht immer einfachen Jahren gilt die National Hockey League als Liga, die man gerne in der Stadt hat. Trotz des noch immer immanenten Rassismus, des großen Verletzungsrisikos und des Hangs ihrer Sportler zum Missbrauch von Medikamenten ist die National Football League zwar noch immer unerreichbar für die NHL, gerade im Süden der USA. Und auch die selbstverliebte National Basketball Association, in der die mächtigen Superstars längst das Regiment übernommen haben, ist für das konservative Eishockeygeschäft entrückt. In der NBA positionieren sich Branchengrößen wie LeBron James, Steph Curry oder Meistertrainer Steve Kerr gegen US-Präsident Donald Trump, ohne negative Folgen zu fürchten oder fürchten zu müssen.

Erst wenn es eine NBA-Größe wagt, einen wichtigen wirtschaftlichen Partner, zum Beispiel die Volksrepublik China, zu kritisieren, versuchen selbst die Spindoktoren des Milliardengeschäfts zu beschwichtigen. Basketball hat zwei entscheidende Vorteile: Im Gegensatz zu American Football, Baseball und Eishockey ist das Spiel nahezu überall in Europa angemessen populär, dazu in Brasilien, Argentinien, Australien und China. Und es hat nicht den Ruf, der Gesundheit eher zu schaden, als die Gesundheit zu begünstigen.

„Ich meine, von allen Sportarten, die es gibt, welchen Sport soll dein Kind machen?", fragte Marc Cuban. „Soll es gesund werden, indem es das Spielfeld rauf- und runterrennt? Oder willst du dir das ganze Spiel über Sorgen machen, dass es sich bei Kollisionen ernsthaft verletzt?" Allerdings ist Cuban kein unabhängiger Experte, sondern als Eigner der Dallas Mavericks leicht befangen.

Die Major League Baseball ist ebenfalls lange Zeit zuverlässig gewachsen. Von den großen drei Ligen aber hat die NHL langfristig am ehesten die Chance, die angestaubte MLB einzuholen und zu überholen. Baseballspiele dauern am längsten, haben oftmals meditativen Charakter. In einer Zeit, in der nicht mehr nur große Medienunternehmen, sondern letztlich jeder sendungsbewusste Mensch mit einem Internetzugang um Aufmerksamkeit kämpft, scheint das nicht mehr zu passen. Das schnelle Eishockey hingegen passt vermeintlich besser in eine hyperaktive Gesellschaft.

Prozentual sinken in Nordamerika die Anteile der Kinder, die Jugendfootball, Basketball, Baseball und Fußball spielen, die Zahl eishockeyspielender Kinder steigt hingegen. Dazu ist die NHL die spannendste Liga – was sie wiederum neben der perfekten statistischen Aufbereitung für Sportwetten attraktiv macht: Kein halbes Jahr bevor die St. Louis Blues 2019 den Stanley Cup gewannen, rangierten sie in der Gesamttabelle der NHL noch auf dem letzten Platz.

Dass die schlechteste Mannschaft in jedem Sommer die beste Chance hat, sich den begabtesten Spieler zu sichern (der sogenannte *Draft*) und die Deckelung der Gehälter, der sogenannte *Salary Cap*, das sind Instrumente, auf die alle vier großen Profiligen zurückgreifen. Im Eishockey aber scheinen sie am wirkungsvollsten eingesetzt zu werden.

Letztlich aber geht es in Seattle und an den 31 weiteren Standorten nur um die Gewinne. Und anders als in Deutschland lässt sich in Nordamerika mit Eishockey Geld verdienen. Laut *Forbes* lag der durchschnittliche Gewinn für die 31 Franchises zuletzt (2017-2018) bei 25 Millionen US-Dollar. Davon profitieren auch die Spieler, deren Gehälter im Medienbetrieb rund um die NHL noch leidenschaftlicher diskutiert werden, als deren Leistungen auf dem Eis. Wobei sich die Wahrnehmungen der Experten schnell ändern.

Als Leon Draisaitl nach dem Ablauf seines über drei Jahre festgelegten Rookie-Vertrags (Entry-Level-Contract) seinen ersten richtigen Vertrag unterzeichnet hatte, galt er im August 2017 als massiv überbezahlt. In acht Jahren werden die Edmonton Oilers dem Kölner Ausnahmespieler 68 Millionen US-Dollar (57,7 Millionen Euro) überweisen, das sind 8,5 Millionen US-Dollar pro Jahr (7,2 Millionen Euro jährlich). Zwei Jahre und 100 Draisaitl-Tore in der NHL später gilt er als Schnäppchen.

Allerdings gilt das nur für die Superstars. Im Grenzbereich zwischen der NHL und ihrer Entwicklungsliga, der American Hockey League, ist das Geschäft gnadenlos. Im Sommer nach dem Turnier von Pyeongchang musste das auch Yasin Ehliz feststellen. Die Calgary Flames hatten den furchtlosen Außenstürmer zwar unter Vertrag genommen, dann aber nicht so behandelt, wie sich das der Silbermedaillengewinner von Pyeongchang erwartet hatte. Im Trainingscamp musste er sich zunächst ganz hinten anstellen, bekam in Testspielen nie die Gelegenheit, sich neben ähnlich talentierten Spielern zu beweisen und wurde lange vor dem Beginn der NHL-Saison in die AHL-Filiale nach Stockton in Kalifornien abgeschoben.

„Von den Flames hat mir keiner gesagt, was sie von mir wollen, oder was ich nicht gut gemacht habe. Keiner hat mit mir auch nur ein Wort geredet. Ich frage mich auch, warum sie mich unter Vertrag genommen haben. Wahrscheinlich werde ich es nie erfahren", erzählte Ehliz der *Welt* – nachdem er frustriert und desillusioniert wieder in die Deutsche Eishockey Liga zurückgekehrt war. Zur Saison 2021/2022 könnte er es wieder versuchen. Seattle braucht dann viele Spieler.

Drei herausragende NHL-Spieler

Mario Lemieux: Am Vormittag bekam er seine letzte Bestrahlung. Am Nachmittag stieg er in ein Charterflugzeug, weil sein Linienflug von Chicago nach Philadelphia immer wieder verschoben wurde. Um Viertel nach fünf Uhr betrat er das Spectrum von Philadelphia, zum ersten Mal seit seiner Zeit als Jugendspieler trug er seine Eishockeytasche wieder selbst über der Schulter. Kurz vor Spielbeginn wurde der Kapitän der Pittsburgh Penguins von den Fans der Philadelphia Flyers mit stehenden Ovationen und einem minutenlangen Applaus empfangen. Nach 21 Spielminuten und 52 -sekunden erzielte er sein erstes Tor – keine zwei Monate, nachdem bei ihm das Hodgkin-Lymphom diagnostiziert wurde.

Über Mario Lemieux gibt es viele Heldengeschichten: nach 18 Sekunden sein erstes NHL-Tor im ersten Wechsel mit dem ersten Schuss; sein Treffer in der Verlängerung des entscheidenden Canada-Cup-Finales 1987 gegen die Mannschaft der Sowjetunion; das 8:6 gegen die New Jersey Devils, in dem er ein Powerplay-, ein Unterzahl-, ein normales, ein Penalty- und ein Empty-Net-Tor erzielte. Überdauern werden seine Statistiken, die pro Spiel nur von einem übertroffen wurden, seine vielen Trophäen, seine zwei Stanley-Cup-Erfolge.

Aber es war das Frühjahr 1993, in dem der große Mann aus Montreal bewies, dass er vielleicht doch *le mieux* war, der Beste. Beinahe zwei Monate lang hatte er aufgrund der Krebserkrankung nicht Eishockey spielen können, die Bestrahlungen hatten ihn müde und schwach gemacht. Doch Lemieux kam mit einer Selbstverständlichkeit und einem Hunger zurück, die einzigartig waren in der langen Geschichte der besten Liga der Welt. Er hatte bereits die Penguins gerettet, die niemand mehr sehen wollte, bis der 18-Jährige aus Kanada kam.

Viele andere Klubs hatten den Penguins das erste Wahlrecht im Draft 1984 abluchsen wollen. Die Minnesota North Stars hatten General Manager Eddie Johnston alle ihre zwölf Draft Picks als Gegenwert angeboten, die Quebec Nordiques alle drei Stastny-Brüder. Doch in Pittsburgh hatten sie erkannt, dass man sich diesen Spieler nicht entgehen lassen durfte, der es der Weitsicht seines Beraters zu verdanken hatte, dass er schon als Jugendlicher mit der Nummer 66 über das Eis fuhr, der umgedrehten 99.

An diesem 2. März 1993 hatte niemand gewusst, dass er wieder zurückkam, Lemieux hatte es niemandem erzählt. Und als er von den Fans der Flyers, den Erzrivalen der Penguins, gefeiert wurde, da erlebte sein Kollege Rick Tocchet „einen der besten Momente meiner Karriere, als ich 17.000 Menschen dabei zugesehen habe, wie sie einem Pittsburgh Penguin applaudierten, einem der größten Spieler in der Geschichte des Eishockeys, der gerade den Krebs besiegt hatte. Es war unwirklich."

In den folgenden 17 Spielen erzielte Lemieux 29 Tore und sammelte 53 Punkte. Durch die Behandlung hatte er 20 Spiele verpasst, in der Scorerliste lag er bei seiner Rückkehr zwölf Punkte hinter Pat LaFontaine. Am Ende der Saison hatte er LaFontaine um zwölf Punkte übertroffen.

Den Krebs hatte er diesmal besiegt, wirklich gesund aber war er nie. Ein chronisches Rückenleiden zwang in 1997 zum Rücktritt. Er übernahm die hochverschuldeten Penguins und rettete sie ein zweites Mal, diesmal finanziell. Im Dezember 2000 kehrte er aufs Eis zurück, als erster spielender Klubbesitzer. Und wieder schoss er in seinem ersten Spiel sein erstes

Tor – auf Vorlage von Jaromir Jagr. Mario Lemieux spielte noch weitere fünf Jahre, wenn er denn spielte. Auf dem Eis dominierte er immer noch, doch einen Monat, nachdem bei ihm Herzprobleme festgestellt wurden, beendete er im Alter von 40 Jahren endgültig seine Karriere. 26 Spiele war er noch mit einem jungen Spieler namens Sidney Crosby auf dem Eis gestanden.

Sidney Crosby: Einen Monat zuvor hatte Sidney Crosby das Finale des olympischen Eishockeyturniers von Vancouver 2010 in der Verlängerung entschieden. An diesem Abend in Detroit hatte er mit seinen Pittsburgh Penguins 1:3 verloren. Danach warteten Reporter auf Crosby. Und Gordie Howe. *Mister Hockey* hatte ein Foto mitgebracht, das Crosby einen Augenblick nach seinem goldenen Tor zeigte. Howe sagte: „Ich brauche dein Autogramm auf diesem Foto." Crosby antwortete: „Sie sind Gordie Howe. Sie wollen mein Autogramm nicht." Howe aber sagte: „Totsicher will ich das."

Einer der Reporter hatte die Geschichte aufgeschrieben, weil sie zweierlei beweist – die Bescheidenheit Sidney Crosbys und die Ausnahmestellung Sidney Crosbys. Von ihm hätten sie alle gerne ein Autogramm, sowohl Mit- als auch Gegenspieler. Hal Gill war einer der imposantesten Verteidiger, als der 19 Jahre junge Crosby, natürlich als Nummer-eins-Wahl im Draft, in der Liga debütierte.

Gill versuchte, Crosby einzuschüchtern, er probierte alle illegalen und legalen Tricks aus und konnte Crosby trotzdem nicht kontrollieren: „Es war, als würde er einen anderen Sport ausüben. Aber wie machte er das? Er war erst 19. Ich habe es nicht verstanden. 2007 wurden wir dann Teamkollegen – und plötzlich ergab das alles Sinn. Ich sah seine Einstellung, seine Führungsqualitäten und seine Leidenschaft für das Spiel – niemand liebt Eishockey mehr als Sid. Und ich sah seine Fertigkeiten aus der Nähe, seine Übersicht, sein Tempo und – yeah, er hat Schenkel wie Baumstämme – ich sah, warum ich ihn nicht herumschubsen konnte."

Crosby ist das, was man ein *Generational Talent* nennt, das herausragende Talent seiner Generation. Wobei gerade in seinem Fall Talent nicht mit Begabung verwechselt werden darf. Crosby fuhr bereits als Jugendlicher vor der Schule zum Training, um Zeit zu sparen, trug er bereits im Auto den Großteil seiner Ausrüstung. Seine Begabung machte Crosby zu einem der besten Spieler der Welt, das Talent, seine Begabung vollends auszuschöpfen, machte ihn zum besten Spieler der Welt. Und dass er dabei von einem anderen *Generational Talent* gelernt hat, komplettiert seine Geschichte.

Crosby hat nicht noch nur mit dem 40 Jahre alten Mario Lemieux gespielt, er hat auch im Haus des spielenden Klubbesitzers gewohnt. Sid war wirklich noch ein Kid, weshalb sie ihm rieten, die Verantwortung für einen Hund zu übernehmen. Crosby kümmerte sich also um Sam, ein Hundebaby. Nach einem Spiel kamen er und Lemieux nach Hause, den Gestank nahm er sofort wahr. Lemieux aber war schneller und als Crosby um die Ecke kam, kniete der mindestens zweitbeste Spieler der Geschichte bereits auf dem Boden, um Sams Hundehaufen aufzusammeln. Spätestens als Crosby den Penguins den ersten von drei Stanley Cups erarbeitet hatte, dürfte ihm Lemieux vergeben haben.

Jaromir Jagr: Und dann ist da noch ein legendärer Spieler der Pittsburgh Penguins, einer, den man in diesem Buch in viele Kategorien hätte stecken können, einer, dessen Karriere alles zu bieten hat: außergewöhnliches Talent, eine außergewöhnliche Arbeitseinstellung, herausragende Leistungen, Stanley Cups, olympisches Gold, Sex, Politik und eine legendäre Frisur.

Jaromir Jagr war bereits überlebensgroß, als er in der ewigen Scorerliste der NHL den zweiten Platz hinter Wayne Gretzky übernahm – danach spielte er noch weitere drei Jahre Eishockey. In den Monaten, in denen dieses Buch geschrieben wird, bejubeln ihn die Menschen noch immer in Kladno, seiner Heimatstadt. Im Alter von 47 Jahren hat Jagr seinen Heimatverein zurück in die erste tschechische Liga geschossen – als Besitzer der Rytiri Kladno, der Ritter von Kladno. Noch eine Parallele zu Mario Lemieux, von dem auch er als junger Spieler gelernt hatte.

Phil Bourque stand damals mit dem jungen Mann aus der Tschechoslowakei auf dem Eis. Für *The Athletic* hat er sich erinnert: „Es gab Spiele, da hatte er auf der Bank vor Heimweh geweint. Aber ich weiß noch, wie er vor unseren Augen zum Mann wurde, als die Play-offs begannen. Ich hatte zuvor schon Kids mit Talent gesehen, dieser Typ aber war anders. Spieler, die in großen Momenten über sich hinauswuchsen, kann man an einer Hand abzählen: Mario, Gretzky, Mark Messier. Sid. Aber vergesst mir Jagr nicht. Er gehört in diese Gruppe."

Für die Pittsburgh Penguins hat Jagr in den Play-offs vier Overtime-Tore geschossen. Nur fünf Spieler haben in der NHL-Geschichte mehr Playoff-Spiele entschieden. Nach Pittsburgh spielte er noch für neun weitere NHL-Teams und zwischendurch drei Jahre für Avangard Omsk in der KHL. Überall produzierte er, überall lieferte er ab. Aber so erfolgreich wie mit den Penguins war der Mann mit dem fliegenden Vokuhila nicht mehr und so beliebt auch nicht.

Jagr galt als Spieler, der seine Teams nach den Verdienstmöglichkeiten aussuchte. Erst mit den Würdigungen seiner Mitspieler stieg seine Popularität außerhalb Tschechiens wieder. Die Erzählungen von Trainingseinheiten mit Gewichtswesten nach der Rückkehr von Auswärtsspielen mitten in der Nacht, die ehrliche Bewunderung, das Selfie eines Models mit dem schlafenden Jagr (nach einem One-Night-Stand wollte die 18-Jährige Jagr erpressen, was Jagr einerlei war, das Foto wurde veröffentlicht – von ihm selbst, die angeblich geforderten 2.000 Euro hat er nie bezahlt).

Als Johnny Gaudreau geboren wurde, hatte Jagr bereits drei Spielzeiten in der NHL absolviert. Gaudreau, selbst ein Superstar des Spiels, bereitete Jagrs letzten Treffer in der NHL vor: „Das ist etwas, auf das ich wirklich, wirklich stolz bin." In Kladno trainiert er immer noch mehr als alle seine Kollegen. Es soll Tage geben, da ist er viermal auf dem Eis. Überall, wo er zu sehen ist, verehren ihn die Fans – gleichgültig, zu welcher Mannschaft sie halten.

Und auf dem Eis werden selbst seine Gegner zu Fans. Nach einem Vorbereitungsspiel in Bozen baten mehrere Spieler der Ice Tigers aus Nürnberg um Erinnerungsfotos. Seine Befürchtung teilen sie alle. „Ich liebe dieses Spiel und wünschte, ich könnte es für immer spielen. Aber ich weiß natürlich, dass das unmöglich ist. Ich werde nicht mehr jung sein und gesund werde ich auch nicht sein. Ich weiß, dass ich irgendwann aufhören muss. Ich weiß, dass es so nicht für immer weitergehen kann." Jaromir Jagr hat das gesagt, aber wirklich daran zu glauben scheint er nicht.

★ 3 ★

ZWEITES DRITTEL

3.1 22:08 MATERIAL

Gerrit Fauser erwartet Ilya Kablukov zum Bully. Der Schläger des Russen verklemmt sich zwischen seinen Beinen, Fauser hält seinen Schläger dagegen, weshalb Kablukovs Schläger in der Mitte entzweibricht. Ein Linienrichter hebt die Reste vom Eis auf und fährt sie bis zur nächsten Unterbrechung in seiner rechten Hand spazieren.

16 Schichten aus Kohlefaser liegen in unterschiedlichen Formen bereit, verbunden durch ein Band, samt eines Barcodes, der sie einem speziellen Eishockeyprofi zuteilt. In dieser Fabrik in Mexiko werden die Schichten geklebt, in einer anderen Fabrik in Finnland werden dünne Kohlefaserstreifen ineinandergedrechselt. Die kurzen Stücke werden in unterschiedliche Formen gepresst, erneut sorgt ein Barcode dafür, dass später ein Spieler nicht an seinem Arbeitsgerät verzweifelt.

45 Minuten werden die kurzen Stücke gebacken, die langen Schäfte ein wenig länger, bei manchen Modellen werden sie gemeinsam in den Ofen geschoben. Dann werden sie geschliffen, besprüht, beklebt, eingepackt und verschickt – direkt in die Trainingszentren großer Profimannschaften,

in die Filialen nordamerikanischer Sportartikelvertriebsketten oder in die kleinen Eishockeyläden in Deutschland, wo sie dann für bis zu 400 Euro verkauft werden. 400 Euro pro Eishockeyschläger.

Natürlich haben sich Schlittschuhe über die Jahrzehnte massiv verändert, sind leichter geworden, werden ebenfalls gebacken – allerdings in der eigenen Küche oder noch im Laden, um sich den Füßen ihrer neuen Eigentümer perfekt anzupassen. Natürlich sie sind ebenfalls viel teurer geworden. Für ein aktuelles Paar kann man 1.000 Euro ausgeben.

Schulter-, Schienbein- und Ellbogenschutz ist leichter geworden und dennoch sicherer. Das gilt auch für die Helme, die dicken Hosen und sämtliche sonstige Schutzausrüstung. Kein Ausrüstungsgegenstand aber hat den Sport gerade in den letzten Jahren so sehr verändert wie der Schläger.

Dazu muss man nicht bis zu den Mi'kmaq, einem Indianervolk in der kanadischen Provinz Nova Scotia, zurückgehen, die vielleicht nicht das Spiel an sich erfunden haben, ziemlich sicher aber die Schläger, die man dazu braucht. Und auch nicht zu Stan Mikita und Bobby Hull, zwei ordentlich begabten Stürmern, die aber erst zu herausragenden Angreifern wurden, nachdem sie auf die Idee gekommen waren, die Kellen ihrer Schläger in heißem Wasser aufzuweichen und über Nacht im Spalt unter der Kabinentür zu biegen, und damit Stickhandling erst möglich gemacht hatten.

Es reicht, die Zeitmaschine auf das Jahr 1999 einzustellen, als Easton seinen ersten Composite Synergy Stick auf den Markt brachte. Zuvor galten Bobby Orrs Victoriaville-Schläger, Mario Lemieux' Koho-Modell oder Wayne Gretzkys Titan-Schläger als ikonische Exemplare, die jeder kleine Eishockeyspieler einmal in seinen Handschuhen halten wollte. Sie alle hatten zwei Eigenschaften gemeinsam: Sie waren aus Holz und viel zu schwer. Dann erschien der erste Composite-Schläger und begeisterte sofort den Großteil der Spieler. Wenn auch nicht alle.

Peter Forsberg, ein schwedischer Mittelstürmer, so dynamisch und vielseitig, dass er heute in einer Reihe mit Gretzky, Larionov, Lemieux und Crosby genannt werden müsste, hätten nicht Verletzungen sein Vermächtnis reduziert, wollte nicht umsteigen. Er musste von Kollegen dazu gezwungen werden, die neuen Wunderschläger auszuprobieren. „Ich habe aus jedem Winkel geschossen und getroffen, niemals zuvor hatte ich so hart geschossen, ich habe wirklich von jedem Punkt auf dem Eis getroffen", erzählte er nach dem Ende seiner Karriere. „Das hat auch mein Spiel verändert. Mit einem Holzschläger habe ich den Puck kaum in die Luft gebracht." Aber mit den neuen Materialien und der Technologie dahinter war das kein Problem mehr.

Vor der Jahrtausendwende hatten Spieler Schläger, denen sie vertrauten, danach veränderte sich alles – vor allem das Gefühl. „Es war", sagte Brian Gionta, der mit Team USA ebenfalls bei dem olympischen Turnier in Pyeongchang antrat, „als hätten wir einen toten Baum in den Händen, einen schweren, toten Baum."

Mit einem Holzschläger bekamen nur große, schwere Spieler einen wuchtigen Schuss hin, mit harten Aluminium-Schlägern ruinierten sich andere Schultern und Ellbogen. Mit den leichten Ein-Stück-Schlägern aus Kohlefaser holten Feldspieler den Vorsprung auf, den sich fleißige Torhüter dank weiterentwickelter, leichterer und trotzdem größerer Torhüterausrüstung herausgearbeitet hatten. Das Spiel wurde schneller, weil die Spieler schneller wurden, weil Grobmotoriker mit schnellen Fäusten nicht mehr gefragt waren.

Der Hauptgrund für die Beschleunigung des Spiels lag in der Beschleunigung des Pucks. Schlagschüsse fielen allmählich aus der Zeit, weil es mit den neuen, immer weiterentwickelten Schlägern nicht mehr nötig war, lang und weit auszuholen. Weil mit dem richtigen Kickpunkt und der richtigen Härte des Schafts (Flex) auch leichte Spieler in der Lage waren, den Puck hart zu schießen. Forsberg und Joe Sakic, Teemu Selänne und Dany Heatley wurden noch mit Holzschlägern zu Stars. Ihre Nachfolger Auston Matthews, Elias Pettersson und Patrick Laine aber hatten niemals tote, schwere Bäume in den Händen, um Tore zu schießen.

Sie wuchsen mit hoch entwickelten Kohlefaserschlägern auf, die präzise Schüsse aus allen Lagen möglich machten und dabei kaum mehr als 400

Gramm schwer waren. Erst kamen die Schläger, dann die Spieler, die alle ihre Vorzüge zu nutzen wussten.

Die Schläger aber haben nicht nur das Spiel an sich verändert, sondern auch eine ganze Branche. Ein Holzschläger konnte in großen Stückzahlen produziert, zu einem relativ geringen Preis angeboten und nach dem Kauf noch individuell angepasst werden. Composite-Schläger werden aufwendig hergestellt, in vielen Schritten ist Handarbeit unerlässlich. Die großen Eishockeyfirmen lassen deshalb in Fabriken in Mexiko und China produzieren – zu Personalkosten, die in den USA oder Kanada nicht möglich sind. Trotzdem kosten die aufwendig produzierten Schläger mittlerweile ein Vielfaches, was wiederum die Materialkosten für die einzelnen Teams hat explodieren lassen.

Der große Bobby Orr soll pro Saison zwischen 120 und 180 Schläger verschlissen haben, bei einem Wert von 30 US-Dollar aber blieb das überschaubar für seine Boston Bruins.

Klubs in der Deutschen Eishockey Liga geben, trotz Deals mit den Ausrüsterfirmen, hohe fünfstellige Summen für die Schläger aus und gestehen deshalb jedem Einzelnen ihrer Spieler nur noch ein gewisses Kontingent zu. In der NHL stiegen die Kosten derart an, dass bei den letzten Tarifverhandlungen auch die Schlägerkosten ein leidenschaftlich diskutiertes Thema zwischen den Teambesitzern und der Spielergewerkschaft waren. Angeblich waren einige Besitzer der Meinung, dass Spieler, die unnötig Schläger verbrauchten, diese auch selbst zahlen sollten.

Das klingt nach einer Win-win-Situation für die Hersteller, die teurere Schläger mit kürzerer Lebenszeit verkaufen können. Im Einzelhandel aber waren sie gezwungen, zumindest eine Garantie von 30 Tagen auszusprechen. Nachdem so manch ein Hersteller seine Verkaufszahlen verdoppelt hatte, gingen die Verkäufe erst einmal wieder zurück. Trotzdem ist abzusehen, dass die Individualisierung von Schlägern weiter zunehmen wird – ganz einfach, weil ein filigraner Spielmacher einen anderen Schläger braucht als ein schwerfälliger Defensivverteidiger.

Mit der Härte (je mehr Flex, desto härter) und der Biegung der Kelle gibt es bereits zwei wichtige Stellschrauben. Für den einstmals herausragenden Passgeber Adam Oates ist das noch viel zu wenig. Oates war Cheftrainer in der NHL, ist aber inzwischen dafür bekannt, als Individualtrainer für die technischen und spielerischen Fähigkeiten die höchsten Gagen verlangen zu können.

Oates behauptet, dass 75 % aller Spitzenprofis den falschen Schläger verwenden. Dabei ist vielen das Problem bewusst, sie können gegenüber einem Vertreter des Herstellers nur nicht ausdrücken, was sie von ihrem Schläger erwarten. „Aber wenn ich den Puck nicht perfekt annehmen kann, wenn ich dazu gezwungen bin, auf Puck und Schläger zu schauen, wenn ich also nur eine Sekunde nicht auf das Spiel achte", sagt Oates, „dann kann das in unserem Spiel den Tod bedeuten." Der Begriff Tod ist dabei gar nicht so übertrieben.

Apropos. Was geschieht eigentlich mit den dahingeschiedenen Schlägern? Das Recycling von Kohlefasern steckt noch in seiner Rookie-Saison. Auseinandergeborstene Composite-Schläger verrotten nicht. Bei 3,2 Millionen Eishockeyschlägern, die weltweit jedes Jahr produziert werden, ist das kein kleines Problem.

Die Gulf Coast University von Florida hat immerhin eine Verwendung gefunden für unbrauchbar gewordene Schläger und Schläger, mit denen niemand jemals ein Tor erzielt hat und die schon aus Aberglaube nicht mehr gebraucht werden. Die Schläger werden verwendet, um Lebensräume für Austern abzugrenzen. Mittlerweile kooperiert die Universität mit der NHL.

Die beste Liga der Welt hat 2018 ihren eigenen Nachhaltigkeitsreport hervorgebracht, auch bei der Deutschen Eishockey Liga hat man das Wort Nachhaltigkeit für sich entdeckt – sicherlich auch aus Marketinggründen. Aber dass sich eine Sportart, die einst auf zugefrorenen Seen und Flüssen geboren wurde, die dort heute aber nicht mehr stattfinden kann, weil die Seen und Flüsse noch nicht einmal mehr in den Wintermonaten in Finnland und Kanada zufrieren, dass sich also eine Sportart, die der Klimawandel verwandeln und infrage stellen wird, verändern muss, ist nahe liegend.

Aber zurück zu den gedrechselten Kohlefasern. Letztlich spielt es für die Spieler keine Rolle, wie aufwendig ein Schläger hergestellt wurde, wie tief sein ökologischer Fußabdruck ist und ob er irgendwann zu Grillbesteck oder einem Austernzaun verarbeitet wird. Wichtig ist, dass der Schläger Tore schießt. Deshalb verwenden manche Profis Stunden darauf, ihre Schläger anzupassen, zu tapen (wobei Schwarz oder Weiß eine Grundsatzfrage ist), abzusägen, zu beschwören.

Bei den Pittsburgh Penguins muss jeder neue Spieler wissen, dass es ihm streng untersagt ist, einen Schläger von Sidney Crosby auch nur zu berühren, nachdem ihn der Kapitän bearbeitet hat. Wird dennoch ein Schläger entweiht, muss Crosby das Tape lösen und den Schläger neu präparieren (dass Crosby sein Suspensorium angeblich seit seiner Zeit in der Juniorenliga nicht mehr gewechselt hat, soll hier nur der Vollständigkeit halber erwähnt werden).

Der Play-off-Bart, Torhüter, die unablässig auf die Pfosten ihre Tore einreden, Wayne Gretzkys Faible für Babypuder, wer Eishockeyspieler abergläubisch nennt, unterstellt auch dem brasilianischen Fußballprofi Neymar einen Hang zum Drama.

Es gibt aber auch immer wieder anschauliche Beispiele dafür, wie übertrieben die Aufregung um die Schläger ist. Im Spiel zwischen den Anaheim Ducks und den Minnesota Wild verlor Mikko Koivu in einem Zweikampf seinen Schläger, anstatt seinen Schläger wieder aufzunehmen, was mit den Handschuhen zu lange gedauert hätte, nahm er einfach dem vorbeifahrenden Bobby Ryan dessen Schläger ab.

Koivu stocherte an der Bande herum, der sichtlich empörte Ryan versuchte, sich ohne Schläger körperlich einzubringen, seine Ducks blieben in Puckbesitz. Das Spiel verlagerte sich aus der Rundung, Ryan war nicht mehr beteiligt, er hatte Zeit, Koivus Schläger aufzusammeln – gerade rechtzeitig, um das 5:2 für Anaheim zu schießen. Ryan jubelte nicht, sondern streckte Koivu seinen Schläger entgegen.

3.2 29:32 GLÜCK

Moritz Müller verliert den Puck an der Bande an Mikhail Grigorenko, der die Situation sofort erfasst und die Scheibe auf Ilya Kablukov zurücklegt. Dessen gezogener Schuss streift knapp über die Latte des deutschen Tors. Patrick Hager erkämpft sich den Puck, spielt schnell auf den startenden Brooks Macek, der über den rechten Flügel über die blaue Linie ins russische Drittel eindringt, um das Spiel breit zu machen und Felix Schütz in der Mitte freizuspielen.

Schütz wird von Artyom Zub bedrängt, dann von Grigorenko, erst kurz vor der Torlinie kommt er zum Schuss – mit der Rückhand. Einen Augenblick später liegt der Puck hinter der Linie. Auf der Tribüne klatschen, schreien und hüpfen große Teile der deutschen Olympiamannschaft sowie Patrick Reimers Trauzeuge. Bundestrainer Marco Sturm blickt mit unbewegter Miene auf den Videowürfel. Und Vasili Koshechkin, der 34 Jahre alte russische Torhüter, realisiert, dass er selbst es war, der den flatternden Puck mit der Stockhand entscheidend abgelenkt hat.

Alles wird erfasst, bis auf die Sekunde genau, wie lange sich jeder einzelne Spieler auf dem Eis aufhält, jeder Schuss, jede Schussposition, immer öfter auch die Geschwindigkeit des Pucks und die Geschwindigkeit der Spieler – in Echtzeit. Im Eishockey wird alles analysiert und berechnet. Nur auf die Glücksformel ist noch niemand gekommen. Versucht wird es aber natürlich trotzdem.

Anette Hosoi hat sich dieser Aufgabe angenommen. Nicht, weil sich die Professorin am Massachusetts Institute of Technology dafür besonders interessiert hatte, sondern weil es Unternehmen gibt, die ein wirtschaftliches Interesse an der Antwort auf die Frage haben, inwieweit Eishockey vom Glück beeinflusst wird. In Nordamerika gibt es Anbieter von Managerspielen im American Football, im Baseball, im Basketball und natürlich auch im Eishockey, bei denen man viel Geld gewinnen kann, bei denen es aber natürlich sehr viel wahrscheinlicher ist, dass man Geld verliert. Professor Hosoi sollte also herausfinden, ob diese Managerspiele Glücksspiele sind, und damit auch, ob Eishockey an sich ein Glücksspiel ist. Das Ergebnis ihrer Studie: In keiner anderen großen nordamerikanischen Sportart spielt das Glück eine größere Rolle.

„Natürlich geht es da nicht um Glück oder Können", sagte Hosoi in einem Interview, „es geht immer um Glück und Können." Ihr Team belegte wissenschaftlich, was erfahrene Beobachter des Spiels längst beobachtet hatten. Über einen längeren Zeitraum steigt die Wahrscheinlichkeit, dass begabtere Mannschaften und letztlich begabtere Spieler den Unterschied machen. Im Basketball aber kann in jeder Partie ein Spieler den Unterschied machen, im Eishockey gelingt das allenfalls hin und wieder dem Torhüter.

In kurzen Turnieren oder in einzelnen Spielen wächst die Bedeutung des Glücks. Deshalb billigt man dem Pokalwettbewerb im Fußball eigene Gesetze zu. Und deshalb hat auch die potenziell klar unterlegene deutsche Eishockeynationalmannschaft im Finale von Pyeongchang eine reelle Chance, Olympiasieger zu werden.

3.3 29:49 UNTERZAHL (PENALTY KILLING)

Marcel Goc verliert das Bully nach dem Ausgleich. Patrick Reimer versucht sofort, Ilya Kovalchuk den Puck abzunehmen, bleibt dabei mit dem Schläger unter der Achsel des Russen hängen. Schiedsrichter Aleksi Rantala hebt den Arm, zwei Minuten wegen Hakens. Die Direktabnahme Kovalchuks aber pariert Danny aus den Birken nach dem Wiederanpfiff ohne Mühe, danach jagen Christian Ehrhoff, Sinan Akdaq und David Wolf den Puck selbst nach gelungenen Aufbauvarianten der Russen schnell wieder aus dem deutschen Drittel. In zwei Minuten Unterzahl genehmigen die Deutschen ihren Gegnern lediglich einen Schuss.

Doug Gilmour erfuhr aus der Zeitung, dass er zu klein war für die NHL. Und er las, dass die Mannschaft, die trotzdem an ihn glaubte, von St. Louis nach Saskatoon verlegt werden sollte. Also nahm er ein Angebot aus einer Stadt an, von der er noch nie gehört hatte. Düsseldorf. Und er spielte für eine Mannschaft in einer Liga, von der er nie geträumt hatte. German Bundesliga.

Vor seinem ersten Spiel fuhr er mit einem Puck in der einen Hand auf das Eis, in der anderen hielt er eine Rose, die er einer beliebigen Dame überreichen sollte – nachdem er sie geküsst hatte. Germany, 1983. Einen Monat später wurde er durch einen Anruf erlöst. Gilmour sollte nie ein Pflichtspiel in der Bundesliga absolvieren müssen. Für Gilmour war das ein Gewinn, für die Bundesliga ein Verlust.

Der junge Kanadier wäre für seine Tore bejubelt worden, für seinen Einsatz und sein Temperament. Geliebt aber hätten ihn die Fans der Düsseldorfer EG für sein Spiel in Unterzahl, für seine Bereitschaft, sich in die Schüsse des Kölners Udo Kießling zu schmeißen, oder – noch schlimmer – in die Schüsse des Rosenheimers Jamie Masters; für seine Hartnäckigkeit; für die Pässe, die er abgefangen und für die Tore, die er geschossen hätte, obwohl die Strafbank seiner Mannschaft besetzt war.

In St. Louis, Calgary und Toronto entwickelte sich Gilmour zu einem kompletten Spieler, der 1987 mit Kanada den Canada Cup, 1989 mit den Calgary Flames den Stanley Cup und 1993 als defensivstärkster Stürmer der NHL die Selke-Trophy gewann. Trotzdem ist die Vorstellung reizvoll, wie er in Unterzahl das Stadion an der Brehmstraße erzittern lässt.

Tore werden in jeder Sportart gefeiert, im Eishockey kommen harte Checks und akrobatische Torhüterparaden hinzu. Aber in keiner Situation sind sich die Spieler und die Fans so nahe wie in Unterzahl. Es beginnt immer mit einem Pfiff, der natürlich niemals gerechtfertigt ist, weil die Aktionen der eigenen Mannschaft von Vancouver bis nach Wladiwostok von den Fans milde beurteilt werden und die Aktionen der gegnerischen Mannschaft kleinlich, und der eine Strafe, ein Penalty, zur Folge hat, das es zu killen gilt.

Und dann stemmen sich die Penalty Killer auf dem Eis und auf den Rängen gemeinsam gegen die Ungerechtigkeit, steigern sich in einen Verteidigungsrausch: Wie Curlingweltmeister wischen die Stürmer durch die Passwege, während die Verteidiger in ihrem Rücken die Grenzen des Tolerablen mit jedem Crosscheck verschieben und mit jeder Verteidigungsaktion wird der Jubel lauter, wobei der Höhepunkt die kontrollierte Befreiung ist.

Jeder Spieler, der zum Gegenangriff ansetzt, ob der Aussichtslosigkeit seines Unterfangens aber abdreht und den Puck über die Hälfte des Eises lässig zurückpasst, hat das Potenzial zum Publikumsliebling; jeder Spieler, der einen Gegenangriff in Unterzahl erfolgreich abschließt, wird zum Helden des Abends. Und auch wenn dem Auditorium das Wunder eines Unterzahltors vorenthalten wird, entlädt sich die Erleichterung über die Rückkehr des natürlich zu Unrecht Bestraften in infernalischem Lärm. Zumindest in Deutschland, der Schweiz, in Tschechien, Skandinavien und in Nordamerika zur Play-off-Zeit.

Es ist nicht selten ein erfolgreiches Unterzahlspiel, das als magischer Moment zuvor noch klare Kräfteverhältnisse zum Kippen bringt. Je mehr erfolgreiche Unterzahlspiele eine Mannschaft aneinanderreiht, desto erfolgreicher ist sie generell. Die Meisterteams nahezu aller Ligen weltweit stellen nahezu immer auch die besten Penalty-Killing-Formationen.

Vom Talent ist eine gute Unterzahlquote dabei nur selten abhängig. Der legendäre Bob Johnson war für viele Sinnsprüche bekannt. Nach seinem Tod zu Beginn der Saison 1991/1992 ließen die Pittsburgh Penguins sein „It's a great day for hockey" unter das Eis des Civic Centers schreiben. Weniger alltagstauglich, aber erkenntnisreicher ist seine Feststellung, dass es nicht außergewöhnlicher Fertigkeiten bedürfe, um ein guter Penalty Killer zu sein. „Es braucht nur harte Arbeit. Es gibt keinen Grund, warum nicht jedes Team ein gutes Unterzahlspiel haben sollte."

Mit einem oder zwei (oder in Extremsituationen gegen Ende einer Partie drei) Spielern weniger auf dem Eis geht es ohne Puck darum, Schussversuche und damit das Element des Zufalls zu minimieren und immer wieder die flüssige Bewegung des Pucks zu stören. Mit dem Puck sind Übersicht und Stocktechnik genauso gefragt wie Ruhe und Cleverness. Nicht immer ist die erste Möglichkeit, den Puck aus dem eigenen Drittel zu schießen, die beste Möglichkeit. Das Fatale ist allerdings, dass man erst weiß, dass die erste Möglichkeit doch die bessere gewesen wäre, wenn sie bereits verstrichen ist.

Größe und ein dementsprechend langer Schläger sind für Verteidiger von Vorteil, aber nur dann effektiv, wenn der Verteidiger trotzdem noch beweglich ist. Der Slowake Zdeno Chara und der Deutsche Oliver Mebus, beide außergewöhnliche 2,06 Meter lang, bringen beides mit und zählen so zu den besten Penalty Killern überhaupt.

Unterzahlspiele ließen sich durch faires Spiel vermeiden, doch weil faires Spiel für diese Sportart nicht vorgesehen ist, kamen eher durchschnittlich begabte Spieler zu langen Karrieren. Spätere DEL-Profis wie Dave McLlwain und Dave Steckel verdankten ihre Zeit in der NHL ihren Fähigkeiten am Bullypunkt (jedes gewonnene Bully vernichtet bis zu 30 der üblichen 120 Sekunden Powerplay) und ihrer Bereitschaft zu harter Arbeit.

Andere schmale und feinmotorisch überlegene Stürmer, wie der Tscheche Tomas Plekanec oder der Schwede Pelle Eklund, machten sich durch ihre Fähigkeiten in Unterzahl unverzichtbar. Für Verteidiger gilt in Unterzahl dasselbe wie für Verteidiger bei gleicher Mannschaftsstärke: Schläger des Gegenspielers kontrollieren, hart, aber sauber checken, Gegner in Bandenzweikämpfe zwingen und darin schnell und clever zu reagieren.

Es gibt drei gängige Formationen in Unterzahl:

a) Die *Box*, eine eher passive Aufstellung, in der die vier Verteidiger ein Viereck bilden, aus dem nur der Spieler ausbricht, der eine Chance sieht, eine Schusschance zu verhindern – das führt selten und eher zufällig zu Puckgewinnen, wird aber noch immer am häufigsten angewandt.

b) Aggressiver ist der *Diamant*, weil vier Spieler eine Raute vor dem eigenen Tor bilden, um zu verhindern, dass die gegnerische Mannschaft im Powerplay überhaupt zur Ruhe und zu einer Aufstellung kommt –

jeder einzelne Spieler verlässt dabei die Formation, um Scheibenverluste zu provozieren.

c) Eine Mischform ist der *Keil* (*plus eins*), bei der drei Spieler ihre Positionen in einem Dreieck halten und einer dem Puck hinterherjagt. Bei doppelter Unterzahl oder beim 3:4 wird im Dreieck rotiert.

Wichtig ist dabei in jedem Fall das Verhalten in der neutralen Zone. Ein Power-Play-Team, dem es leicht gemacht wird, die blaue Linie zu überqueren, findet schneller zu seinem Passspiel, kommt schneller zu seiner ersten Chance.

Ein Unterzahlteam, das auf der blauen Linie eine unsichtbare, aber unüberwindbare Mauer errichtet, wird ebenso schnell mit der Ungeduld der Angreifer und bei Auswärtsspielen mit der Nervosität der einheimischen Fans belohnt.

Dabei ist die Einstellung oft entscheidender als die Aufstellung. Ein gutes Unterzahlspiel wechselt ohne Ankündigung zwischen Aggressivität und Passivität, lässt den Angreifern niemals Ruhe und Zeit, den Puck zu kontrollieren, muss sich dabei aber stets auf die Einsatzbereitschaft der drei oder vier Spieler verlassen.

„Weniger ist mehr in Unterzahl", meint Colin Fraser, der als Unterzahlspezialist ohne weitere außergewöhnliche Begabung sowohl mit den Los Angeles Kings als auch mit den Chicago Blackhawks Stanley-Cup-Sieger wurde und der seine Karriere abrupt als Mitglied der Nürnberg Ice Tigers beendete: „Wenn du gegen Tyler Seguin, Jaromir Jagr und Jamie Benn wie ein kopfloses Huhn durch das Drittel rennst, fressen sie dich bei lebendigem Leib. Es geht darum, mit Köpfchen zu verteidigen." Wie so oft in dieser Sportart geht es dabei aber auch um Stolz und das Selbstverständnis als Eishockeyspieler.

„Es ist ein einfaches Spiel und das ist eine einfache Situation", sagt Aaron Ward, ein eher einfacher Verteidiger. „Sie haben fünf Jungs. Wir haben vier. Es geht darum, Herausforderungen zu meistern. Immer wieder. Das entspricht der Natur eines Eishockeyspielers. Schon im Training war es eine Auszeichnung für uns, wenn die Primadonnas im Power-Play kein Tor erzielen konnten."

Der wichtigste Spieler bleibt allerdings auch in Unterzahl der Torhüter. Dazu braucht es noch nicht einmal einen Wahnsinnigen wie Dominik Hašek, der jede Strafzeit gegen seine Mannschaft als Zweifel an seiner Einzigartigkeit verstand und aus dieser Beleidigung die Energie zog, Powerplayformationen im Alleingang zu entnerven. Es reicht bereits ein Torhüter aus, der dem nachvollziehbaren Reflex widersteht, sich tief ins eigene Netz zurückzuziehen, um auf Schüsse nach Querpässen besser vorbereitet zu sein.

In den eher düsteren Zeiten des Eishockeys konnten sich durchweg böse Mannschaften wie die Flyers und die Bruins der 1970er-Jahre einen überharten Stil leisten, weil sie sich in Bobby Clarke und Bobby Orr auf zwei herausragende Penalty Killer verlassen konnten. Gerade der große Verteidiger Orr schaffte es nicht selten, den Puck zwei Minuten lang zu kontrollieren. Später hatten die Teams selbst im Powerplay so viel Angst vor Wayne Gretzky, dass sie kaum zu ihrem eigenen konzentrierten Überzahlspiel fanden. Natürlich hält Gretzky mit 73 Toren trotzdem den Rekord für die meisten Unterzahltore insgesamt. Außergewöhnliche Fertigkeiten sind nicht zwangsläufig nötig, um ein guter Penalty Killer zu sein, da hatte Bob Johnson schon recht. Sie schaden allerdings auch nicht.

Drei herausragende Penalty Killer

Michael Grabner: Er sah aus, als hätte er sich aus der Maske für eine neue Folge *Walking Dead* gemeldet. Die soeben genähte Wunde neben seinem purpurblau blutunterlaufenen Auge aber war echt und Michael Grabner schwer verletzt. Über sein Selfie aus dem Krankenhaus aber schrieb er: „Wenigstens der Schnurrbart ist heil geblieben." Eishockeyhumor, Beispiel 4.974. Es war aber auch ein wirklich schöner Schnurrbart.

Ein Monat, nachdem sich der Schläger von Sammy Blais in das linke Auge des Stürmers der Arizona Coyotes gebohrt hatte, konnte Grabner wenig bis nichts sehen. Es wäre ein trauriges Ende einer außergewöhnlichen Karriere gewesen, aber Grabner passte sich an, so wie er es immer getan hatte. Neun Tore erzielte er noch in dieser Saison, sechs davon in Unterzahl. Als Bub in Villach hatte er von einem Platz in der österreichischen Bundesliga geträumt, nach nur 14 Spielen für seinen Villacher SV aber war schon klar, dass das nur der Anfang sein konnte.

Grabner ging nach Nordamerika, empfahl sich erst in der Juniorenliga WHL, dann zweieinhalb Jahre in der AHL. Seine ersten Einsätze in der besten Liga der Welt hat er sich hart erarbeitet. Dabei war er vor allem immer eines: schneller als alle anderen. Grabner brach sich den Unterschenkel, das Schlüsselbein, Grabner wurde aussortiert. Und Grabner kam immer wieder zurück. Offensiv hatte er wechselhafte Spielzeiten, Grabner war unsichtbar und zwischendurch einer der torgefährlichsten Stürmer der NHL. In Unterzahl blieb er dabei immer eine Gefahr – für die Gegner.

Risiko kann sich kein Verteidiger an der blauen Linie leisten, wenn er dabei in das Weiße von Grabners Augen blicken muss. Ein Fehler und Grabner ist weg. Der Österreicher wurde zum Spezialisten. „Es ist nicht leicht, in dieser Liga Tore zu schießen", erzählte er *The Athletic*, „aber es gibt eine Sache, die mir bleibt: mich auf mein Spiel in Unterzahl zu fokussieren. Das ist mein Job. Wenn wir zwei, drei Penaltys in Folge killen, sieht man, wie die anderen Jungs frustriert werden, vor allem die Topleute. Und man sieht, wie sie bei 5:5 ihr Spiel ändern, weil sie wissen, dass ihr Powerplay nicht funktioniert. Es ändert das Momentum des Spiels."

Ein Österreicher, der das Spiel verändert. Nicht schlecht für einen fünf Jahre alten Buben aus Villach, der nach seinem ersten Tag eigentlich nie mehr Eishockey hatte spielen wollen. Sein klares Urteil damals: langweilig.

Nick Metz: Kein Geringerer als Conn Smythe, der Mann, der der Trophäe für den wichtigsten Spieler in den Play-offs seinen Namen schenken durfte, sprach ein großes Lob aus: „Dieser Metz ist alles in allem der beste Spieler der Liga. Er kann überall spielen – und das gut. Man kann ihn als Mittelstürmer verwenden, auf den Flügeln und in der Abwehr, er wird dir immer alles geben, was er zu bieten hat." Dieser Metz, Vorname: Nick, war seiner Zeit weit voraus.

Ein Spieler wie ein Schweizer Taschenmesser, einer, der den Star des Gegners beschatten und aus dem Spiel nehmen konnte, einer für jede Rolle. In Unterzahl aber brillierte der Rotschopf, der auf einer Farm in Saskatchewan aufgewachsen war, zusammen mit Joe Klukay ging er gegnerischen Powerplayformationen auf die Nerven und sorgte dafür, dass die Toronto Maple Leafs in den 1940er-Jahren vier Stanley Cups gewannen.

Anton Volchenkov: Der *A-Train* fährt von der Inwood-207 Street in Harlem über die Eighth Avenue Line, die Fulton Street Line und die Rockaway Line in die Far Rockaway-Mott Avenue, zum Rockaway Park, Ecke Peach 116 Street beziehungsweise zum Ozone Park, Ecke Lefferts Boulevard. Der *A-Train* fuhr aber jenseits des Hudson Rivers auch die blaue Linie in New Jersey auf und ab. *A-Train*, so nannte man den Russen Anton Volchenkov, weil er seine Gegner wie auf Schienen überfuhr.

Harte, unerbittliche Checks waren sein Markenzeichen, Volchenkov aber war auch clever und hungrig nach Pucks. Diese Kombination machte ihn zu einem der besten Penalty Killer nach der Jahrtausendwende – und zum Verteidiger mit dem besten Spitznamen.

3.4 34:05 VERTEIDIGUNG

Kirill Kaprizov spielt den Puck, kurz nachdem er erobert wurde, von der Bande aus schnell aus der russischen Zone. Über Nikita Gusev gelangt die Scheibe zum aufrückenden Stanislav Gavrikov. Zusammen mit seinem Verteidigungspartner Vyacheslav Voynov dringt er ins deutsche Drittel ein. Allein Yannic Seidenberg ist zurückgeblieben, um Danny aus den Birken zu schützen. Als Linksschütze wendet sich Gavrikov zum mitlaufenden Voynov und lässt Seidenberg und aus den Birken keinen Zweifel daran, dass er den Angriff nicht selbst, son-

dern mit einem Pass abschließen würde. Die Frage ist nur, wann er passt.

Auf Höhe der Bullypunkte lässt sich Seidenberg der Länge nach aufs Eis fallen, genauso, wie es Gavrikov auf der anderen Seite wahrscheinlich auch gemacht hätte. Gavrikov versucht sich daran, den Puck über den gleitenden Seidenberg hinweg zu Voynov zu passen. Die Scheibe aber bleibt an der Schulter des Deutschen hängen. Gavrikov kommt noch einmal an den Puck, aus den Birken aber kann die Situation entspannt klären.

In seinen ersten acht Spielen in der American Hockey League hat Moritz Seider zwei Treffer seiner Grand Rapid Griffins vorbereitet. Für einen 18 Jahre alten Verteidiger ist das normal, für einen Verteidiger, der bei der Talentauswahl der National Hockey League bereits an sechster Stelle gezogen wurde, mag das bei vielen Fans als Enttäuschung angesehen werden. In Grand Rapids aber ist man hochzufrieden mit dem jungen Deutschen – und natürlich auch bei den Detroit Red Wings, dem Klub, der Seider so überraschend früh in sein Programm geholt hatte.

Es sind Kleinigkeiten, mit denen Seider Fachleute überzeugt, kaum aber Fernsehredakteure, die die aufregendsten Szenen sichten und zusammenstellen sollen. Mit dem präzisen Einsatz des Schlägers, einem unscheinbaren, aber effektiven Check oder einem Block in Unterzahl schafft man es in keine Top Ten der Eishockeywelt. Seider aber will ohnehin in keine Top Ten, sondern als verlässlicher Verteidiger in die beste Liga der Welt.

Bei Seider hat es sich schon immer gelohnt, genauer hinzusehen, vor allem für die Dutzenden Talentspäher, die von ihren Klubs nach Mannheim oder in die Deutsche Eishockey Liga entsandt worden waren, um Mannheim und sein 17 Jahre junges Verteidiger-Wunderkind zu beobachten. Zu Beginn der Saison 2018/2019 fiel Seider durch seine Länge von 1,92 Meter auf, sein Gitter, das er als Minderjähriger noch bis zu seinem 18. Geburtstag hatte tragen müssen und durch die Kleinigkeiten, durch sein Selbstbewusstsein und vor allem durch seine Lernfähigkeit auf.

Bei jedem Besuch konnten die Scouts aus der NHL eine neue Qualität in Seiders Pluskolumne eintragen. In den Play-offs stand er für die Adler bereits in Über- und Unterzahl auf dem Eis. Bei der Weltmeisterschaft in Tschechien und der Slowakei war der Jüngste Deutschlands bester Verteidiger – offensiv wie defensiv.

Seider wusste, wann er seinen Schläger einsetzen musste, um einen Gegner vom Puck zu trennen und wann er das durch den Einsatz seines Körpers lösen musste. Sein Stellungsspiel war gut, meistens gelang es ihm, Angreifer gegen die Bande zu drängen – genau so, wie es in den Lehrbüchern steht. Seider verteidigte nicht passiv, sondern aktiv, versuchte, das Spiel auch ohne Puck zu kontrollieren – genau so, wie es in Lehrbüchern steht, die im dritten Jahrtausend gedruckt worden sind.

Verteidigern wird generell mehr Zeit gewährt, zu ihrem Stil zu finden, ihre Stärken einzubringen. Seider überzeugt bereits als 18-Jähriger in beide Richtungen, allein das macht ihn zu einem modernen Verteidiger.

Torhüter fangen Pucks, wehren Schüsse ab, rammen Gegnern ihre schweren Kellen in die Kniekehlen, purzeln durch ihren Torraum, reißen im letzten Moment ihre massiven Schienen in die Luft, lassen Scheiben abprallen, zertrümmern ihre Schläger an den roten Eisenstangen ihres Tors. Ihre Aufgabenstellung hat sich über die Jahrzehnte hinweg nicht geändert. Stürmer schüchtern Gegner ein, nutzen gegnerische Verteidiger als Airbags, fliegen durch die neutrale Zone, kreiseln gemeinsam durch die Angriffszone, schießen Pucks in die Fanghände und die Bäuche von Torhütern und gegen die roten Eisenstangen ihrer Tore – und hin und wieder treffen sie auch ins Tor.

Ihre Aufgabenstellung hat sich über die Jahrzehnte hinweg nicht geändert. Verteidiger sollten lange vor allem verteidigen, ihren Kontrahenten schnell die Pucks abjagen, um sie dann noch schneller an ihre Stürmer abzugeben. Das war ihre Aufgabenstellung – bis ein junger Mann namens Bobby Orr die Definition des Verteidigers alleine umschrieb.

Orr machte die Einführung eines Oxymorons notwendig. Dabei war er nicht nur der erste Offensivverteidiger, er war der beste Offensivverteidiger überhaupt und weil sein Skating allen anderen Spielern in den 1970er-Jahren so überlegen war, wurde die Bezeichnung ausschließlich positiv verwendet.

Seit Orr werden Verteidiger zunächst an ihren Zahlen, ihren Statistiken bewertet. Als guter Verteidiger gilt jener Verteidiger, der viele Tore schießt oder zumindest auflegt. Von den 20 Spielern, die in den Jahren 2000 bis 2019 von der Fachpresse zum besten Verteidiger des jeweiligen Weltmeisterschaftsturniers gewählt worden sind, belegten sieben Platz eins in der Scorerwertung für Verteidiger, acht weitere kamen unter die ersten drei und allein Zdeno Chara belegte 2012 keinen Platz unter den produktivsten zehn Abwehrspielern des Turniers in der Slowakei.

Bei der Wahl zum besten Verteidiger der NHL ist es ähnlich, wer punktet, gewinnt. Auch hier ist Zdeno Chara die 2,06 Meter große Ausnahme. Der Slowake legte 2008/2009 ordentliche, aber sicherlich keine herausragenden Zahlen auf – trotzdem bekam er nach der Saison die James-Norris-Trophy überreicht.

Auf Orr folgten Denis Potvin, Brad Park, Paul Coffey und Raymond Bourque, in Europa gab es Vyacheslav Fetisov, Udo Kießling und Anders Eldebrink. Aber für alle Verteidiger, die nicht offensiv glänzen konnten, galt es vor allem, groß und schwer zu sein, um die Gegner möglichst schnell aus dem unmittelbaren Gefahrenbereich vor dem eigenen Torhüter schieben zu können.

Es gab also Offensivverteidiger, ein paar wenige Zwei-Wege-Verteidiger, denen immerhin zugestanden wurde, den Puck auch einmal über die eigene blaue Linie zu tragen und es gab *Stay-at-Home-Verteidiger*, deren Aufgabe es war, im Spiel ohne Puck Risiken abzuwenden und mit dem Puck keinerlei Risiken einzugehen. *Stay-at-Home-Verteidiger* mussten massiv und durften langsam sein. *Stay-at-Home-Verteidiger*, die diesseits der eigenen blauen Linie zu Hause bleiben mussten, wenn alle anderen in der anderen Hälfte ihren Spaß hatten, gibt es, zumindest auf ernst zu nehmendem Niveau, nicht mehr.

Moderne Verteidiger müssen schnell skaten, schnell passen und schnell denken können; moderne Verteidiger bleiben nicht zurück, nachdem sie den sicheren ersten Pass gegeben haben. Die Anforderungen an Abwehrspieler haben sich derart radikal verändert, dass sich allmählich auch die Sicht von Managern und Trainern auf Verteidiger geändert hat. Herausragende Größe und Gewicht sind keine Grundvoraussetzungen mehr, in einer Zeit, in der Tore dank hoch entwickelter Schläger von überall erzielt werden können, spielt es keine Rolle mehr, ob ein Abwehrspieler im Gewühl vor dem Torhüter aufräumen kann.

In den Zeiten von Chris Pronger und Ed Jovanovski waren filigrane Verteidiger wie Brian Rafalski Exoten. Der famose Petteri Nummelin, bei WM-Turnieren zweimal zum besten Verteidiger gewählt, konnte sich in der NHL gar nicht erst dauerhaft durchsetzen. Der Finne war seiner Zeit voraus. Quinn Hughes, Cale Makar, die aufregendsten Verteidiger der Moderne, sind keine Hünen. Und dass der Deutsche Moritz Seider zwar 1,92 Meter groß ist, aber nicht so spielt, ist vielleicht das größte Kompliment, das man ihm machen kann.

Drei herausragende Verteidiger

Bobby Orr: Zwei renommierte Agenturen bemühten sich um einen jungen, vielversprechenden Spieler aus Massachusetts. Dann besuchte der Chef der einen Agentur die Eltern des Spielers und brachte ein von Bobby Orr unterschriebenes Trikot der Boston Bruins mit. Der Agenturchef war Bobby Orr selbst. „Und das war es dann", sagte der Chef der anderen Agentur. Die Orr Hockey Group zählt zu den erfolgreichsten Agenturen, nur mit dem Namen ihres Chefs wäre es nicht möglich gewesen, Klienten wie Connor McDavid oder John Carlson zu gewinnen. Aber wenn es knapp wird, öffnet der durchdringende Hall dieser drei Silben immer noch Türen, Herzen und Geldbeutel.

Bobby Orr ist längst größer als die unglaublichen Zahlen, die nach seiner viel zu kurzen Karriere notiert wurden: Orr ist der einzige Verteidiger, der neun Hattricks erzielt hat, er war der erste, der 30 Tore in einer Saison geschossen, der erste Spieler, der 40 Tore geschossen hat, der erste Spieler überhaupt, der 100 Tore in einer Spielzeit vorbereitet hat, er ist der einzige Verteidiger, der die Scorerliste der NHL angeführt hat (und das gleich zweimal) und er ist der einzige Spieler, der in einer Saison die Art-Ross-Trophy für den Topscorer, die Hart-Trophy für den wertvollsten Spieler und die Conn-Smythe-Trophy für den wertvollsten Play-off-Spieler überreicht bekommen hat.

Orr hält nahezu alle Verteidigerrekorde. In der ewigen Punkte-pro-Spiel-Rangliste belegt er mit 1,393 Punkten/Spiel Rang fünf – als Verteidiger! Aber noch einmal, die Zahlen alleine werden seiner Größe und seiner Bedeutung für das Eishockey nicht gerecht. Als *The Hockey News* gegen Ende des zweiten Jahrtausends wieder einmal Autoren, Journalisten, Fernsehexperten und -kommentatoren dazu aufrief, die 100 besten Spieler der Geschichte zu wählen, reagierte der Beste beschämt auf das Ergebnis – Wayne Gretzky hätte Bobby Orr gewählt.

„Wenn er sich in Bewegung setzte, war das einzigartig, eine Sensation: Die Canadiens begannen, in leichter Panik zurückzurudern, wie Strandspaziergänger beim Anblick einer Monsterwelle", schrieb Ken Dryden in seinem Buch *The Game*. „Er hat dabei andere mitgezogen; er wollte, sie miteinbeziehen. Das hat ihn so außergewöhnlich gemacht, er kam über dich wie eine fünfköpfige Stampede – und das in seinem Tempo. Er hat seine Kollegen angetrieben, wenn du mit dem besten Spieler der Liga spielst und er dir den Puck überlässt, willst du nicht derjenige sein, der es vermasselt. Du musstest besser sein, als du es jemals zuvor warst."

Orrs größtes Kunststück aber war es, zum richtigen Zeitpunkt am richtigen Ort zu sein – oder zum richtigen Zeitpunkt über den richtigen Ort zu fliegen. Am 10. Mai 1970 waren im vierten Finalspiel zwischen den Bruins und den St. Louis Blues 60 Minuten und 40 Sekunden gespielt, beide Teams hatten jeweils drei Tore geschossen, als Orr den Puck im

Drittel der Blues hielt. „Wenn ich die Scheibe nicht erwische, laufen wir in einen 2:1-Konter. Da hatte ich ein bisschen Glück", erzählte er später dem Autor Andrew Podnieks für dessen Buch *The Goal: Bobby Orr and the Most Famous Shot in Stanley Cup History*.

Der erfahrene Fotograf Ray Lussier vom *Boston Record-American* hatte einen Sitzplatz direkt an der Eisfläche zugewiesen bekommen, doch als die Zamboni die Eisfläche für die Verlängerung präparierte, gab Lussier seinen begehrten Platz auf, um ein Foto vom entscheidenden Tor für die Bruins schießen zu können.

Hätte der nachrückende Orr den Puck verfehlt, hätte Lussier gar kein Foto gehabt. Es heißt, dass Lussier eine freie Fotografenlucke fand, weil ein durstiger Kontrahent noch immer am Bierstand wartete. Lussier sah also durch den Sucher den Doppelpass zwischen Phil Esposito und Orr, er sah, dass St. Louis' Torhüter Glenn Hall seine Schienen leicht öffnete und er sah, dass Blues-Verteidiger Noel Picard zu spät kam und Orr nur noch das linke Bein wegziehen konnte. Klick. Das Foto des fliegenden Orr, sein Schrei, seine emporgestreckten Arme, die Verachtung im Gesicht Picards, die aufspringenden Zuschauer – das wurde zu einer Ikone des Eishockeys und mit ihm der junge Bobby Orr.

Was man auf dem Bild nicht sieht, sind Operationsnarben auf Orrs linkem Knie, die Schmerzen, die er da bereits hatte. Sein linkes Knie verhinderte seine Teilnahme an den Summit Series 1972, aber selbst auf einem Bein blieb er der beste Spieler der Welt – bis er seine große Karriere am 8. November 1978 unter Tränen im Trikot der Chicago Blackhawks beendete. Nicht einmal ein Jahr später wurde er bereits in die *Hall of Fame* aufgenommen und stellte selbst dabei einen allerdings tragischen Rekord auf. Mit 31 Jahren war er der jüngste Spieler, der jemals in die Ruhmeshalle berufen wurde.

Nicklas Lidström: In ihrer Arroganz nannte ihn die *The Hockey News* einst „den besten in Europa ausgebildeten NHL-Spieler aller Zeiten", als sei es ein Makel, das Schlittschuhlaufen, das Schießen und das Checken nicht in Sault Ste. Marie oder zumindest in Bloomington, Minnesota, gelernt zu haben. Nicklas Lidström wuchs in Västeras auf, beim VIK wurde ihm in den Rocklundahallen das Schlittschuhlaufen beigebracht, das Schießen und das Checken. Und als Lidström im Alter von 20 Jahren neben seinem großen Vorbild Schweden beim Canada Cup vertreten durfte, war bereits abzusehen, dass für den großen Borje Salming ein würdiger Nachfolger gefunden war.

Dass die NHL-Klubs 52 Spieler für besser erachteten als den 1,85 Meter großen Verteidiger aus Västeras (darunter den späteren Kölner Haudrauf Jason Marshall und den späteren Straubinger Trainer Dan Ratushny), war ein Glücksfall für die Detroit Red Wings. Lidström wurde zum Anführer der besten Mannschaft der kommenden zwei Jahrzehnte.

Bereits in seiner ersten Saison sammelte er 60 Punkte, seine Übersicht, seine läuferischen Fähigkeiten, vor allem aber sein herausragender Eishockey-IQ und seine Verlässlichkeit machten Lidström zu einem kompletten Abwehrspieler. Stellungsfehler waren in seinem Spiel nicht vorgesehen, Pucks aus der Luft zu stoppen, wurde zu seiner Spezialität – die nicht nur seine Gegner frustrierte, sondern auch seine Mitspieler, die im Training schon daran scheiterten, Lidström in dieser Fertigkeit zu trainieren.

Checken musste er tatsächlich nicht, er trennte seine Gegenspieler mit dem Schläger vom Puck, fair und effizient. In der Kabine wurde er nicht nur deshalb *Mister Perfect* und *der perfekte Mensch* genannt. Natürlich war er selbst mit diesem Spitznamen überhaupt nicht einverstanden. Aber er passte perfekt, weil er nie zufrieden schien, immer weiter an seinem Spiel arbeitete.

Auch deshalb gewann er seine erste von beeindruckenden sieben Norris-Trophys für den besten Verteidiger der NHL erst im Alter von 31 Jahren. Seinen ersten Hattrick in der NHL komplettierte er im Alter von 40 Jahren. Er beendete seine Karriere als Mitglied des Triple Gold Clubs (er selbst hatte im olympischen Finale 2006 im Palasport Olimpico von Turin gegen Finnland den Siegtreffer geschossen, den WM-Titel hatte er bereits 1991 geholt, danach hatte er aufgrund der Erfolge mit den Red Wings nur selten die Gelegenheit, an Weltmeisterschaften teilzunehmen

– mit ihm im Aufgebot erreichte Detroit 20-mal in Folge die Play-offs) und mit einer weiteren bemerkenswerten Statistik: Von 1.608 möglichen Spielen in der regulären Saison verpasste er nur 44, von 265 möglichen Play-off-Spielen mit den Red Wings verpasste er nur zwei. Der perfekte Mensch.

Alexander Ragulin: Auch von Alexander Ragulin sind vor allem Fotos geblieben, Fotos von einem hünenhaften Verteidiger, für den es im gesamten sowjetischen Riesenreich keinen passenden Helm gegeben hat. Ragulin trug seinen Eishockeyhelm wie Juden ihre Kippa. Und er spielte Eishockey, wie man es in den 1960er-Jahren von keinem zweiten Abwehrspieler gesehen hatte. In der historischen Verklärung wurde Ragulin zu *The Bear*, dem Bären, angeblich, weil er seine Gegner in den Schwitzkasten genommen hatte, wenn sie nicht zuvor schon vor ihm zurückgewichen waren.

Tatsächlich spielte Ragulin seine damals ungewöhnliche Größe (1,85 Meter, 105 Kilogramm) nur selten aus. Wie alle großen Verteidiger war auch Ragulin ein exzellenter Schlittschuhläufer, wie beinahe alle großen sowjetischen Eishockeyspieler dachte er das Spiel schneller als seine Kontrahenten. Er war Leistungsträger in zehn sowjetischen Weltmeistermannschaften, gewann drei olympische Goldmedaillen – eine einzigartige Bilanz.

Bär aber wurde er erst genannt, nachdem er an den *Summit Series* gegen Kanada teilgenommen und sich voller Respekt über einen Gegenspieler geäußert hatte: „Die Trainer gaben mir eine Aufgabe, um die mich niemand beneidete. Ich sollte Phil Esposito bewachen. Einen solchen Mittelstürmer aber hatte ich noch nie gesehen – sehr groß, stark, immer vor dem Tor. Unsere Zweikämpfe waren wie die Schlachten zweier Bären." Auch von diesen Schlachten gibt es berühmte Fotos: Ragulin, mit einem blutenden Cut auf der Wange, Auge in Auge mit Esposito. Eine tiefe, gegenseitige Abneigung meint man in den Gesichtern zu erkennen – aber auch eine tiefe, gegenseitige Anerkennung.

★ 4 ★

ZWEITE DRITTELPAUSE

4.1 GROSSE SPIELE

Das olympische Finale wird an seinem herausgezögerten Ende beinahe alles geboten haben, was Eishockey aufregend macht. Aufgrund seiner Dramatik, der historischen Chance des großen Außenseiters und des Drucks, der auf dem Favoriten lag, wird es sich einreihen in die Liste der großen Eishockeyspiele. Zu den größten aber wird man es nicht zählen.

28. September 1972, Spiel acht der Summit Series: Sowjetunion gegen Kanada in Moskau

Acht Freundschaftsspiele hätten es werden sollen. Freundschaftsspiele! Die Funktionäre müssen selbst in dieser humorlosen Zeit geahnt haben, wie ironisch das im Nachhinein klingen würde. Es ging schließlich nicht darum, die Sowjets und die Kanadier freundschaftlich zu vereinen. Es ging um eine Frage, die bis dahin noch nie hatte abschließend beantwortet werden können.

Zu Weltmeisterschaften ließ der Weltverband keine Profis aus der NHL zu, allerdings die sowjetische Mannschaft, deren Spieler nichts anderes machten, als Eishockey zu spielen, weshalb Kanada aus Protest überhaupt keine Mannschaft mehr entsandte. Auf beiden Seiten entstand so eine Sehnsucht nach einer Auseinandersetzung auf dem Eis, die klären sollte, wo denn nun das beste Eishockey gespielt wurde.

Anlässlich des ersten Staatsbesuchs eines kanadischen Premierministers in der Sowjetunion wurde eine Serie von, na ja, eben Freundschaftsspielen vereinbart – nachdem man sich traditionell gemeinsam die Aufzeichnung der Finalserie um den Stanley Cup angesehen hatte. Vier Freundschaftsspiele in Kanada, vier Freundschaftsspiele in Moskau.

Vor der ersten Partie der sogenannten *Summit Series* schrieb ein Kolumnist, dass er seinen Text schreddern und in einem Teller Borschtsch aufgelöst vor der russischen Botschaft essen würde, sollte Kanada auch nur ein Spiel verlieren. Die Sowjetunion gewann. Im Montreal Forum. 7:3. Kanada hatte nicht verloren, Kanada war gedemütigt worden. Die Mannschaft um Phil Esposito fand zu sich. Aber nach einem Sieg, einem Unentschieden und einer weiteren Niederlage flogen sie nach Moskau – mit den schrillen Pfiffen der Zuschauer in Vancouver noch in den Ohren.

Spiel fünf ging wieder an die Sowjets, aber nach dem Spiel erhoben sich 3.000 kanadische Fans von ihren Sitzen und sangen, trotz eines eindeutigen Verbots, „O Canada“, ihre Hymne. Die Serie begann von Neuem und sie begann mit Härte. Seinen Schläger in beiden Händen drosch Bobby Clarke auf Valeri Kharlamov ein und brach dem Ausnahmestürmer das Fußgelenk.

Danach, sagte Phil Esposito, begann der Krieg. Immer wieder kam es zu Prügeleien auf dem Eis, die Kanadier drohten ihren Gegnern, von denen sie später erfuhren, dass es für sie persönlich nicht nur um Eishockey ging, sondern um ein relativ unbeschwertes Leben für ihre Familien und sich selbst. Kanada gewann die Spiele sechs und sieben, schaffte den Ausgleich.

Und zu Hause wurden Fernseher in Klassenzimmern aufgestellt, damit alle dabei sein konnten, als die *Summit Series* den Gipfel erreichten. Im Bahnhof von Montreal versammelten sich 5.000 Menschen vor zehn Bildschirmen. In Moskau wurde derweil noch einmal ein Schiedsrichter ausgewechselt. Zu Beginn des Spiels gaben sich die Kanadier die Türe zur Strafbank in die Hände. Die Sbornaja nutzte den Frust zu einem 2:0, später zu einem 5:3. Esposito brachte Kanada wieder heran, aber als Yvan Cournoyer meinte, den Ausgleich erzielt zu haben, leuchtete die Torlampe nicht auf. Alan Eagleson, der Direktor von Hockey Canada, sprang auf, rannte zur Zeitnahme, wurde dann aber abgeführt, weshalb kanadische Spieler die Polizeibeamten mit ihren erhobenen Schlägern bedrohten. Inmitten der Eskalation wurde das Tor gegeben.

Eine Minute vor dem Ende sorgte dann Paul Henderson für einen Moment, von dem jeder Kanadier, der damals älter als fünf Jahre alt war, weiß, wie und wo er ihn erlebt, wen er umarmt, ob er geschrien oder geweint hat. Esposito hatte geschossen, Henderson, der kurz zuvor noch hinter dem sowjetischen Tor zu Fall gekommen war, stand perfekt, um den Puck am auf dem Eis liegenden Vladimir Tretjak vorbei ins Tor zu heben.

Die Teams dieser beiden Eishockeygroßmächte sollten sich noch viele historische Auseinandersetzungen liefern. An diesem 28. September 1972 aber wurde Eishockey endgültig in die kanadische DNS eingraviert und Paul Henderson aus der Kleinstadt Kincardine am Ufer des Lake Huron wurde zu einem Volkshelden für die Ewigkeit.

22. Februar 1980, Miracle On Ice: USA gegen Sowjetunion in Lake Placid

Mark Johnson hat seine Karriere als Mitglied des Eishockeyklubs Zell am See beendet. Buzz Schneider arbeitete als Manager der türkischen Eishockeynationalmannschaft. Und Mike Eruzione, der Kapitän, spielte nach dem Wunder überhaupt nicht mehr Eishockey, er wusste wohl, dass er etwas Größeres kaum mehr erleben würde. Man kann die Liste weiterführen mit Dave Silk, der doch zu einem Star wurde – allerdings in Mannheim und in Berlin. Oder mit Neal Broten und Dave Christian, die es immerhin als Stammspieler in die NHL schafften. Einen wirklich bekannten Eishockeyspieler aber brachte die bekannteste Eishockeymannschaft nicht hervor. Genau das war ihr Geheimnis.

Es sollte noch 18 Jahre dauern, bis die USA wieder ihre besten Spieler zu Olympischen Spielen schicken sollten, als Herb Brooks ein beispiellos junges und unbekanntes Team für das olympische Turnier von Lake Placid 1980 zusammenstellte. Erfolg hatte er damit zunächst nicht auf seiner langen Vorbereitungstour. Nach einem 3:3 in Norwegen ließ er seine Mannschaft nicht vom Eis, dafür Liniensprints laufen. In Kanada nennt man diese Tortur *Bag Skate*, viele amerikanische Spieler kennen sie als *Herbies* – nach Herb Brooks. Die Ergebnisse aber wurden nicht besser.

Kurz vor dem Beginn der Spiele im Bundesstaat New York unterlagen die USA der sowjetischen Mannschaft 3:10. In Lake Placid aber zeigte sich, dass sich das harte Training gelohnt hatte. Jeweils im Schlussdrittel zermürbte das Team von Brooks seine Gegner. Bereits der Einzug in die Medaillenrunde galt als Sensation.

Dann kam das Spiel gegen die Sowjetunion: Vladimir Krutov legte vor, Buzz Schneider glich aus, Sergei Makarov legte wieder vor. In den Schlusssekunden des ersten Drittels ließ der große Vladimir Tretjak den Puck unglücklich nach vorne abprallen, Mike Johnson glich erneut aus. Und der wütende Trainer Viktor Tikhonov wechselte den besten Torhüter der Welt aus – selbst das größte Wunder ließ sich später durch Fehler (Tikhonov: „der größte meines Lebens") erklären. Noch sollte dieser sich nicht auswirken. Die Sowjetunion legte abermals nach, diesmal durch Alexander Maltsev. Und wieder war es Johnson, dem der Ausgleich gelang.

Und exakt zehn Minuten vor dem Ende traf Mike Eruzione zum 4:3. Elf Sekunden vor dem Ende startete der Fernsehkommentator Al Michaels einen Countdown, der ihn berühmt machen sollte und der diesem Spiel einen Namen gab: „Noch elf Sekunden zu spielen. Zehn. Der Countdown läuft. Morrow spielt zu Silk. Das Spiel dauert noch fünf Sekunden. Do you believe in miracles? Yes!" Dabei war das Wunder da noch gar nicht vollendet.

Zwei Tage später mussten die Amerikaner noch einmal gewinnen – weshalb sie Coach Brooks umso härter trainieren ließ. In der entscheidenden und abschließenden Partie gegen Finnland lagen die US-Boys wieder zurück – und gewannen 4:2. Glauben Sie an Wunder?

15. September 1987, Canada Cup: Kanada gegen die Sowjetunion, Finale in Hamilton

Magic Johnson oder Michael Jordan? Ovett oder Coe? Ali oder Frazier? Fischer oder Spassky? Kasparov oder Deep Blue? Messi oder Ronaldo? Lauda oder Hunt? Graf oder Seles? Federer oder ... gut, das wäre jetzt albern. Die Fragen, wer die oder der Beste ihrer oder seiner Zeit war oder die oder der Beste überhaupt, faszinieren in Einzel- und in Mannschaftssportarten, seitdem sich Menschen im sportlichen Wettkampf miteinander messen.

Eishockey wird von 20 Spielern pro Mannschaft dargeboten, eingeteilt auf drei Positionen, von denen sich die des Torhüters gänzlich von den anderen unterscheidet. Soll heißen, selbst die Besten haben nicht so viel Einfluss auf den Ausgang eines Spiels wie im Basketball, bei dem nur fünf Spieler auf dem Parkett stehen und das schon immer mehr auf einzelne Stars zugeschnitten war.

Natürlich gab es trotzdem immer Duelle einzelner Ausnahmespieler, nicht selten durch die Medien befeuert. Crosby gegen Ovechkin, zum Beispiel. Die Eishockeywelt gespalten hat aber nur eine Frage und das auch noch Jahrzehnte, nachdem beide ihre großen Karrieren beendet hatten: Gretzky oder Lemieux? Nur einmal, in der kurzen Finalserie des Canada Cups 1987, gab es darauf eine Antwort, die alle vereinte: Gretzky und Lemieux. Fünfmal wurde der Canada Cup ausgetragen, von 1976 bis 1991. Und weil sich Weltverband, das IOC und die NHL in dieser Zeit in einem unauflösbaren Bandendreikampf verzettelt hatten, war das beste Eishockey und die besten Spieler bei diesen Turnieren zu sehen.

Besser als 1987, da sind sich Teilnehmer und Beobachter einig, war es nie. In der Vorrunde trotzte die Tschechoslowakei den Gastgebern ein 4:4 ab, die Sowjetunion verlor 3:5 gegen Schweden. Allen war aber klar, dass es inmitten eines sich leicht erwärmenden Kalten Kriegs auf den Showdown der Eishockeysupermächte hinauslaufen würde: Dort die Sbornaja mit dem KLM-Block auf der Höhe seines Könnens und Kamensky/Bykov/Chomutov dahinter, da eine Mannschaft mit Bourque, Coffey, Messier und natürlich den besten Spielern überhaupt. Nur zweimal liefen Gretzky und Lemieux gemeinsam in einer Reihe auf, beim nicht ernst zu nehmenden All-Star-Game 1997 und zehn Jahre zuvor und in den Spielen zwei und drei der Finalserie in Hamilton.

Mehr als ein halbes Jahrhundert zuvor war diese Stadt Heimat einer NHL-Mannschaft, allerdings nur für fünf Jahre. Danach war immer wieder eine Rückkehr der Profiliga im Gespräch. Mit Winnipeg und Ottawa aber hat die NHL bereits zwei kanadische Städte, die eigentlich zu klein sind. Vielleicht ist das der Preis, den es kostet, die beiden vielleicht besten Spiele in der Geschichte des Sports erlebt zu haben. Partie eins in Montreal ging an die Mannschaft der UdSSR, danach wurde die Stadt am Westende des Ontariosees zur Hauptstadt des Eishockeyuniversums.

„Der Druck war nach der Niederlage in Spiel eins unglaublich. Vor allem in der Verlängerung. Jeder kleine Fehler hätte das Ende bedeutet", erzählte Verteidiger Larry Murphy später. „Das ist der Grund, warum sich das beste Eishockeyspiel entwickelt hat, an dem ich jemals teilgenommen habe." Anders als die Sowjets, die den Kanadiern 1972 wie Außerirdische vorgekommen waren, kannten sie diese Sbornaja von 1987 ganz genau. Sie wussten, dass Makarov und Krutov das Spiel breit machen würden und dass ein Rückpass im sowjetischen System kein schlechter Pass sein musste. Und trotzdem konnten sie die *rote Maschine* nicht stoppen, zumindest nicht mit fairen Mitteln.

Offensiv waren die Kanadier gleichwertig, defensiv standen sie immer wieder vor unlösbaren Problemen. „Diese beiden [Krutov und Makarov], wie sie immer wieder über die Flügel kommen, immer wieder ihre Positionen tauschen und ohne Probleme von einem zum anderen Ende kommen. Diese Art von Tempo und Kreativität hatte ich noch nie gesehen", stellte Murphy fest. Das kanadische Ensemble späterer Hall-of-Fame-Mitglieder fand einen Weg, der noch nicht einmal in dieser rauen Zeit zu der Spielweise passte, die man eigentlich mit diesen Spielern verband. „Es ging um Gut gegen Böse", sagte Murphy, ohne präzisieren zu müssen, auf welcher Seite er sich und Team Canada verortete.

Nur konnte man auf dem Eis nicht erkennen, wer gut war und wer böse. Paul Stewart hatte Ende der 1970er-Jahre bei den Cincinnati Stingers in der WHA gespielt, in der Finalserie um den Canada Cup 1987 stand er wieder mit Messier und Gartner auf dem Eis, allerdings trug der US-Amerikaner das weiß-schwarz-gestreifte Trikot.

Im Buch *Gretzky to Lemieux: The story of the Canada Cup* erzählte er gerne vom zweiten Endspiel, jedoch nicht von den Behinderungen, den Stockfouls und den Schwalben der Kanadier: „Es ging rauf und runter, rauf und runter, rauf und runter. Ich bin da draußen gestorben. Ich bin dehydriert und habe mir nur gedacht: Schieß doch einer ein Tor, bitte. Wenn man Marios Tor ansieht, erkennt man, dass ich hinter dem Tor stehe. Ich weiß nicht, wer sich mehr gefreut hat: Mario, Wayne oder ich?" Vielleicht will man das auch gar nicht wissen. Mario glich die Serie jedenfalls aus, mit einem Hattrick und dem entscheidenden 6:5 in der 31. Minute der Verlängerung. Die Verteilung der Strafzeiten fiel knapp zuungunsten der Sowjetunion aus, wahrscheinlich Zufall.

Und weil das so gut geklappt hatte, verließen sich die Kanadier auch im dritten Spiel auf die Unterstützung des dritten Teams auf dem Eis. Männer mit den Figuren gestandener Holzfäller fielen in der Anfangsphase wie junge Birken im Sturm. Und selbst das Tor, das den Siegtreffer von Paul Henderson in Moskau im kollektiven Gedächtnis verdrängte, selbst der legendäre Konter über Gretzky und Lemieux hätte nicht zählen dürfen. Dale Hawerchuk bestätigte zunächst die These, nach der es einerlei ist, wie viele Bullys man gewinnt. Entscheidend ist nur, dass man das Wichtigste gewinnt.

Hawerchuk sorgte aber auch dafür, dass Slava Bykov weder Gretzky noch Lemieux aufhalten konnte. Hawerchuk hakte Bykov, Bykov fiel, Lemieux traf. Was die Zeit überdauert hat: Hawerchuk gewann das Bully, Gretzky legte auf Lemieux ab, Lemieux traf. Tikhonov soll sich danach über die Schiedsrichter beschwert haben, doch das gehörte zur Folklore. Jahrzehnte später ist die Eishockeywelt kleiner geworden und noch immer tauschen sich Fans über die Geschehnisse in Hamilton aus, teilen und bewerten YouTube®-Clips aus der Finalserie. Kanadier halten sich dabei auffällig zurück. Die vermeintlich besten Eishockeyspiele haben ein dunkles Geheimnis.

28. März 1969, Weltmeisterschaft: UdSSR gegen CSSR in Stockholm

Ein Dreivierteljahr nach dem Prager Frühling legte im schwedischen Frühling erneut ein Mann sein Gewehr an. Immer wieder. Verletzt wurde niemand. Mit einem Eishockeyschläger kann man schießen, aber nur Pucks. Mit einem Eishockeyschläger kann man verletzen, aber nicht, indem man ihn anlegt. Jozef Golonka hatte gar nicht vor, jemanden zu verletzen – zumindest nicht körperlich. Er wollte provozieren und dabei die traumatisierenden Bilder vom Hochsommer 1968 in Prag aus dem Kopf bekommen.

Die CSSR glaubte an Alexander Dubček und Dubček glaubte, dass ein „Sozialismus mit menschlichem Antlitz" möglich war. In der Nacht vom 20. auf den 21. August starb dieser Glaube. 5.000 Panzer der Warschauer-Pakt-Staaten rollten durch Prag, die Bevölkerung protestierte friedlich. Mehr als 150 Menschen kamen in diesen Tagen ums Leben. Der Prager Frühling endete im Spätsommer und er endete blutig. Die Eishockeyweltmeisterschaft war zuvor eigentlich nach Prag vergeben worden. Prag aber war kein Ort für friedliche Spiele. Stockholm, wohin die WM kurzfristig verlegt wurde, auch nicht.

Nach dem bereits sensationellen 2:0 in der Vorrunde verweigerten die tschechoslowakischen Eishockeyspieler ihren Gegnern aus der UdSSR den Handschlag. „Das war zu den damaligen Bedingungen eigentlich unvorstellbar", erzählte Golonka, der Kapitän, später der *Prager Zeitung*. „Wir haben uns wie Oppositionelle verhalten." Und diesen Oppositionellen gehörten die Sympathien. Nach dem Sieg wurden die Tschechoslowaken von schwedischen Fans zum Hotel begleitet, im Hotel schenkten die Collegeboys aus den USA jedem von ihnen eine Flasche Whiskey. In Prag kam es derweil wieder zu Demonstrationen, wieder wurden Menschen verhaftet. Von einem stammt der Satz: „Nach Stockholm konnten sie keine Panzer schicken, deshalb haben wir sie besiegt."

Vor dem zweiten Spiel hatten sechs Spieler den sozialistischen Stern auf den Trikots überklebt: Der überragende Torhüter Dzurilla, Jirik, Suchy, einer der Brüder Holik, Havel und Golonka. Beim Abspielen der Nationalhymne zeigte das tschechoslowakische Fernsehen nur die Köpfe der Spieler. Moskau befürchtete, dass ein weiterer Sieg den Prager Frühling wiederbeleben könnte. Und tatsächlich gewann die CSSR auch das zweite Spiel. Das 4:3 wurde zu einem Symbol.

Die Tschechoslowakei wurde trotzdem nicht Weltmeister. Aber als die Mannschaft kurz nach der Landung in Prag im Bus in die Innenstadt gebracht werden sollte, standen hunderttausende Menschen an den Straßen. Normalerweise brauchte man für diese Strecke 40 Minuten. An diesem Tag brauchten die Volkshelden fünf Stunden. Für den kanadischen Torhüter Ken Dryden, einen hochintelligenten Mann, der mit *The Game* das vielleicht beste Buch über Eishockey geschrieben hat, war es die erste und einzige Weltmeisterschaft. „Aber alles, an was ich mich erinnern kann, sind diese beiden Spiele zwischen der Tschechoslowakei und der Sowjetunion. Sie waren fantastisch."

Olympische Spiele 1998: Tschechische Republik gegen Kanada, Finale in Nagano

Dieser Eric Lindros war sehr dick, was das kurze Netztrikot nur unzureichend verbergen sollte. Erstaunlich dick für einen Weltklasse-Eishockeyspieler, angemessen dick für einen Basso. Als Lindros dem wiederum erstaunlich schmächtigen Dominik Hašek gegenüberstand (sowohl für einen Countertenor als auch für einen Weltklasseeishockeytorhüter), war es mäuschenstill im Staatstheater von Prag. Das Publikum wusste, was passieren würde, was sich sechs Jahre zuvor in der Nagano-shi Wakasato Tamokuteki Sports Arena zugetragen hatte, weiß in Tschechien jedes Kind. Aber erst als Lindros im Netzhemd auf Hašek zu- und hilflos an ihm vorbeilief, brach Jubel aus. Wie in einem Eisstadion.

In Kanada, heißt es, sei Eishockey weniger Volkssport als Religion. In Tschechien ist es so viel mehr als das. Im Eishockey drückte sich Freiheit aus, Selbstbewusstsein und Stolz. 1985 gewann die Tschechoslowakei das Finale gegen Kanada, zu Hause in Prag. Besonders gefeiert aber wurde das 2:1 gegen die Sowjetunion. Der Schweizer Eishockeyjournalist Klaus Zaugg saß auf der Tribüne, als die Menschen in der Sportovní Hala mit Tränen in den Augen „Kde domov muj – wo ist mein Heim?" sangen. Später schrieb Zaugg: „Die KGB-Agenten in ihren schwarzen Ledermänteln waren auf der Ehrentribüne wie zu Salzsäulen erstarrt. Nie vorher und nie seither war in einem Eishockeyspiel mehr Politik."

Aus der Tschechoslowakei wurde die Tschechische Republik, die besten Spieler des Landes wurden in Nordamerika zu Stars, der Schmerz und die Erinnerungen aber blieben. Jaromir Jagr, ein junger Mann aus Kladno mit kräftigen schwarzen Locken, trug von Beginn seiner erstaunlichen Karriere an die Nummer 68 – in Erinnerung an den Prager Frühling 1968. Als er danach in den USA gefragt wurde, antwortete er: „Meine Großeltern waren sehr reich, als die Russen kamen. Sie haben ihnen alles weggenommen. So viel Land. Sie haben es einfach genommen."

Vor den Spielen in Nagano aber sprach niemand über Politik – weil niemand über Tschechien sprach. Zum ersten Mal hatte die National Hockey League ihren Spielbetrieb für das olympische Eishockeyturnier unterbrochen. Kanada trat mit Wayne Gretzky an und mit Eric Lindros, Russland mit Pavel Bure und Sergej Fedorov. Die USA mit Brett Hull und Pat LaFontaine galten als Geheimfavorit. Tschechien war Außenseiter – trotz Jagr, trotz Hašek und trotz Vladimir Růžička, der schon 13 Jahre zuvor in Prag mit dabei war.

Spätestens im Halbfinale aber nahm die Welt Notiz von dieser bemerkenswerten Geschichte. Hašek hatte zuvor finnische und US-amerikanische Stürmer entnervt. Gegen Kanada aber stand er im Wortsinn auf dem Kopf. Von Hašek hieß es, dass er seine Kollegen im Training anwies, ihm bewusst auf die Maske zu zielen, damit er üben konnte, die Pucks zur richtigen Seite abprallen zu lassen. Spätestens in der Verlängerung hatte sich das Training gelohnt. Hašek rettete Tschechien ins Penaltyschießen und parierte alle fünf kanadischen Versuche. Gretzky durfte nicht schießen. Der beste Spieler der Eishockeygeschichte blieb alleine auf der Bank zurück, weinend, ohne Goldmedaille.

Hašek, Jagr und Růžička aber zogen weiter ins Finale gegen Russland. Gegen Spieler, die sie mittlerweile aus der NHL kannten und mitunter auch schätzten. In diesem Endspiel aber ging es wieder um mehr als nur um Eishockey – auch wenn sich die Spieler auf dem Eis gegenseitig auf Englisch beleidigten. Russland hatte die schnelleren Spieler, Tschechien den besseren, weil denkbar einfachen Plan: ein Tor schießen, auf Hašek verlassen.

Der Komponist Martin Smolka und der Dramatiker Jaroslav Dusek ließen das sechs Jahre später beinahe originalgetreu darstellen: Hašek wirbelt inmitten der russischen Spieler wie ein Breakdancer, Petr Svoboda, Tenor, lässt sich einen grotesk großen Hammer reichen, mit dem er dem menschlichen Puck (ohne Stimme) derart kräftig auf den Hintern drischt, dass der erst unter der Latte hängend wieder zu sich kommt. Jubel im Staatstheater. Jubel in Nagano. Jubel auf dem Wenzelsplatz. Wenig später hatte Tschechien das vermeintlich beste Eishockeyturnier der Geschichte gewonnen – mit einem 1:0 gegen Russland.

Zu Hause lagen sich Menschen in den Armen, Liebespaare schmusten, Ältere sanken schluchzend zu Boden. Und Smolka und Dušek kam die Idee zu einer Oper, in der auch der Soldat Schwejk, Václav Havel und ein sehr dicker Eric Lindros vorkommen sollten. Grotesk? Vielleicht in Deutschland. Sicher nicht in einem Land, in dem Eishockey eben auch Kunst sein kann.

Olympische Spiele 2014: Kanada gegen USA, Finale in Sotschi

Kanada gewinnt olympische Goldmedaillen, die USA gewinnen Weltmeistertitel. So schien das im Frauen-Eishockey geregelt zu sein. Tatsächlich wurde jedes einzelne Finale auf beiden Seiten mit vollem Furor bestritten. Und in Sotschi sah es lange so aus, als würde Team USA die Ordnung durchbrechen. Der Titelverteidiger lag aufgrund eines amerikanischen Eigentors nur 1:2 im Rückstand, als die Kanadierinnen den Puck nicht im gegnerischen Drittel halten konnten und mitansehen mussten, wie Kelli Stack die Scheibe einfach außer Gefahr bringen wollte, die aber plötzlich leicht die Richtung änderte und auf das kanadische Tor zurollte und rollte und rollte und am linken Pfosten hängen blieb.

Kanada spielte weiter ohne Torhüterin, Coach Kevin Dineen nahm eine Auszeit, 20 Sekunden später traf Marie-Philip Poulin. Die Zeit war noch nicht gekommen für die USA, vier Jahre später entwickelte sich das olympische Finale noch spannender. Jocelyne Lamoureux verwandelte den entscheidenden Penalty zum 3:2 – mit einer Bewegung, die sie und ihre Zwillingsschwester Monique „Oops ... I did it again" nannten.

Das Endspiel von Sotschi war aber dramatischer, weil die USA besser waren, mehr Chancen vergeben hatten und weil der Puck am Pfosten hängen blieb. In der hochklassigen Verlängerung leisteten sich die US-Amerikanerinnen dann diese eine Strafzeit zu viel. Wieder traf Poulin. 3:2. Kanada war Olympiasieger. Wie immer.

5. Februar 2011, Talviklassiko: Helsingfors IFK gegen Jokerit Helsinki

Den Tag über hatten Fans bereits vergeblich versucht, die Ränge des Olympiastadions vom Schnee zu befreien. Die Spieler von HIFK (darunter auch der spätere deutsche Bundestrainer Toni Söderholm) und Jokerit saßen da bereits in den Kabinen, trugen wärmende Gesichtscreme und setzten sich Sturmhauben auf. Als Dennis Endras, damals Vizemeister mit Augsburg und wertvollster Spieler der WM 2010, bei den Minnesota Wild aber ohne echte Chance und deshalb zu Helsingfors gewechselt, als also der deutsche Torhüter erstmals aufs Eis glitt, da wurden 18° C gemessen. Minus 18° C natürlich.

Das jährliche Freiluftspiel in der NHL am Neujahrstag war da bereits drei Jahre alt und damit auch die Geschichten von Millionären, die vorgaben, sich in Baseball- und Footballstadien zu fühlen, wie einst auf dem Weiher. Der *Talviklassiko* aber war ein echtes Freiluftabenteuer. Bei seiner Premiere war es in Helsinki so kalt, dass die Bänke beheizt wurden – was Endras auf dem Eis nicht half. Doch Endras war heiß, seine Paraden machten die Verlängerung überhaupt erst möglich. Nicht jeder im Stadion war darüber glücklich, mittlerweile war die Temperatur auf minus 30° C gefallen.

Offenbar hatte auch Endras genug, das Penaltyschießen beendete er so schnell, wie das einem Torhüter möglich ist. Und dann ging er in der Dunkelheit zufrieden und zitternd vom Eis. So wie einst nach einem langen Nachmittag auf dem Weiher.

4.2 GROSSE TURNIERE

Das Olympiaturnier wird in der Eishockeygeschichte immer einen Ehrenplatz haben. Allerdings nur in der Eishockeygeschichte Deutschlands. Weltweit wurden die Erfolge der deutschen Mannschaft bislang ähnlich verwundert registriert wie das Scheitern der deutschen Mannschaft nach der Vorrunde bei der Fußball-WM in Russland. Es sind andere Turniere, auf die sich alle einigen können. Turniere, die jedes Jahr aufs Neue faszinieren, oder Turniere, die wohl einmalig bleiben werden.

Spengler Cup: Die frohe Botschaft wurde auf 2.000 Handzettel gedruckt und von Schulkindern im Ort verteilt. Er war also doch noch aus Bratislava gekommen, trotz Grippe. Und zum letzten Spiel des Jahres 1971 stand er tatsächlich auf dem Eis, Vaclav Nedomansky, ein Star in einer Zeit, in der auch die Eishockeywelt noch geteilt war. In der jeder wahrhaftige Wechsel eines sowjetischen oder tschechoslowakischen Spielers ein vermeintliches Jahrhundertereignis war. Und solche Jahrhundertereignisse waren lange Zeit nur zwischen Weihnachten und Silvester in Davos zu erleben. Oder im Schweizer Fernsehen.

„Hunderttausende von Schweizern sind mit dem Spengler Cup groß geworden, für Zehntausende war er ein lieb gewonnenes Ritual in der schönsten Woche des Jahres, Tausende sind über den Jahreswechsel an der Sportart hängen geblieben und wurden zu Eishockeyanhängern." So stand es in einem Text in der *Neuen Zürcher Zeitung*. Und: „Der Spengler Cup ist ein Schweizer Sportkulturgut, wie das Unspunnenfest, der Cup-Final, die Tour de Suisse oder die Lauberhornabfahrt. Und darüber hinaus war er fast zu jeder Zeit seiner Existenz auch ein kleines politisches Manifest."

Schöne, bedeutungsvolle Sätze über das traditionsreichste Eishockeyturnier der Welt, allerdings in einem Text über den Bedeutungsverlust des Spengler Cups. Einst waren die besten Klubs Europas zu Gast: Dukla Jihlava, der EV Füssen, Slovan Bratislava, Dynamo Moskau. Die Nedomanskys aber spielen heute beinahe allesamt in der National Hockey League, ihre Tore, ihre Checks, ihre Traumpässe werden Sekunden danach per Twitter® auf Smartphones versendet. Den Eisernen Vorhang hat man beiseitegezogen, die Welt ist dadurch nicht friedlicher geworden. Kleiner schon.

Und zum Spengler nach Davos reisen nicht mehr zwangsläufig die Meister aus Schweden, Russland, Finnland und Tschechien an. Dafür am zweiten Weihnachtsfeiertag inzwischen Kalevan Pallo aus Kuopio, Salawat Julajew Ufa, Mountfield Hradec Králové oder die Ice Tigers aus Nürnberg. Die schweizinterne Diskussion um die Frage, ob die Sonderbehandlung des Spengler Cups noch zeitgemäß ist, wird das kaum beenden.

„Es ist nicht mehr ganz so einfach, vier geeignete Mannschaften zu finden." Fredi Pargätzi stellte das nüchtern fest. Zwar melden sich noch immer Klubmanager aus ganz Europa beim ehemaligen OK-Chef des

Spengler Cups, weil sie mit ihren Teams zwischen den Jahren auch einmal dabei sein wollen im schönsten Eisstadion der Welt. Aber pausiert wird für das 1923 erstmals ausgetragene Einladungsturnier eben nur noch in der Schweizer National League. Zu attraktiv, zu lukrativ sind die Heimspiele in der fußballfreien Zeit, weshalb es auch immer komplizierter wird, drei prominente Gastspieler zu verpflichten. Neben den Flugzeugsitzen und der freundlichen Stewardess auf den Strafbänken gehört die Möglichkeit, Gastspieler einzusetzen, zu den Eigenheiten des Spengler Cups.

Für die Spieler ist es noch immer eine Ehre, in Davos dabei sein zu dürfen, ihre Arbeitgeber lassen sich das Risiko, einen verletzten Spieler zurückzubekommen, inzwischen einiges kosten. Ausgerechnet dort, wo man sich für internationales Eishockey nur dann interessiert, wenn die eigene Mannschaft das Finale einer Weltmeisterschaft erreicht hat, ist der Spengler Cup noch immer ein Großereignis. Martin Jiranek, 2018 Trainer und Sportdirektor der Ice Tigers, Brandon Buck, Jason Bast oder Chad Bassen – sie alle hatten sich einst nach Weihnachten traditionell im elterlichen Wohnzimmer eingefunden, um den Spengler Cup live im Fernsehen zu verfolgen.

„In Kanada", sagt Buck, der 2017 bereits für den HC Davos mit dabei war, „kennt jeder den Spengler Cup." Das liegt an einem Stammgast. Seit 1984 ist das Team Canada immer mit dabei. Und daran, dass *TSN* wie immer live überträgt. Sehr zur Freude von Bucks Freunden, Basts Vater und vielen, vielen Eishockeyfans mehr.

Aber gleichgültig, welche Teams mit welchen künftigen oder ehemaligen Superstars sich den Weg hinauf in das Landwassertal im Kanton Graubünden machen, der Star ist die erst 1979 spektakulär überdachte Vaillant Arena. Nebenan haben sie Zelte aufgestellt – eines, um die vermögenden Gäste oder diejenigen, die über Prokura für den Marketingbereich ihrer Firmen verfügen, zu umschmeicheln; ein anderes, um auch die Jugend an dem Ereignis teilhaben zu lassen und mit einfach strukturierter Musik zum Konsum vergleichsweise preiswerter Alkoholika zu motivieren.

Der fühlende Eishockeyfan hat derweil seinen Spaß selbst in der leeren Vaillant Arena. Unterhalb des raffinierten Holzdachs wird Eishockey nicht nur aufgeführt, Eishockey wird in Davos auf die schönste Weise inszeniert. Und während der Nachmittagsspiele wird auf den Freiflächen im Schatten der Arena Eishockey gespielt. So wie damals, als Vaclav Nedomansky nach Davos kam.

Minnesota Boys' State High School Hockey Tournament: In Duluth muss man gesehen haben, wie die Aerial Lift Bridge im Sonnenuntergang über dem Lake Superior 40 Meter über die Wasseroberfläche angehoben wird. In Austin widmet sich das Spam Museum nicht etwa E-Mails über Erbschaften in Nigeria oder sonstigem Müll, der unser digitales Leben keineswegs bereichert, sondern tatsächlich Dosenfleisch, Spam. Und in Darwin kann man einen 7.900 Kilogramm schweren Ball, nun ja, bewundern, den Francis A. Johnson im März 1950 alleine aus Bindfaden aufgerollt hat.

Minnesota hat also noch so viel mehr zu bieten als 10.000 Seen, für die der US-amerikanische Bundesstaat eigentlich bekannt ist. Aber erst, wenn sich das Xcel Energy Center in St. Paul mit ekstatischen Eishockeyfans füllt, obwohl die Minnesota Wild gar nicht in der Stadt sind, zeigt sich Minnesota von seiner besten Seite. Mit 256 teilnehmenden Schulen ist die Minnesota State High School League das größte Schulsportturnier in den USA, größer als Floridas State High School Football Tournament und Indianas State High School Basketball Tournament.

Trotz der grandiosen Stimmung während des Finalwochenendes (130.000 Zuschauer an vier Tagen), trotz der stetig wachsenden Liste an Stars, die ihre Schulen einst voller Stolz in St. Paul vertreten haben (Herb Brooks, Phil Housley, TJ Oshie), ist das Turnier über die Grenzen des Bundesstaats hinaus vor allem für eines bekannt: Frisuren, die die einen geschmacklos und andere sensationell finden.

Seit 1963 fokussieren die Kameras des Senders *45tv* jeden einzelnen Teilnehmer bei der Vorstellung der Mannschaft und es gibt kaum einen, der sich auf diese fünf Sekunden nicht mit einem Besuch beim Barber oder einem langen Aufenthalt vor dem Kabinenspiegel vorbereitet hat. Die oftmals absurde Abfolge wallender Mähnen, auftoupierter Vokuhilas und in Streifen ausrasierter White-Trash-Schnitte hat einen lange unbekannten YouTuber dazu inspiriert, seit 2011 das *All Hockey Hair Team* zu küren. Mittlerweile weiß man, dass der Marketingspezialist John King mit nüchterner Stimme, aber großer Kompetenz und innerer Leidenschaft, die heranskatenden Dauerwellen (ernsthaft), Afros und Mullets kommentiert.

World Cup of Hockey: Jedes Jahr im Mai werden Eishockeyweltmeisterschaften ausgetragen, inzwischen immer öfter in zwei Gastgeberländern, weil sich kaum noch ein Ausrichter findet, der das Risiko und die Investitionskosten alleine tragen will. Aber eben doch noch jedes Jahr, inmitten von Olympiaden ohnehin, zusätzlich allerdings auch noch nach Olympischen Spielen. Von 1932 bis 1968 gab es in Olympiajahren nur ein Turnier, olympisches Gold war gleichbedeutend mit dem Weltmeistertitel.

Unter der Führung des Iren Bunny Ahearne aber wurde diese sehr vernünftige Lösung geändert – dass der Weltverband zwölf Jahre von einem Mann namens Bunny („Häschen") angeführt wurde, wirkt dagegen seriös. Und trotzdem kann man nicht behaupten, dass das Welteishockey jede Gelegenheit nutzt, um den Sport auf höchstmöglichem Niveau zu präsentieren.

Denn dass im Mai Weltmeisterschaften stattfinden, war der NHL allenfalls ein müdes Gähnen wert, wenngleich es den Eignern ein stetes Ärgernis bleibt, dass ihre teuersten Angestellten nach dem Aus ihrer Mannschaften noch nach Weißrussland, nach Dänemark oder nach Deutschland fliegen, um dort dann auch noch ein wenig Eishockey zu spielen. Und die schöne Zeit, in der es selbstverständlich war, dass die besten Mannschaften der Welt wenigstens alle vier Jahre zehn Tage lang aufeinandertreffen durften, weil die NHL eine zwölf Tage lange Pause einlegte, ist ebenfalls schon wieder vorbei.

Weil aber selbst die NHL eine Sehnsucht nach diesen Vergleichen in sich trägt, folgte auf den Canada der World Cup of Hockey, der ungefähr alle zehn Jahre stattfindet – so genau lässt sich das nicht sagen. Zur Premiere durften sich die europäischen Mannschaften 1996 zunächst auf ihrem Kontinent austoben, um auszuspielen, wer sich dann in Nordamerika vorführen lassen durfte. So kam es in Garmisch immerhin zum 7:1 Deutschlands gegen Tschechien, ein vergessener Klassiker der deutschen Länderspielgeschichte.

Die Finalserie trugen Kanada und die USA aus – mit einem unerwarteten Ausgang. Es war die erste kleine Provokation gegen den süßen, weil so höflichen kleinen Bruder, der im Eishockey zuvor eigentlich ein sehr großer böser Bruder gewesen war. Vom Turnier 2004 ist nur noch bekannt, dass sowohl die Slowakei als auch Russland der Nordamerikagruppe zugeordnet worden war. Und dass Kanada im Finale knapp gegen Finnland gewann. Erst 2016 wurde der World Cup of Hockey sexy. Dazu trat ein Team Nordamerika an und ein Team Europa – zusätzlich zu den Nationalmannschaften von Kanada, USA, Russland, Schweden, Tschechien und Finnland.

Das klang absurd, war aber genau das, was dieses Turnier brauchte. Denn dass für das Team Nordamerika nur US-amerikanische und kanadische Spieler zugelassen waren, die noch nicht älter als 24 Jahre alt sein durften, erlaubte der Welt einen Blick in die Zukunft des Eishockeys. Auf diese Weise zauberten Connor McDavid, Auston Matthews und Johnny Gaudreau zum ersten und wohl zum letzten Mal zusammen in einer Mannschaft. Am Ende gewann doch wieder Kanada, allerdings nicht ohne Mühe gegen ein Team Europa, das unter der Anleitung des Deutsch-Kanadiers (mit Schweizer Staatsangehörigkeit) Ralph Krueger beinahe alle anderen Mannschaften vorführte. Erst acht, dann zwölf Jahre nach der spektakulären dritten Auflage war man sich sicher, endlich ein Treffen der Besten installiert zu haben. Doch schon im Januar 2019 wurde das Turnier 2020 abgesagt – wegen eines Arbeitskampfs zwischen den Profis und der NHL, von dem niemand sagen kann, ob er überhaupt stattfindet.

4.3 GROSSE STRAFEN

Das Finale im Gangneung Hockey Centre ist rasant, spannend, geprägt von technischen Höchstschwierigkeiten. Und doch ist es kein typisches Eishockeyspiel. Es fehlt an diesem kleinen bisschen Gewalt, das viele Spiele prägt, und an Fouls, die die beiden Schiedsrichter hätten mit einer großen Strafe ahnden können.

Nach 19 Kapiteln, gefüllt mit langen Schachtelsätzen, mag man das Lesen dieses Buchs als große Strafe empfinden oder dem Autor eine große Strafe wünschen, um vor dem nächsten Satz zumindest fünf Minuten durchatmen zu können. Eishockey ist ein harter Sport. Wie stolz alle Beteiligten auf dieses Prädikat sind, das weiß man inzwischen. Aber, anders als im Handball, sind Fouls kein geduldeter Bestandteil des Spiels, anders als im Rugby, wird die Brutalität unterbunden – durch kleine Strafen, die verteilt werden. Oder, wenn das nicht mehr ausreicht, durch den fünfminütigen Ausschluss oder den generellen Verweis, durch die sogenannten *großen Strafen.*

Nahezu jeder Regelverstoß kann eine große Strafe zur Folge haben: der Check gegen die Bande, der Check von hinten, der Check mit dem Stock, der Check mit dem Ellbogen, die übertriebene Härte, der hohe Stock, der Check mit dem Knie, der Stockschlag und der Stockstich. Da reicht es dann auch nicht mehr, dass die Strafe mit einem Gegentor innerhalb der zwei Minuten abgegolten ist. Fünf-Minuten-Strafen werden komplett abgesessen, vom Verursacher selbst oder von einem verstimmten Stellvertreter, weil der eigentliche Verursacher bereits zum Duschen geschickt wurde.

Die Großzügigkeit des Schiedsrichters führt bei vielen Überzahlmannschaften dann allerdings zu einer gewissen Lässigkeit, schließlich hat man Zeit – und plötzlich sind die fünf Minuten vorbei, ohne dass man sie hätte zu einem, zwei oder drei Toren hätte nutzen können. Wie man das besser macht, führten die San Jose Sharks am 23. April 2019 eindrucksvoll vor.

Im siebten und entscheidenden Spiel der Erst-Runden-Begegnung führten die Vegas Golden Knights vermeintlich komfortabel mit 3:0, als Cody Eakin wegen eines angeblichen Crosschecks gegen den Kopf von San Joses Joe Pavelski zum Duschen geschickt wurde. Joe Thornton, der erfahrene Kapitän der Sharks, schwor seine Kollegen auf der Bank ein, in diesen fünf Minuten würden sie drei Tore schießen, drei Tore für den verletzten Pavelski. Die Sharks schossen dann vier Tore, gewannen später die Partie mit 5:4 und zogen in die nächste Play-off-Runde ein. So weit, so eindrucksvoll. Schade nur, dass die Schiedsrichter die Szene missinterpretiert hatten. Eakin hatte Pavelski gar nicht am Kopf getroffen.

4.4 GROSSE TRAINER

Über Oleg Znaroks erzählt der Journalist Günter Klein gerne die Geschichte, dass er während seiner Zeit als wahrscheinlich bester Zweitligaprofi aller Zeiten „einen schwunghaften Handel mit schrottreifen Autos" betrieben hat. Wenn der Schrott an trainingsfreien Montagen auf dem Weg in den Hafen von Rotterdam liegen geblieben war, hatte ihn sein auch auf dem Eis kongenialer Mitspieler abholen müssen.

Es ist gut, dass es diese bunte Geschichte über den Letten gibt. Denn den Trainer Znaroks lernt man mit großer Wahrscheinlichkeit als maulfaulen, maximal schlecht gelaunten Menschen kennen. Marco Sturm hingegen lacht immer. Und wenn der Niederbayer nicht lacht, dann lächelt er zumindest. So war er als NHL-Profi. So ist er als Trainer.

Im Finale von Pyeongchang treffen der Eisblock und der Sunnyboy aufeinander, dort der erfahrene, von allen Wettern gegerbte Trainer der Olympischen Athleten aus Russland, hier der stets positive Traineneuling. Beide beweisen auf ihre Art, dass es für Coaches viele Wege gibt, zum Erfolg zu kommen.

In der National Hockey League galt Nicklas Lidström als *Mister Perfect*. In der Deutschen Eishockey Liga hätte Steven Reinprecht diesen Beinamen verdient. Der Kanadier kam als Stanley-Cup-Sieger und Weltmeister in einem Alter nach Deutschland, in dem andere nur noch von ihren großen Taten prahlen, bei einem Whiskey an der Bar oder, weil sich in Europa immer noch ein Manager findet, der bereit ist, einem NHL-Veteranen ein paar Euro zu viel zu zahlen, auch noch auf dem Eis. Im Alter von 36 bis 41 Jahren aber war Reinprecht an den meisten Spieltagen der beste Spieler der DEL, zu den besten, weil tadellosen Profis, zählte er ohnehin.

Coaches priesen seine Aura, Mitspieler seine Bescheidenheit. Wer Reinprecht gegen Ende seiner langen Karriere erleben durfte, konnte sich kaum vorstellen, dass er jemals vor versammelter Mannschaft von einem seiner Trainer angeschrien wurde. Wurde er aber. Von Wayne Gretzky.

„Als Kind habe ich einen Wayne-Gretzky-Schlafanzug getragen, an all meinen Wänden hingen Wayne-Gretzky-Poster", erzählte Reinprecht in Erinnerung an diese eine Trainingseinheit mit den Phoenix Coyotes. „Ich konnte nicht glauben, dass er mich angeschrien hatte." In einem Beitrag für *The Players' Tribune* schrieb Shane Doan, der ewige Kapitän der Coyotes: „Reinprecht hat Gretzkys Ausbruch mit dem Weihnachtsmann verglichen, der für dich zwar den Kamin hinabklettert, aber statt Geschenken nur die Nachricht hinterlässt, dass er sehr enttäuscht von dir ist."

Als Reinprecht sehr viel später in Nürnberg bereits so verehrt wurde, wie Wayne Gretzky in Kanada, sollte er über die wichtigsten Trainerpersönlichkeiten sprechen, die er erlebt hatte. Reinprecht sprach von Marc Crawford, Darryl Sutter und selbst von Bob Hartley. Und Gretzky, wie war Wayne Gretzky? Ohne eine Miene zu verziehen, antwortete Reinprecht: „Gretzky war ein sehr guter Spieler."

Wenn es ein Makel wäre, von einem oder mehreren Spielern verachtet zu werden, gäbe es zwar erfolgreiche, aber keine guten Trainer – in keiner Sportart. Viktor Tikhonovs Erfolgsgeheimnis war es, von all seinen Spielern gehasst zu werden und natürlich, der erbarmungs- und herzlose Vertreter eines eiskalten Systems zu sein.

Der große Spieler Gretzky, der Mann, der wusste, was seine Gegner unternehmen würden, bevor sie es selbst wussten, war aber offensichtlich kein guter Trainer. In den vier Jahren als Cheftrainer der Coyotes platzierte sich seine Mannschaft nie besser als Platz zwölf – in der Western Conference der NHL. Seine Bilanz war miserabel, als er sich, den Klub und die Mannschaft mit seinem Rücktritt erlöste, stand die Franchise kurz vor der Pleite.

Wenn man sich über die Jahre immer wieder mit Trainern beschäftigt, immer wieder mit ihnen gesprochen hat, sie bei Pressekonferenzen, vor und nach Spielen erlebt hat; wenn man kauzigen Routiniers wie Oleg Znaroks, unbeschwerten Trainerneulingen wie Marco Sturm und Charismatikern wie Tampa Bays Coach Jon Cooper nahegekommen ist; wenn man in kleinen Trainerbüros ohne Fenster gesessen hat oder mit gerade eben gefeuerten Coaches im Café; wenn man amüsierten, verzweifelten und betrunkenen Trainern zugehört und -gesehen hat; wenn man also immer wieder herauszufinden versucht hat, was Trainer antreibt, dann zweifelt man keine Sekunde daran, welch vielseitig fordernder, vielseitiger Job es ist, Eishockeytrainer zu sein.

In der KHL und in der NHL sind Trainerstäbe so tief besetzt, dass nicht jeder Cheftrainer jede Trainingseinheit leiten muss. In Europa sind Coaches aber eben auch Übungsleiter und darüber hinaus noch viel mehr. Gedanklich aber sind sie alle ständig Trainer – auch diejenigen, deren Arbeit man selbst bei gutem Willen kaum als „akribisch" beschreiben kann.

„24/7 Hockey", so nennt das nicht nur der Deutsch-Kanadier Ralph Krueger, der zwischen zwei Engagements in der NHL den Vorstandsvorsitzenden des englischen Fußball-Erstligisten FC Sunderland gab. 24 Stunden am Tag, sieben Tage in der Woche mit Eishockey beschäftigt, das klingt maßlos übertrieben, ist es aber gar nicht. Spieler trainieren selten öfter als einmal am Tag, gedanklich können sie abschalten, wenn die Schlusssirene ertönt oder einer der Coaches die Mannschaft nach dem Eistraining zum Dehnen in den Mittelkreis holt.

Auf den langen Busfahrten (oder als NHL-Profi auf den nicht ganz so langen Flügen) können sie Karten spielen, Serien ansehen oder, wie Patrick Reimer, sich Krimis aus der Heimat widmen. Trainer können sich solche Auszeiten nicht leisten. Trainingseinheiten und Einzelgespräche mit Spielern müssen vorbereitet, Gegner analysiert werden. Selbst in der NHL, wo Spezialisten die Sichtung von Videomaterial übernehmen, Spiele auseinandernehmen und in Schnipseln wieder zusammensetzen, ist das „Knochenarbeit. Wir schauen Videos vom Gegner zwei, drei Spiele im Voraus. Gleichzeitig dürfen wir nicht vergessen, unsere eigene Mannschaft zu coachen. Viele, die Trainer werden wollen, denken, na ja, ein Traum, wunderschön. Sie sind Ex-Spieler aus der NHL, kommen hier rein und können nicht ein, zwei Jahre aushalten", sagte Krueger dem *Spiegel*.

Einer der größten Trainer überhaupt hatte einen noch höheren Anspruch an sich und seine Kollegen: „Jeder Trainer braucht die Eigenschaft, neue Übungen zu erfinden, um jede Trainingseinheit in einer emotionalen Grundstimmung stattfinden zu lassen. Niemand wird einem Trainer vergeben – und sei er noch so erfahren und berühmt –, wenn er seine Stunden träge, abwechslungslos und uninteressant hält." Bei Anatoli Tarasov, dem innovativen Gründer des sowjetischen Eishockeyreichs, konnten Spieler dann auch tatsächlich immer mit dem Unerwarteten rechnen.

Und das ist nur die Arbeit, die niemand sieht. Jede Ansprache, jeder Satz kann Niederlagenserien einleiten oder Siegesserien starten, einzelne Spieler verunsichern oder motivieren oder den Trainer letztlich den Job kosten. In Deutschland warten nicht nach jedem Training Journalisten neben der Eisfläche und weil vom Fußball selbst diese Publikumssportart an den Rand gedrängt wird, wird auch nicht jede missglückte Formulierung in eine Schlagzeile umgewandelt.

Aber natürlich empfiehlt es sich, auch in Gesprächen vor Kameras und Aufnahmegeräten mit Bedacht zu formulieren, weniger aus Furcht, diesen einen Satz zu formulieren, der an ansonsten eher spannungsarmen Tagen durch die Überschrift zu einem Klickbringer aufgebrezelt wird, sondern aus Sorge, Vorgesetzte, Spieler oder Gegner könnten missverstehen oder zu gut verstehen. Und nach den Spielen warten im VIP-Raum jene Menschen, die Trainer letztlich bezahlen oder gar darüber entscheiden, wie lange sie hier Trainer sein dürfen. Jeder Satz, jede Formulierung könnte also Folgen haben.

Nun unterscheidet das Eishockey- kaum von Fußballcoaches. Im Gegensatz zu ihren noch greller ausgeleuchteten Kollegen können sich Eishockeytrainer aber auch während des Spiels keine gedankliche Auszeit leisten. Im Fußball kann dreimal gewechselt werden, Fußballtrainer schreien zwar gerne und viel, bei angemessener Stimmung im Stadion aber versteht die Anweisungen oft nur der Linienrichter. Im Eishockey wird alle 40 Sekunden gewechselt, alle 40 Spielsekunden hat der Trainer die Möglichkeit, den Verlauf möglicherweise entscheidend zu beeinflussen.

Oftmals rotieren die Blöcke einfach nur durch, vor vermeintlich entscheidenden Bullys sieht man aber immer wieder Trainer einzelne Spieler austauschen. Einzelne Reihen bekommen nur eine kurze Verschnaufpause, formschwache oder undisziplinierte Spieler sitzen dafür länger. Dazu kann der Trainer mit mindestens 14 Feldspielern und dem Ersatztorhüter reden – wenn er denn will.

Mike Keenan wollte nicht immer. Der Kanadier arbeitete erfolgreich in der NHL und in der KHL, gewann zweimal den Canada und einmal den Stanley Cup. Dabei zählt er aber zu den Coaches, über die sich kaum einer seiner Spieler respektvoll äußert. Keenan wollte gehasst werden. Darin und damit war er erfolgreich. Trotz der eigentlich vorgegebenen Wechselchoreografie sagte *Iron Mike* vor jedem Wechsel die Namen der drei Stürmer an: Graves, Messier, Larmer. Zum Beispiel.

Wenn er einen Namen das ganze Drittel über nicht erwähnte, begründete er das nicht. Als er den russischen Spitzenklub Metallurg Magnitogorsk trainierte, ließ er den schmächtigen, aber spielstarken Tim Stapleton gegen seinen Ex-Klub AK Bars Kasan ein Drittel lang sitzen. Ohne Grund. Ohne Begründung. In der Drittelpause fragte ihn Keenan: „Willst du wissen, warum sie dich abgegeben haben, Stapleton?"

Stapleton war zu eingeschüchtert, um eine schlagfertige Antwort zu geben, also gab er eine erbärmliche: „Die haben mich nicht abgegeben. Die haben mich gefeuert." Keenan fuhr ohnehin unbeeindruckt mit seinem Text fort: „Sage mir, dass ich mich ficken soll!" Stapleton: „Was?" Keenan: „Sage mir, dass ich mich ficken soll!" Stapleton: „Nein!" Keenan: „Sage es!" Stapleton: „Fick dich!" Im nächsten Drittel spielte er 15 von 20 Minuten.

Spieler wie Jeremy Roenick blühten unter diesem Regime des permanenten Drucks auf. Andere gingen ein. Coaches wie Krueger und Cooper hören Spieler gerne zu, vor Coaches wie Keenan haben sie Angst und vor Tarasov haben sie Respekt, wie man vor einem strengen Mathelehrer Angst hat, allerdings in dem Wissen, dass man am Ende des Jahres Mathematik endlich verstanden hat. Sie alle gelten als gute Trainer in einer Sportart, in der der Trainer immer den Unterschied machen kann – mit jedem Satz, mit jedem Wechsel, mit der Entscheidung, den Torhüter zugunsten eines sechsten Feldspielers vom Eis zu nehmen oder mit der Auszeit zum exakt richtigen Zeitpunkt. Wayne Gretzky, auf dem Eis ein Eishockeyintellektueller, machte hinter der Bande nur selten den Unterschied.

Drei herausragende Trainer

Anatoli Tarasov: Als er anfing, hätte er gerne mit eigenen Augen gesehen, was das eigentlich sein sollte, dieses Eishockey. Also fragte Anatoli Tarasov, ob man ihm denn nicht wenigstens ein Buch oder vielleicht sogar Bewegtbildaufnahmen aus Kanada zukommen lassen könne. Seine Vorgesetzten, Sportfunktionäre aus der Kommunistischen Partei der Sowjetunion, aber lehnten seine Bitte ab. Tarasov sollte nicht kopieren, er sollte eine eigene Idee von sowjetischem Eishockey entwickeln.

Sehr viel später sagte Tarasov: „Sie hatten recht." Tarasov selbst kam vom Bandy, einer Mannschaftssportart auf Schlittschuhen mit Schlägern, die taktisch und spielerisch trotzdem eher mit dem Fußball verwandt war. Von Eishockey, wie es in Kanada gespielt wurde, hatte er nur gerüchteweise gehört. Dieses Eishockey aber sollte der Sport der UdSSR werden, weil er nur die besten männlichen Tugenden evozierte: Mut, Durchsetzungsvermögen, Stärke. Dazu kamen die Uniformen, die Helme, die Waffen in den Händen, das Bild des aufrechten Eishockeyspielers passte perfekt zur Agitprop. Soldaten auf Schlittschuhen, so stellten sich die Parteisoldaten das vor. Und Tarasov sollte diese Soldaten ausbilden.

Genau das machte er, mit kuriosen, aber immer schlau eingesetzten Mitteln – aber er machte auch noch so viel mehr. Tarasov ist der Ingenieur der roten Maschine, er hat die Sowjetunion zur Supermacht im Eishockey gemacht und konkurrenzfähig in Spielen gegen die bestehende Supermacht Kanada. Er begann 1946 mit einem Regelbuch, acht Jahre später war die Sbornaja erstmals Weltmeister. Seine Trainingseinheiten ähnelten Ballett oftmals eher als Eishockey, Tarasov ließ seine Spieler jonglieren, während sie den Kasatschok tanzten. Viele von den Übungen, die vor allem den hochmütigen Kanadiern als lächerlich erscheinen mussten, wurden erst sehr viel später hochmodern.

Tarasov hielt nichts davon, Spezialisten auszubilden – auch das ist ein Ansatz, der moderner denn je ist. Das sowjetische Spiel war kreativ, einzigartig, selbst im Auftreten selbstbewusster Russen, die als junge Männer nach Kanada gehen, erkennt man noch immer Tarasovs Interpretation von Eishockey. Wie sein späterer Nachfolger Viktor Tikhonov galt Tarasov als hart und unerbittlich. Trotzdem waren seine Spieler dankbar.

Als der Verteidiger Viacheslav Fetisov vom Helden zum Feind des Systems wurde, suchte er die Hilfe seines einstigen Trainers und trainierte alleine mit dem alten Mann auf dessen Datscha. Tarasov war da selbst ein Feind des Politsystems. Der Mann, unter dessen Anleitung die Sbornaja von 1962 bis 1971 alle WM-Turniere und dreimal in Folge Gold bei Olympischen Spielen gewann (tatsächlich war Tarasov nur der Assistent von Arkady Chernyshev, aber natürlich war er Erfinder und charismatische Führungspersönlichkeit zugleich), hatte die Partei nach der WM 1972 endlich einen Grund, den beliebten Tarasov zu feuern: Die UdSSR war nur Zweiter geworden – hinter der Tschechoslowakei. In Prag.

Tarasov musste tatenlos zusehen, wie seine Mannschaft die Summit Series, den ersten echten Vergleich der Eishockeysupermächte, denkbar knapp verlor. Dass der arbeitslose Tarasov bereits 1974 als erster europäischer Trainer in die NHL Hall of Fame aufgenommen wurde, dürfte seine Kritiker weiter provoziert haben. „Er war ein Philosoph, seine Ansprachen waren unglaublich", sagte Fetisov, „ich habe niemals mehr etwas Ähnliches gehört." Kein zweites Mal ist ein Trainer mit solchen Worten umschrieben worden, der seinen Spielern im Training absichtlich den Ellbogen ins Gesicht rammte, um sie schon einmal auf die Spiele gegen Team Canada vorzubereiten.

Scotty Bowman: Er gilt als der freigebige Trainer, der Slava Fetisov einen Wunsch erfüllt und damit die *Russian Five* zum Leben erweckt hat, der Fetisov, Sergei Fedorov, Igor Larionov, Vladimir Konstantinov und Vyacheslav Kozlov auf dem Eis alle Freiheiten gewährt hat und sich von der Bande aus an der Kreativität und der Spielfreude seines russischen Superblocks erfreut hat.

Scotty Bowman ist die gütige Größe im Welteishockey, einer, auf den sich alle einigen können. Bowman ist der Trainer schlechthin, 2.141 reguläre Spiele in der NHL, 1.244 davon hat er gewonnen, mehr als jeder andere Coach, neun Stanley Cups als Trainer (mit Montreal, Pittsburgh und Detroit), von 1976 bis 1979 vier in Folge mit den Montreal Canadiens, drei weitere als Berater der Chicago Blackhawks, zweimal war er Empfänger der Jack-Adams-Trophäe für den besten Trainer.

Wenn er als in Florida lebender Ruheständler auf seine Eigenheiten als Trainer angesprochen wird, lächelt er und sagt, dass er die Gegner gerne überrascht hat. Allerdings galt das immer sowohl für seine Gegner als auch für seine eigenen Spieler. „Scotty Bowman ist nicht jemand, den man leicht gerne hat. Das Einschmeicheln anderer Coaches ist ihm fremd. Er klopft dir nicht auf die Schulter, knufft dir nicht in den Arm oder greift dir nach dem Ellbogen", schrieb Ken Dryden, Montreals Meistertorhüter, in seinem Buch *The Game*.

„Er ist schüchtern und nicht sehr freundlich. Wenn er mit dir alleine spricht, wozu du ihn ein paar Mal im Jahr zwingen musst, kann es sein, dass du drei, vier intime, überraschende Minuten mit ihm verbringen darfst, von denen du niemals gedacht hättest, dass sie möglich sind. Aber dann, als ob er sich plötzlich erinnerte, wo er ist und was er da gerade macht, bricht er ab und sagt: ‚Yeah, yeah, ist es das? Gut, gut.' Und bevor du antworten kannst, war es das."

Da sprach eine der größten Torhüterpersönlichkeiten einer der größten Trainerpersönlichkeiten das Charisma ab. Dryden aber respektierte Bowman, alle Spieler respektierten Bowman. „Mehr als jeder andere Coach, den ich hatte, galt Bowmans Fokus allein dem Team. Er kennt nur eine Loyalität, nicht einzelnen Spielern gegenüber oder den Fans, sondern allein gegenüber der Mannschaft." Und: „Die meisten von uns geben vor, persönliche Beziehungen in unserer Arbeit den Vorzug zu geben. Bowman gibt gar nichts vor." Und: „Er weiß, was das Wichtigste für jede Mannschaft ist: gewinnen. Und wir wissen, dass er alles, was er macht, macht, damit wir gewinnen. Ich mag ihn."

Dryden beschreibt Bowmans Besessenheit, die sich schon zeigte, als seine Karriere als Trainer noch gar nicht begonnen hatte. Ein Stockschlag hatte seine Karriere als Spieler beendet, Jean-Guy Talbot brach ihm den Schädel. Helme trugen die Spieler damals noch lange nicht. Bowman konnte froh sein, überlebt zu haben, Eishockey konnte er nicht mehr spielen. Er begann, Kinder zu coachen, wurde bald zu einer Jugendmannschaft berufen und weil man dafür nur mit 250 US-Dollar im Jahr entlohnt wurde, arbeitete er in einer Farbenfabrik, die wahrscheinlich nicht ganz zufällig in der Nähe des Montreal Forums lag. In der Mittagspause ging Bowman zu Fuß in die legendäre Eishalle, um sich wenigstens für eine halbe Stunde das Training der Canadiens anzuschauen.

Und als seine Junior Canadiens nach Ottawa umziehen mussten, begann Bowman als Assistent des General Managers der Canadiens. Sein Debüt als NHL-Coach aber gab er für die St. Louis Blues, eines der vielen Expansionsteams Ende der 1960er-Jahre. Der Posten in Montreal war an Toe

Blake vergeben. Aber das, was den Vegas Golden Knights viele Jahrzehnte später spektakulär gelingen sollte, hatten Bowmans Blues lange zuvor vorgemacht. Am Ende der Saison, in der er als Cheftrainer übernahm, erreichten die Blues das Stanley-Cup-Finale – und verloren nach vier Spielen gegen Blakes Canadiens.

Im Jahr darauf führte er St. Louis wieder ins Finale – diesmal hatten sie gegen Bobby Orrs Boston Bruins keine Chance. Scotty Bowman aber hatte bewiesen, welch erfolgreicher Coach er in dieser Liga sein konnte. Er war reif für seine Canadiens. Der Rest ist Geschichte. Vor dem Canada Cup bat ihn Anatoli Tarasov um eine Unterhaltung. Ein Dolmetscher wurde organisiert, um Bowman zu erklären, was Tarasov vom Training des Kanadiers hielt. Eher wenig. Tarasov gab ihm Tipps, wie er Guy Lafleur, einen flamboyanten Stürmer, in dem der Russe viel von seinen eigenen Spielern sah, effektiver hätte einsetzen können, und er schenkte ihm russische Bandyhandschuhe, mit denen er im Training besser hätte pfeifen können als mit den klobigen Eishockeyhandschuhen. Wenigstens die Handschuhe verwendete Bowman danach.

Arno del Curto: Das Selbstverständliche sagt er, als habe er gerade das Rätsel des Eishockeys gelöst. „He! To the referee nicht mehr Fuck you sägä." Weil er sich aber nicht sicher ist, ob ihn Ken Yaremchuk verstanden hat, wiederholt er es auf Englisch: „Don't say ‹Fuck you› to the referees. He says two minutes, hä!" Und weil es ihm so wichtig ist, dass es wirklich alle verstehen, dreht er sich noch einmal um und geht an seinen Spielern vorbei und sagt in einer Sprache, die in der Schweiz als Deutsch anerkannt wird: „Au bi eui klar, hä? Zum Schiri nüma Fuck you sägä, äs git zwei Minuta, hä!" Die bekannteste unter den vielen Anekdoten aus dem Wirken von Arno del Curto sagt mehr über seine Spieler aus, als über ihn.

Im Jahr 1996 sollte man Eishockeyprofis schließlich nicht mehr daran erinnern müssen, Schiedsrichter besser nicht derbe zu beleidigen. Del Curto wollte seine Spieler auch offensichtlich nicht bloßstellen, sondern weiterbilden. Und er wollte mit dem HC Davos am neunten Spieltag gegen den SC Bern gewinnen.

22 Jahre später schrieb die *Neue Zürcher Zeitung* über den Mann aus St. Moritz: „Mit seiner direkten, zuweilen auch verschrobenen Art wurde er zu einer der größten Figuren im Schweizer Sport." Im *Tages-Anzeiger* stand: „Er war der Dynamo, der das Schweizer Eishockey antrieb. Mit seinem Tempostil, seiner Leidenschaft, seiner Akribie und seinem Feuer im Training. Er warf die Jungen ins kalte Wasser, machte nicht nur seine Spieler besser, sondern auch die Liga." Die Sätze lesen sich wie Zitate aus Nachrufen, dabei war del Curto nicht gestorben.

Etwas anderes, Unvorstellbares war geschehen. Del Curto, „Hockey-Sozialarbeiter" und „mehr Rockstar als Bandengeneral" (Klaus Zaugg), war im November 2018 plötzlich nicht mehr Trainer des HC Davos. Journalisten, Chronisten und Feuilletonisten hatten ihre Lieblingsfigur verloren, Elogen mussten umgeschrieben werden, er, der Davos 2002, 2005, 2007, 2009, 2011 und 2015 zu Meistertiteln geführt hatte, der in Fernsehsendungen für Kinder, als DJ, Fußballexperte und Radiomoderator glänzte, war erstmals gescheitert. Aber gerade Zaugg, selbst ein del Curto unter den Journalisten, fiel es schwer.

Noch zwei Jahre zuvor hatte er geschrieben: „Taktisches Playback ist nicht seine Sache. Unermüdlich ist er auf der Suche nach dem vollkommenen Eishockey. Es geht ihm schon längst nicht mehr um Geld, Ruhm, Sieg oder Niederlage. Es geht ihm um das perfekte Spiel und weil diese Perfektion unerreichbar bleibt, im Leben, in der Kunst, in der Musik, im Sport, im Eishockey, ist er ein ewig Suchender. Ein Mann auf einer Mission, die nie endet. Er ist dazu verurteilt, das Spiel immer wieder neu zu komponieren." Übertrieben? Wohl kaum. Es gibt sie ja, die Geschichten von Vertragsverhandlungen, in denen del Curto auf Geld verzichtete, das der HC Davos zu zahlen bereit gewesen wäre.

„Stattdessen wollte er, dass wir dieses Geld den Spielern geben", sagte Ernst Wyrsch, einst Präsident des HCD. Dabei setzte del Curto schon immer auf junge Spieler, gab ihnen Eiszeit und Verantwortung. Reto von Arx und Michel Riesen wurden unter seiner Führung zu Stars des Schweizer Eishockeys. Im dunklen Herbst 2018 aber endete die Geschichte des ewigen Romantikers, der seine Arbeitsverträge stets per Handschlag verlängerte, im Landwassertal. Der Zürcher Schlittschuhclub nahm del Curto danach gerne zurück, verweigerte ihm aber diesmal den Handschlag am Ende der Saison.

★ 5 ★

DRITTES DRITTEL

5.1 49:15 ABSEITS

Auf dem Weg ins russische Drittel muss Patrick Hager kurz vor dem Überqueren der blauen Linie Sergei Shirokov ausweichen. Der mitgelaufene Brooks Macek versucht noch, rechtzeitig zu bremsen, hat aber zu viel Schwung und bremst über die blaue Linie ins Abseits. Der Linienrichter hebt den Arm, Hager aber fährt die blaue Linie entlang, mit einem Schlittschuh im Angriffsdrittel und dem anderen in der neutralen Zone. Der Puck touchiert die blaue Linie lediglich. Hager dreht ab und gibt Macek und dem ebenfalls zu schnellen Felix Schütz so die Möglichkeit, wieder aus dem Angriffsdrittel herauszulaufen.

Adam Oates hatte schon immer ein tiefes Verständnis für das Spiel, schon in der Universitätsmannschaft des Rensselaer Polytechnic Institute fiel sein Talent auf. Aber erst als er von den Detroit Red Wings an die St. Louis Blues weitergegeben wurde, verwirklichte er sein Superstarpotenzial. Oates konnte das Spiel lesen, vorausahnen und letztlich landeten seine Pässe immer genau auf dem Schlägerblatt von Brett Hull. Nach exakt 1.500 Spielen in der National Hockey League wurde er in die *Hall of Fame* aufgenommen.

Oates wurde Trainer, aber es zeigte sich, dass er seine hohen Ansprüche nicht auf seine Spieler übertragen konnte, weshalb er sich darauf beschränkte, einzelne Profis besser machen zu wollen. Oates wurde zum ersten bekannten *Skills Coach*. Um seine Klienten zu verstehen und deren Schwächen herauszuarbeiten, sichtet der ehemalige Mittelstürmer Videos von Spielen. Oates sieht selbst auf höchstem Niveau viele Fehler, Konzentrationsschwächen, technische Unfertigkeiten, immer wieder Stellungsfehler.

Richtig wütend aber wird er nur bei einer Unzulänglichkeit: „Es gibt Spieler, die dreimal während einer Partie ins Abseits laufen. Dreimal! Das ist kein kleiner Fehler, das ist ein Riesenfehler. Ich bin keine dreimal ins Abseits gelaufen, in meiner ganzen Karriere nicht. Ein Abseitspfiff nimmt der ganzen Mannschaft das offensive Momentum. Was hätte alles in der offensiven Zone passieren können: ein Schuss, eine Strafe für die Gegner, ein Tor! Heute wird alles erfasst, die erweiterten Statistiken sind so wichtig, aber Abseits gilt immer noch als kleiner Fehler."

Nun gibt es einen Grund, warum Adam Oates in 1.500 Spielen keine dreimal ins Abseits gelaufen ist (mal abgesehen davon, dass das niemand jemals nachprüfen wird). Oates hatte als Spielgestalter immer den Puck. Es waren dann seine Reihenkollegen, die vor ihm die blaue Linie überquert hatten, weil sie zu schnell waren oder weil sie vergeblich darauf gewartet hatten, dass er ihnen den Puck zupasst oder weil sie nicht schnell genug aus dem Drittel des Gegners herausgefunden hatten.

Die Regel ist einfach, viel einfacher als die Abseitsregel im Fußball. Bis zum 16. Dezember 1929 hatten Stürmer vor dem gegnerischen Torhüter herumlungern und auf lange Pässe warten dürfen. Nach dem 16. Dezember 1929 wurde ihnen das nicht verwehrt, nur eben das Spiel unterbrochen, wenn sie ein Zuspiel annahmen. Das Spielfeld wurde in drei Zonen unterteilt, die durch zwei blaue Linien voneinander getrennt wurden. Seitdem ist es untersagt, in das Drittel des Gegners vor dem Puck einzudringen. Solange jedoch ein Schlittschuh das Eis des neutralen Drittels berührt, ist es kein Abseits.

Jahrzehntelang wurde Linienrichtern zugetraut, diese Millimeterentscheidungen zu treffen, zu erkennen, wer sich vorwärts, wer sich rückwärts über die blaue Linie bewegte und wer nun schneller war, der Puck oder die Spieler ohne Puck. Doch weil der Sport immer rasanter wurde und die technischen Möglichkeiten immer ausgefeilter und die Fernsehbilder immer hochauflösender, gab man Schiedsrichtern und Trainern (zumindest in der NHL) die Möglichkeit, nach Toren wegen einer vermeintlichen Abseitsstellung zu intervenieren.

Der Tag, von dem an alles deshalb schlechter wurde, ist für Traditionalisten der 30. Mai 2017. Die Pittsburgh Penguins empfingen die Nashville Predators, sieben Minuten waren gespielt, als Filip Forsberg, ein Schwede in Diensten der Predators, einen Pass in der neutralen Zone annahm und seitlich die blaue Linie der Penguins überquerte – 16 Sekunden später traf Verteidiger Pernell Karl Subban zum 1:0, zum vermeintlichen 1:0. Denn die Penguins nutzten ihr Recht zur sogenannten *Coaches' Challenge*, sie intervenierten.

Die NHL hatte ihren Cheftrainern diese Möglichkeit eingeräumt, nachdem Colorados Matt Duchene 2013 gute drei Meter vor dem Puck ins Angriffsdrittel eingedrungen war, Zuschauer standen auf, um Hotdogs holen zu gehen, Spieler stellten ihr Spiel ein, alle warteten auf den Abseitspfiff, der dann allerdings doch nicht kam. Duchene traf und blamierte die vier Schiedsrichter, die mit auf dem Eis standen. Gegner damals: die Nashville Predators.

Vier Jahre später war es einer ihrer Angreifer, dessen Schritte sehr genau untersucht wurden – und zwar vier Minuten lang. Erst in der Superzeitlupe war zu erkennen, dass Forsberg seinen rechten Schlittschuh den Bruchteil einer Sekunde zu früh vom Eis genommen hatte, der Puck hatte das blau eingefärbte Eis da gerade erst hinter sich gelassen. In Echtzeit war das nicht zu erkennen. Allein Andy Saucier, der Video Coach der Penguins, hatte in der PPG Paints Arena genauer hingesehen, vielleicht aber auch nicht, vielleicht hatte er Mike Sullivan, seinen Chef, auch nur beeindrucken wollen.

Sullivan nutzte sein Vetorecht, so wie das viele seiner Kollegen in dieser Saison vor ihm gemacht hatten. 117-mal waren Linienrichtern Fehler bei Abseitsentscheidungen nachgewiesen worden, 39-mal waren Tore deshalb aberkannt worden. Es stellte sich also heraus, dass Menschen fehlbar sind. Und auf den Rängen lernten Zuschauer, die Bank des Gegners zu beobachten, ehe sie es wagten, mit dem Sitznachbarn ein zögerliches High Five auszutauschen.

Abseits, eigentlich eine erfreulich klare Regel, hat das Spiel immer wieder verändert. Abseits machte es erst möglich, dass Mannschaften in den 1990er-Jahren in der neutralen Zone einen Riegel einzogen, der es dem puckführenden Spieler oftmals unmöglich machte, die blaue Linie kontrolliert zu überqueren. Als Reaktion auf die vor allem in Skandinavien geprägte, destruktive Taktik schaffte der Weltverband 1998 das Zwei-Linien-Abseits ab.

Bis dahin war es Mannschaften untersagt, den Puck über zwei Linien zu passen (ein weiteres Beispiel für das große Zutrauen, dass diese Sportart lange Zeit in ihre Schiedsrichter hatte). Einer der wenigen Fälle, in denen die Internationale Eishockey-Föderation der NHL weit voraus war. In Nordamerika verabschiedete man sich erst 2005 vom sogenannten *Red-Line-Offside*. Schon ein Jahr später hatte man sich bereits nicht mehr vorstellen können, warum man das schnellste Spiel der Welt so lange ausgebremst hatte.

Natürlich ist auch das normale Abseits bedroht. In den meisten Spielen ist das Abseits ein geringes Ärgernis, oftmals eine zusätzliche taktische Raffinesse, die auch weit entfernt von den Torkreisen für Spannung sorgt. In jedem Powerplay ist die blaue Linie umkämpft und in jedem zweiten Powerplay gibt es Fans, die den Linienrichter schrill pfeifend Inkompetenz unterstellen, dabei sind sie es, die nicht wissen, dass die blaue Linie in beide Richtungen mit zu den Dritteln gehört.

Und so haben sich mit der Zeit Spezialisten gefunden, die ihre Arbeit an der blauen Linie millimetergenau verrichten – offensiv wie defensiv. Trotzdem gibt es Funktionäre, die darüber nachdenken, dem Spiel diese definierende Regel zu nehmen. René Fasel hat bereits laut darüber nachgedacht, die Abseitsregel abzuschaffen, erst in der Verlängerung und dann vielleicht ganz. Vielleicht gibt es für diesen Aktionismus aber eine ganz einfache psychologische Begründung: Der Präsident des Weltverbands hat einst als Linienrichter angefangen.

Allerdings gibt es für jeden dieser Vorschläge eine Gegenbewegung. Um zu verhindern, dass sich ein Eishockeyspiel nur noch aus einer Abfolge von langen Pässen aus dem eigenen Drittel an die gegnerische blaue Linie zusammensetzt, denken Experten laut darüber nach, den Zwei-Linien-Pass wieder zu untersagen. Denn so spektakulär der chirurgisch präzise Pass über 30 Meter auf das getapte Schlägerblatt des heranfliegenden Stürmerstars auch sein mag, häufiger misslingt der lange Pass.

Die Renaissance der alten Abseitsvariante würde die Mannschaften wieder zwingen, sich spielerisch zu befreien. Wirklich ernsthaft in Betracht gezogen aber werden solch radikale Eingriffe ins Regelwerk erst wieder, wenn zu wenig Tore fallen. Und danach sieht es derzeit nicht aus.

In seiner derzeitigen Form lässt sich an der Abseitsregel aber schon einmal wunderbar aufzeigen, dass die Technik entweder bereits zu weit fortgeschritten oder noch immer nicht ausgefeilt genug ist. Im Herbst 2019 gingen die Boston Bruins in einem Spiel gegen die Montreal Canadiens 5:4 in Führung, zumindest für eine kurze Zeit. Montreals Coach Claude Julien aber nutzte seine Option, Einspruch einzulegen. Fünf Minuten später hatten die Schiedsrichter und das Personal erkannt, dass Charlie Coyles Schlittschuhe zehn Sekunden vor seinem Treffer die blaue Linie Bruchteile einer Sekunde vor dem Puck überquert hatten. Auf den Zeitlupenvideos erkennt man, wie sich der Linienrichter tief aufs Eis beugt – die Millimeterenscheidung hat er trotzdem nicht treffen können oder wollen.

Denn der Regel nach muss der Angreifer den Puck unter Kontrolle haben, um mit ihm über die blaue Linie fahren zu dürfen. Damit ist generell gemeint, dass der Spieler den Puck bereits am Schläger geführt haben muss, wenn er über die blaue Linie fährt – weshalb auch nicht abgepfiffen wird, wenn er rückwärts ins Drittel eindringt. Coyle brachte den Puck gerade über der blauen Linie unter Kontrolle, indem er sich die Scheibe mit der Hacke seines rechten Schlittschuhs durch die Beine vorlegte. Spieler interpretieren das bereits als Kontrolle, Schiedsrichter offenbar nicht.

In Deutschland nahm der Münchner Patrick Hager im Herbst 2019 dagegen einen Pass klar im Abseits an. Das Spiel wurde aber nicht unterbrochen, wenig später erzielte Philip Gogulla ein Tor gegen Nürnberg. Ein Schiedsrichter entschied auf Tor, als sich die vier Unparteiischen jedoch vor dem Wiederanpfiff sammelten, war ihnen anzusehen, dass sie sich dabei nicht wohlfühlten. In der Deutschen Eishockey Liga aber besteht nicht die Möglichkeit, Abseitsentscheidungen im Nachhinein noch einmal revidieren zu können. Ein kleiner Fehler, da hat Adam Oates schon recht, aber ein kleiner Fehler, der oftmals eine große Wirkung hat.

5.2 52:38 VERLETZUNGEN

Patrick Hager bricht zwischen zwei russischen Spielern durch ins Angriffsdrittel. Er hebt den Puck über die zwei Schläger, die sich vor ihm wie eine Schranke schließen, und verliert dabei die Kontrolle über die Scheibe. Sergej Kalinin sieht das nicht und versucht, Hager zu stoppen. Der russische Angreifer wickelt sich um den Deutschen, dreht sich dabei ins Tor und knallt mit dem rechten Arm gegen den Pfosten. Kalinin windet sich auf dem Eis, steht dann auf, fährt zur Bank, setzt sich kurz hin und wird dann in die Kabine geführt.

Ist Eishockey hart? So genau weiß man das erst, wenn die Spiele gespielt sind. Nachdem die Boston Bruins im Juni 2019 das entscheidende siebte Finalspiel um den Stanley Cup verloren hatten, veröffentlichten sie eine Liste mit den Verletzungen, die ihre Spieler im Laufe der Play-offs erlitten hatten: ein an mehreren Stellen gebrochener Kieferknochen, der von Drähten und Stiften fixiert wurde (Zdeno Chara), eine Leistenzerrung (Patrice Bergeron), ein verstauchtes Handgelenk, eine Leistenzerrung (Brad Marchand), eine wieder aufgebrochene Daumenverletzung (David Pastrnak), ausgekugelte Schulter, angebrochener Oberarmknochen (John Moore), gebrochenes Brustbein, geprellter Fuß (Noel Acciari), gebrochene Kniescheibe (Kevan Miller), diverse, nicht näher spezifizierte Verletzungen (Jake DeBrusk).

So ähnlich wie die Bruins machen es viele Mannschaften, von der Asia League Ice Hockey über die Erste Bank Eishockeyliga bis zur Liga Mexicana Élite. Über Wochen differenzieren die Pressesprecher dieser Klubs auf Anweisung zwischen Ober- und Unterkörperverletzungen, Coaches gehen auf Nachfragen nicht ein, warum dieser eine Mittelstürmer überhaupt nicht mehr schieße und ein anderer Verteidiger nach jedem Wechsel mit schmerzverzerrtem Gesicht zur Bank fahre. Und plötzlich werden der Öffentlichkeit medizinische Dossiers dann doch zugänglich gemacht.

Natürlich passiert das, um zu erklären, warum es auch in diesem Jahr wieder nicht gereicht hat und wie es sein kann, dass gerade die vermeintlich wichtigsten Spieler zu wenig hatten beitragen können. Vor allem aber geht es darum, ein Narrativ zu bedienen, nach dem sich Eishockeyspieler über ihre Leidensfähigkeit definieren. Nur wer seine körperliche Unversehrtheit riskiert, ist ein echter, wahrer Eishockeyspieler. Nur wer die Saison verletzt oder zumindest schwer angeschlagen beendet, kann von sich behaupten, alles für die Mannschaft gegeben zu haben.

So wie Patrick Köppchen. Und das mehr als 1.000-mal in der höchsten deutschen Spielklasse, als einer von vier Spielern, denen das in der DEL gelungen ist. Köppchen hat mit gebrochenen Fingern und gebrochenen Zehen gespielt und trotzdem hat er sich in jeden Schuss geworfen, hat Pucks gefressen wie andere gesalzene Erdnüsse. „Grundsätzlich spiele ich mit allem, nur nicht mit Fieber. Davor habe ich Respekt, dass das Herz Schaden nimmt. Wir machen jährlich unseren Medizincheck, und solange da alles in Ordnung ist, beiße ich mich mit allen kleineren Blessuren durch", hat er erzählt, so weit, so erwartbar von einem Eishockeyprofi, dessen größte Stärke die Furchtlosigkeit ist.

Köppchen ist aber auch ein reflektierter und ehrlicher Berufssportler, dem bewusst ist, dass nicht jeder Mensch so schmerzresistent oder durchgeknallt sein muss, und dass sich nicht jeder an ihm ein Vorbild nehmen muss. „Das ist tatsächlich ein Problem", sagte Köppchen. „Ich würde mir wünschen, dass es grundsätzlich mehr respektiert würde, wenn Spieler sagen, dass sie sich nicht gut genug fühlen, um zu spielen." Nur er selbst hätte das kaum gemacht. Köppchen war bereits 37 Jahre alt, als er in einem Play-off-Spiel in Berlin einen Ellbogen ins Gesicht bekommen hat. Der Verteidiger wurde unter dem Auge und auf der Nase genäht und spielte weiter, natürlich.

Als er sich nach dem Spiel zum Fernsehinterview stellte, sah er aus wie ein Sparringspartner des jungen Mike Tyson. Das mag unvernünftig gewesen sein. Das aber ist eben auch: Eishockey. In einer Kabine erntet man mit einem solch aufopferungsvollen Verhalten bewundernde Blicke, kein Kopfschütteln.

Im Play-off-Halbfinale gegen die Pittsburgh Penguins warf sich Greg Campbell, ein Viert-Reihen-Stürmer, der unter seinem Trikot einen Blaumann trug, in Unterzahl mit den Schlittschuhen voran in einen Schuss von Evgenji Malkin. Der Puck durchbrach das rechte Wadenbein Campbells, danach blieb er aber noch eine Minute auf dem Eis, stellte sich in Schussbahnen und lenkte Pässe ab. Erst als sich die Strafbanktür öffnete, schleppte er sich zurück auf die Bank.

„Er konnte sich nicht mehr bewegen und ist trotzdem da draußen geblieben. Es war großartig, danach haben wir vor allem für ihn gespielt", sagte Brad Marchand danach. „Er zieht in die Schlacht und macht, was immer nötig ist." Derart inspiriert zogen die Bruins ins Stanley-Cup-Finale ein, unterlagen da aber den Chicago Blackhawks. Danach wurde veröffentlicht, trotz welcher Verletzungen Patrice Bergeron aufs Eis gegangen war: Der Kapitän spielte mit gebrochenen Rippen, einem gerissenen

Knorpel, einer ausgekugelten Schulter und einer allmählich kollabierenden Lunge.

Eigentlich ist das nicht möglich, zumindest nicht, ohne dem Körper vorzugaukeln, dass alles in Ordnung ist. Der Ge- und noch mehr der Missbrauch von Schmerzmitteln ist eines der schmutzigen Geheimnisse des Sports. Und nicht erst seitdem Derek Boogard, einer der letzten Faustkämpfer auf Schlittschuhen, am 13. Mai 2011 in seiner Wohnung an einem Gemisch aus Alkohol und Tabletten gestorben ist, findet sich kaum jemand, der darüber offen redet.

Patrick Köppchen hat es trotzdem gemacht – in einer Klarheit, die einen davon ausgehen lässt, dass Schmerzmittel in den meisten Kabinen eher Alltag als Ausnahme sind: „Natürlich, ich nehme vor jedem Spiel Tabletten. Bei meiner Spielweise ist es normal, dass ich Schmerzen habe. Ich habe zuletzt mit gebrochenem Finger gespielt oder mit einer starken Schienbeinprellung. Das würde ohne Schmerzmittel nicht gehen."

Mit gesundem Sport hat das alles nichts mehr zu tun, mit Vorbildwirkung besser auch nicht. Aber auf dem Eis geht es darum, Stärke zu zeigen. Das kann nur, wer keine Schwäche verspürt. Und wer Schwächen verspürt, wer an sich und dem aggressiven Spiel zweifelt, der versucht, sich zu betäuben. Jeff Friesen versuchte es nach einer schweren Verletzung mit sechs unterschiedlichen, verschreibungspflichtigen Medikamenten, ignorierte die schweren Nebenwirkungen, wurde abhängig, verlor seinen Job in der NHL. Erst medizinisches Marihuana half dem US-Amerikaner. Nur gilt Marihuana in der NHL als Droge, weshalb er wieder zu den Schmerzmitteln zurückgriff.

Nach dem Ende seiner Karriere wurde Friesen zu einem der bekannteren Fürsprecher für kannabinoide Produkte. Es geht ihm gut. Andere hatten nicht so viel Glück. Das selbstzerstörerische Leben eines Eishockeyprofis hat viele Opfer gefordert. Nicht bei allen endete es so tragisch wie bei Derek Boogard oder den anderen Enforcern und Goons, die man tot in Motelzimmern gefunden hat. Der deutsche Nationalspieler Constantin Braun behielt seine Probleme nicht für sich, er machte zuerst seine Depression und dann seine Alkoholsucht publik. „Meine Entscheidung, an die Öffentlichkeit zu gehen, war relativ egoistisch", erklärte er. „Denn es hätte in der Reha bestimmt Leute gegeben, die gewusst hätten, wer ich bin." Und: „Es ist ein Thema, das nicht nur mich betrifft."

Im Eishockey aber ist es ein Tabuthema, Schwäche zu zeigen und sich Schwächen einzugestehen. Tatsächlich mutige Spieler wie Braun aber korrigieren allmählich die Sichtweise. Im Mutterland wird die mitunter verheerende Mischung aus Männlichkeit, Opferbereitschaft und Korpsgeist inzwischen wissenschaftlich untersucht. „Die Dinge haben sich zu einem Punkt verengt, an dem wir aufgehört haben, sie zu hinterfragen", erklärte Tim Skuce, ein ehemaliger Spieler und Professor für Erziehungswissenschaften an der Universität in Brandon, Manitoba, seinen Forschungsansatz. „Sehr wenige Eishockeyspieler haben darüber geredet, wie sehr sie die übermächtige körperliche Natur des Spiels genießen. Und alle Männer, mit denen ich geredet habe, haben erwähnt, dass sie auf dem Eis Angst verspürt haben und dass sie sich von anderen Männern auf dem Eis bedroht fühlten."

Nun gehört das wohl auch zur Natur des Spiels. Das heißt aber nicht, dass man nicht einmal darüber nachdenken könnte, Eishockey sicherer zu machen – physisch und psychisch. Aber solange Verletzungen weiterhin glorifiziert werden, ist das noch ein langer Weg. Die meisten Eishockeyspieler, denen man direkt toxische Maskulinität unterstellte, würden wohl noch immer nur zurückfragen, wie lange sie damit ausfielen.

(Auch Sergej Kalinin kehrte wieder auf das Eis zurück. Es ging schließlich um die Goldmedaille. Allerdings leistete er sich kurz vor Schluss eine Zwei-Minuten-Strafe, nach deren Ablauf er dann doch direkt in der Kabine verschwand – und erst wieder zur Siegerehrung herauskam.)

5.3 53:21 TORE SCHIESSEN

Am Ende eines langen Wechsels scheitern Moritz Müller und David Wolf daran, den Puck aus dem eigenen Drittel zu befördern – auch weil sie von Pavel Datsyuk immer wieder daran gehindert werden. Nikita Gusev schnappt sich hinter dem deutschen Tor die Scheibe, gleitet vor das Tor, deutet ein Abspiel an, narrt damit Dominik Kahun und Yannic Seidenberg, als der deutsche Verteidiger das zweite Mal auf dem Eis liegt, um den Querpass zu verhindern, steht Gusev beinahe auf der Torlinie. Trotzdem schießt er aus spitzem Winkel, visiert dabei aber gar nicht erst die Lücke an, die Danny aus den Birken lässt, sondern den Torhüter selbst. Von seinem Nacken springt die Scheibe ins Tor. Selbst in der Zeitlupe kann man sie kaum erkennen, so schnell hat sie Gusev mit seinem Handgelenkschuss beschleunigt.

In vielen Mannschaften fängt der Ernst erst an, wenn das Training beendet ist. Feldspieler gruppieren sich hoch konzentriert um das Tor und schauen einem anderen dabei zu, wie er mit einem Schrubber die Eisfläche präpariert.

Irgendwann bequemt sich dann auch der Torhüter in die Mitte der Gruppe. Die überflüssigen Pucks werden ins Tor geschoben, einen Puck bekommt der Spieler an der Spitze des Ovals. Er schießt. Trifft er gleich, was sehr selten vorkommt, bekommen die Feldspieler einen Punkt (oder drei, wenn sie den Torhüter davon überzeugen können, dass er in diesem Zeitvertreib die besseren Chancen hat). Wehrt der Torhüter ab, dürfen die anderen Feldspieler solange versuchen, ein Tor zu erzielen, solange sie die Scheibe unter Kontrolle halten. Wenn er den Puck hält oder ihn außerhalb der Reichweite der Feldspieler abprallen lässt, bekommt der Torhüter einen Punkt.

Das Spielchen trägt mit *Rebound* einen denkbar schlichten Namen. Nach jedem Training aber wird der Zwischenstand neu errechnet. Gerade in Mannschaften, die in der echten Tabelle keine Ziele mehr haben, wird *Rebound* gegen Saisonende immer wichtiger.

Im Eishockey wird ständig gekämpft, an der Bande, um Pucks, um die bessere Position, im Training um einen Platz im Aufgebot und im Spiel immer seltener auch im Wortsinn. Entscheidend aber ist letztlich allein der Kampf zwischen Feldspieler und Torhüter, ein Duell, das insgesamt bis zu 80-mal pro Spiel ausgetragen wird und das womöglich 79-mal der Torhüter gewinnt, bis ein Feldspieler das letzte Duell gewinnt und seine Mannschaft damit das Spiel.

Ein paar Zahlen: Ein normal großer Torhüter deckt etwa 60 % des Netzes ab. Ein normaler, etwa 140 km/h schneller Schlagschuss braucht von der blauen Linie bis zum Tor etwa eine halbe Sekunde und die Reaktionszeit eines Torhüters liegt etwa bei 0,2 Sekunden. Ihm bleibt also nur die Hälfte des Weges, um einschätzen zu können, ob er die restlichen 40 % abdecken muss und wenn ja, wie. Für den Schützen sieht es hingegen so aus, als würde der Torhüter keine Lücke mehr lassen.

Gute Torhüter interessieren sich allerdings überhaupt nicht für die Perspektive des Schützen, sondern alleine für die der Hartgummischeibe. Als ob der Puck Augen hätte, mit einer Art Rollenspiel versuchen Torhütertrainer, ihren Schützlingen klarzumachen, dass es nichts bringt, sich in den Schützen hineinzuversetzen, weil sich dem Puck vom Eis aus ganz andere Winkel bieten. Umgekehrt gilt das natürlich auch für den Schützen.

In Profiligen wird etwa die Hälfte der Tore durch Handgelenkschüsse erzielt, jeweils etwas mehr als ein Zehntel durch Schlagschüsse oder abgefälschte Schüsse. Der Großteil (ungefähr ein Drittel) der erfolgreichen Schüsse wird aus einer Entfernung von 3-6 Metern abgegeben, ein Fünftel aus dem Halbkreis direkt um das Tor herum. Je kürzer die Entfernung ist, desto höher ist der Anteil an Rückhandschussen, je weiter entfernt, desto wichtiger wird der wuchtige Schlagschuss.

Bedeutender als die Wissenschaft aber ist die Psychologie hinter dem Torschuss. Der NHL-Profi James Neal hat das sehr eindrucksvoll erklärt, bevor er als Mitglied der Calgary Flames eine niemals erwartete Flaute erlebte: „Wenn du schießt und nicht daran glaubst, dass der Puck reingeht, dann geht er auch nicht rein, Kumpel. Das ist die härteste Zeit für einen Torjäger, wenn du nicht mehr daran glaubst. Eishockey ist da wirklich außergewöhnlich. Es kann sein, dass du das schlechteste Spiel deines Lebens spielst, aber wenn ein Schuss deinen Schienbeinschoner streift und deshalb reingeht, dann ändert sich deine ganze Stimmung. Man bekommt sofort sein Selbstbewusstsein zurück. Aber wenn es nicht läuft, dann glaubst du, dass das gegnerische Tor durch ein Kraftfeld geschützt wird."

Trainer verweisen in solchen Fällen darauf, dass sie erst nervös werden, wenn ihr Torjäger überhaupt keine Chancen mehr hat. Trotzdem ist die Erleichterung bei ihnen am größten, wenn der Mann, der am Ende den Unterschied machen soll, wieder trifft.

Drei herausragende Torjäger

Brett Hull: Auf dem kurzen Weg über die Straße vom Marriott Hotel ins Nassau Coliseum hatte Brett Hull eine Idee: „Lass uns Spaß haben!", sagte er zu Adam Oates. Und der Mann, der dafür zuständig war, ihm die Pucks zu servieren, antwortete: „Okay." Hull aber sagte: „Nein, lass uns richtig Spaß haben. Heute werde ich nicht wechseln, bevor ich nicht ein Tor geschossen habe."

Im modernen Eishockey soll kein Wechsel länger als 40, 45 Sekunden dauern, zu Beginn der 1990er-Jahre, in der Hochzeit von *Hull and Oates*, sollten die Reihen nach spätestens einer Minute tauschen. Das Spiel gegen die New York Islanders begannen der Mittelstürmer und sein Rechtsaußen dann auf der Bank, im zweiten Wechsel aber sprangen sie aufs Eis – und kamen nicht mehr zurück. Vier Linksaußen durften es an der Seite des außergewöhnlichen Duos versuchen, die Coaches brüllten. Hull und Oates aber blieben auf dem Eis. Bis Hull traf.

Es war der erste Treffer eines Hattricks an diesem Abend und der erste von vier Hattricks in Folge (wobei angemerkt werden muss, dass ein Hattrick im Eishockey einfach drei Tore in einem Spiel bezeichnet, einerlei, wann sie fallen). Im fünften Spiel schoss Hull nur zwei Tore, danach sprach er eine Woche nicht mehr mit Oates.

Mitspieler beschreiben den Sohn von Bobby Hull (*The Golden Jet*) als unterhaltsam und sarkastisch (nach der nordamerikanischen Interpretation des Wortes). Aber wenn es darum ging, Tore zu schießen, dann verstand *The Golden Brett* offensichtlich keinen Spaß. Dazu kam sein Stolz. Die Saison 1990/1991 schloss der Rechtsaußen von den St. Louis Blues mit 86 Toren ab. Sechs weniger als Wayne Gretzky in 1981/1982. Allerdings hatte Hull mehrmals die Chance verweigert, ins leere gegnerische Tor zu treffen.

Welche Spieler haben überhaupt mehr als 70 Tore in drei aufeinanderfolgenden Jahren erzielt? Gretzky und Hull, damit ist die Liste zu Ende. Sein berühmtestes Tor ist allerdings nicht sehr viel ehrenvoller als ein Treffer in ein verlassenes Tor. 1999 entschied er die Finalserie gegen Dominik Hašeks Buffalo Sabres – im Torraum stehend. Das Tor zählte und sowohl das Eishockey als auch Hull selbst hatten ihr Wembley-Tor.

Erich Kühnhackl: Als die Deutsche Eishockey Liga fünf Jahre nach ihrer Gründung wissen wollte, wie sie in Deutschland wahrgenommen wurde, fiel das Ergebnis nicht befriedigend aus. In einer Umfrage wurden die Deutschen gefragt, welchen aktuellen DEL-Spieler sie kannten. 49 % nannten den damals bereits 36 Jahre alten Dieter Hegen, 41 % den Torhüter Josef Heiß, wahrscheinlich ob seines schönen bayerischen Kosenamens Beppi, Thomas Brandl war nur noch jedem Zehnten ein Begriff. Und auf Rang vier landete ein Spieler, der seine Karriere bereits zehn Jahre zuvor beendet hatte: Erich Kühnhackl.

Es ist vielleicht die wichtigste Errungenschaft des modernen deutschen Eishockeys, dass man nicht mehr an den „Langen" denkt, wenn es um Eishockey geht, sondern an Leon Draisaitl, Moritz Seider, Patrick Hager oder Danny aus den Birken. Das ist nicht respektlos gegenüber den Größen des Spiels, sondern genau das, was sich auch Kühnhackl immer gewünscht hat. Er selbst stammt aus einer anderen Eishockeyzeit. „Die früheren deutschen Spieler trugen Namen", schrieb Oliver Fritsch in der *Zeit*,

„als hätte Ludwig Thoma sie erfunden: Erich Kühnhackl, Alois Schloder oder Beppo Schlickenrieder – der Trainer hieß wirklich Xaver Unsinn."

Kühnhackl aber überdauerte Unsinns Aishockei-Jahre. Er galt als einziger deutscher Weltklassespieler, obwohl er nie über Landshut, Köln und Olten im Schweizer Kanton Solothurn hinausgekommen ist. Für einen wie Kühnhackl war die NHL nicht interessant, schon gar nicht wirtschaftlich. Bei Weltmeisterschaften und Olympischen Spielen bewies er, wie gut er wirklich war. Kühnhackl zählte stets zu den besten Scorern. Nach Punkten war er stets auf einem Niveau mit Makarov, Lala und den kanadischen Stars. Vor allem aber schoss er viele Tore: 691 in 715 Bundesligaspielen, 41 in 75 WM-Spielen und 13 in 11 Olympiapartien. Sie nannten ihn den *Langen*, weil er mit 1,98 Metern von Beginn an herausragte, gegen Ende seiner Karriere aber nannten sie Erich Kühnhackl *Tormaschine*.

Mike Bossy: Es ist ein Gedankenexperiment, aber ein sehr reizvolles: Was hätten die Connor McDavids, Sidney Crosbys und Alexander Ovechkins in Zeiten von Wayne Gretzky und Mario Lemieux auf dem Eis erreichen können? Die Frage aber lässt sich auch andersherum stellen. Was hätte aus Mike Bossys Karriere durch die Unterstützung durch moderne Medizin und moderne Physiotherapie werden können? Der beste Torjäger überhaupt?

Als der Rookie Michel Bossy aus Montréal seinen ersten Vertrag in der NHL verhandelte, war er nicht zufrieden mit dem Angebot der New York Islanders. Er fragte: „Was ist euch ein 50-Tore-Torjäger wert?" Genau solche Fragen sollte man als Rookie selbst in der modernen NHL nicht stellen, erst recht nicht Ende der 1970er-Jahre. Bill Torrey, General Manager der Islanders, antwortete: „Vielleicht schaust du erst einmal, dass du es ins Team schaffst." Bossy schaffte es ins Team und erzielte 53 Tore in 73 Spielen, nur Guy Lafleur war 1977/1978 erfolgreicher als der Rookie der Islanders.

Bossy war ein Torjäger, wie man ihn noch nicht gesehen hatte. Wenn er auf den Torhüter zufuhr, stellte er die Scheibe vor seinem Schuss hochkant, damit sie gerade noch durch die sich schließenden Schienen seines Gegners passte. Bossy erzielte 50 Tore in 50 Spielen, schoss in neun aufeinanderfolgenden Spielzeiten mehr als 50 Tore, gewann vier Stanley Cups mit den Islanders und musste nach der zehnten seine Karriere beenden. Wegen chronischen Rückenproblemen, die man Jahre später sicher hätte lösen können.

5.4 53:31 ZAHLEN

Auf der Bank putzt sich Nikita Gusev das vom Jubeln verschmutzte Visier. Auf dem Eis verliert Dominik Kahun zwar das Bully gegen Ilya Kablukov, Yasin Ehliz aber reagiert am schnellsten, führt die Scheibe über die blaue Linie, spielt sie tief und setzt Bogdan Kiselevich sofort unter Druck, der versucht, sie für seine Mannschaft unter Kontrolle zu bringen. Kiselevich verliert den Puck an Frank Mauer, der ihn am langen Pfosten mit der Rückhand vor das Tor passt. Dominik Kahun kann sich aussuchen, wohin er den Puck schießt. Er entscheidet sich für Vasili Koshechkins Stockhandseite. Der Puck schlägt halbhoch im Netz ein. 2:2. Mauer bekommt den ersten Assist, Ehliz den zweiten.

Auch im Eishockey werden Schiedsrichter attackiert – oftmals allerdings von Eltern, die ihren Kindern wahrscheinlich nicht nur in diesem Augenblick keine Vorbilder sein können. Und natürlich werden Schiedsrichter bedrängt, beschimpft und beleidigt. Anders, als man es bei einer solch rauen und immer wieder brutalen Sportart erwarten könnte, wird die Autorität des Schiedsrichters meist respektiert. Nicht annähernd so, wie man das am Rugby bewundern kann. Aber doch sehr viel besser, als es der große Fußball Kindern, Jugendlichen und deren Eltern vormacht.

Lange Zeit gab es jedoch in beinahe jedem Spiel eine Szene, in der Schiedsrichter bestürmt wurden – allerdings auf eine demütige, eher bittende Art. Nach Toren gab einer der Hauptschiedsrichter die Namen des Torschützen und der beiden Spieler durch, die zuvor am Puck waren, die den Treffer also vorbereitet hatten. Und weil das mitunter sehr schnell passierte und aus unübersichtlichen Situationen heraus, konnte es nicht schaden, die Schiedsrichter in ihrer Suche nach den Scorern zu unterstützen. Ein Akt der Selbstlosigkeit sozusagen. Und wer besonders selbstlos war, der konnte sich am Ende der Saison zufälligerweise über ein paar mehr Vorlagen freuen. Je nach Vertrag und ausgehandeltem Prämiensystem erwies sich die Selbstlosigkeit als erfreulich lukrativ.

Mittlerweile werden in der Deutschen Eishockey Liga alle Tore noch einmal begutachtet und die Statistik, wenn nötig, der Realität angepasst. Den zweiten Assist bekommt nur noch, wer ihn sich auch verdient hat. Wobei „verdient" hierbei nicht das richtige Wort ist. Im Eishockey aber wird nun einmal auch ein oftmals weitgehend Unbeteiligter in die statistische Erfassung eines Torerfolgs miteinbezogen. In den meisten Fällen gebührt zwar dem Torschützen selbst die größte Würdigung – die sehr seltenen Fälle, in denen Eigentore (deren Existenz im Eishockey ebenso leidenschaftlich geleugnet wird, wie die Schlacht von Alesia bei Asterix und Obelix) demjenigen Gegner zugerechnet werden, der zuletzt die Scheibe berührt hatte, sollen hier nur der Vollständigkeit halber erwähnt werden.

Nicht selten aber ist es nur recht und billig, denjenigen zu ehren, der die Scheibe zuvor beherzt vor das Tor gebracht, sie dem Schützen präzise zugespielt oder einen Abpraller durch einen fulminanten Schlagschuss überhaupt erst möglich gemacht hatte. Und natürlich wäre ein Treffer kaum erzielt worden, wenn nicht auch dem Vorbereiter der Puck zugepasst worden wäre. Allerdings gilt das auch für jeden anderen Pass zuvor, jedes gewonnene Bully, überhaupt jede Aktion. Im zahlenfixierten Eishockey aber sind Treffer, erster und zweiter Assist jeweils gleich viel wert. Manchmal, aber wirklich nur manchmal, wird mit dem zweiten Assistenten tatsächlich der eigentliche Verantwortliche für den Torerfolg gewürdigt.

So wie beim 2:2 im olympischen Finale von Pyeongchang. Yasin Ehliz' Trotzigkeit nach Nikita Gusevs 1:2 hat den Ausgleich überhaupt erst möglich gemacht. Trotzdem ist es jedoch wenigstens kurios, dass in dieser Sportart eher beiläufige Aktionen in der statistischen Nachbetrachtung so sehr wertgeschätzt werden, dass sich am Ende ein Verteidiger mit 30 zweiten Assists in der Scorerliste vor einem Stürmer platziert, der 29 Tore geschossen, aber dabei keines vorbereitet hat.

An sich ist Eishockey ein einfaches Spiel. Wer nach 60 Minuten mehr Tore geschossen hat, gewinnt. Bei Gleichstand wird die Partie um fünf Minuten verlängert, die Zahl der Spieler allerdings reduziert, nicht jedoch in Play-off-Spielen, da ... okay, Eishockey ist wohl doch kein einfaches Spiel. Gerade deshalb hat man schon immer versucht, es durch Zahlen erklären und verstehen zu wollen.

Lange Zeit erforderten diese Versuche nicht mehr als Vierte-Klasse-Kenntnisse in Mathematik. Ein Spieler mit vielen Toren war ein Torjäger, einer mit vielen Vorlagen ein Spielmacher und wer öfter Torerfolge der eigenen Mannschaft auf dem Eis bejubeln durfte, als sich über Gegentore noch auf dem Eis ärgern zu müssen, der galt als verlässlicher Spieler. So simpel war das, bis Jim Corsi, der in Montreal geborene italienische Nationaltorhüter der 1980er-Jahre, mit seinem Dasein als Goalie-Coach der Buffalo Sabres (und für einen Winter auch der Schwenninger Wild Wings) nicht mehr zufrieden war.

Corsi suchte nach einem Weg, die Arbeitsleistung von Torhütern genauer zu beschreiben als nur durch die Anzahl der Schüsse, die sie tatsächlich abgewehrt hatten. Corsi bezog also alle Schussversuche mit in seine Rechnung ein und erstellte damit eher nebenbei mehrere Formeln, deren Ergebnisse die wahren Kräfteverhältnisse auf dem Eis klarer aufzeigten als bisherige Statistiken. Corsi lässt sich pro Mannschaft berechnen, aber eben auch für jeden einzelnen Spieler und ist letztlich ein mittlerweile gängiger Indikator für den Puckbesitz. Corsi selbst ist dabei nur die Differenz aus den eigenen Schussversuchen und den Schussversuchen des Gegners, letztlich also eine positive oder negative Zahl. Die prozentuale Darstellung ist aufschlussreicher und gebräuchlicher (*Corsi For Percentage*).

Ein Spieler mit einem Corsi-Wert über 50 % hat dazu beigetragen, dass seine Mannschaft öfter den Puck als der Gegner hatte, wenn er auf dem Eis war. Wie bei jeder relativen Statistik wird das Ergebnis präziser, je mehr Werte miteinbezogen werden. Soll heißen, Corsi-Werte sind nach einem Spiel nur interessant, wenn sie in krassem Missverhältnis zu den geschossenen Toren stehen (eine Mannschaft, die bei einem Corsi-Wert von 30 % 1:0 gewinnt, hatte entweder riesiges Glück oder Dominik Hašek im Tor stehen); eine Mannschaft aber, die über eine längere Phase trotz bester Corsi-Werte mehr Spiele verliert als gewinnt, sollte an ihrem Spiel nichts ändern, sondern allenfalls darüber nachdenken, den Torhüter zu tauschen.

Mit Corsi fing an, was später erst als *Advanced Statistics* gefeiert oder abgelehnt wurde. Die Eiszeit einzelner Spieler wurde ebenso mit einbezogen, wie die Positionen, von denen geschossen wurde. Corsi wurde durch den nach Matt Fenwick benannten *Fenwick-Wert* erweitert, indem geblockte Schüsse nicht mehr einbezogen wurden. *FenClose* ist die Weiterentwicklung von Fenwick, weil es berücksichtigt, dass klare Zwischenergebnisse den Spielverlauf massiv beeinflussen. Bei den *Expected Goals* (xG) wird zudem noch die Schussqualität miteinbezogen.

Ein Schuss aus der Zone zwischen den beiden Bullypunkten wird höher gewertet als ein Schuss von der blauen Linie an der Bande. Der *PDO-Wert* summiert die Fangquote der Torhüter und die Schussquote der Feldspieler, der PDO-Wert aller Teams einer Liga muss also durchschnittlich immer bei 100 liegen. Ein aktueller PDO-Wert von deutlich über 100 wird deshalb mit einer Glücksphase gleichgesetzt, einer von deutlich unter 100 gilt als Pechsträhne.

Auch PDO lässt sich für einzelne Spieler berechnen, dabei zählen nur die Schüsse, bei denen der Spieler tatsächlich auf dem Eis stand – wobei unerheblich ist, wie viele er von den Schüssen selbst abgegeben hat. Und wenn die Zahlen einzelner Spieler in Relation zu den Zahlen der Mannschaft gesetzt werden, kann man wiederum auf den Wert des einzelnen Spielers für die Mannschaft schließen.

An dieser Stelle ist es wichtig, darauf hinzuweisen, dass die Eishockeygeschichtsforschung mittlerweile herausgefunden hat, dass es keineswegs Jim Corsi war, der damit angefangen hat, seinen Sport tiefer gehend zu analysieren. Vic Ferrari (der wiederum nicht Vic Ferrari heißt, sondern Tim Barnes) war einer der ersten Eishockeyfans, die mit klassischer Berichterstattung nicht mehr zufrieden waren und deshalb für ihre eigene Berichterstattung sorgten. Dazu brauchten sie keine eigene Druckerpresse oder ein Fernsehstudio, dazu reichte ihnen ein halbwegs schneller Internetzugang.

Der Mann, der eigentlich nicht Vic Ferrari heißt, wurde Bloggern zugerechnet, weil er den Blog *Irrelevant Oilers Fans* (respektlose Fans der Edmonton Oilers) betrieb. Als Bogger wurden aber zunächst alle Sofajournalisten, Fangirls und -boys bezeichnet, die ihre kruden bis klugen Eishockeygedanken endlich mit der Welt teilen konnten. Konservative Journalisten, Funktionäre und Manager verwendeten den Begriff *Blogger* als Beleidigung. Der Mann aber, der sich nach einer Figur aus der Sitcom *Taxi* Vic Ferrari nannte, hatte einen unzweifelhaften Einfluss auf die Eishockeywelt.

Ferrari/Barnes hörte Darcy Regier, den damaligen General Manager der Buffalo Sabres, in einem Radiointerview über die Möglichkeit reden, den Puckbesitz zu errechnen. Der Blogger entwickelte die Idee weiter, wollte die daraus resultierenden Formeln aber nicht nach Regier benennen. Also suchte er sich auf der Website der Sabres durch die Mitglieder des Trainerstabs und blieb beim Bild Jim Corsi hängen. Und wer weiß, dass Jim Corsi schon immer einen der, wenn nicht den beeindruckendsten Oberlippenbart der Oberlippenbärten seltsam zugewandten Eishockeywelt trug, wundert sich darüber überhaupt nicht. Ferrari/Barnes hatte seinen Namen gefunden: *Corsi*.

Tatsächlich war es der Italo-Kanadier, der bei den Sabres der Mann der Zahlen war und Corsi erfunden hat, lange bevor bevor es nach ihm benannt wurde. Da kann man sich nur Bob McKenzie anschließen, der die Geschichte zu Ende recherchiert und mit Ferrari/Barnes, Regier und Corsi gesprochen hatte: „Das kannst du dir nicht ausdenken!"

Derlei Geschichten trugen allerdings nicht dazu bei, dass die Blogger von der stockkonservativen Eishockeyelite ernst genommen wurden. Doch mit dem nächsten Generationswechsel änderte sich die Stimmung allmählich. *Corsi, Fenwick* und *PDO* wurden Allgemeingut, die New Jersey Devils stellten Sunny Mehta und die Edmonton Oilers Tyler Dellow ein – zwei Blogger hatten es ins Business geschafft. Und 2014 wurde auch Tim Barnes (Vic Ferrari) angerufen, die Washington Capitals nahmen den Schöpfer von Corsi als Berater für ihre Analyticsabteilung unter Vertrag.

Analytics, so hieß das neue Zauberwort im Eishockey. Weiße, alte Männer lehnten datenbasiertes Scouting und Spielanalyse nach Zahlen weiterhin ab, aber wie einst im Baseball beschäftigten sich innovative Teams in der NHL und in Europa da längst mit Analytics. Aus Bloggern wurden hoch bezahlte Fachleute. Und der Mann, der sich Vic Ferrari nannte und zufällig mit Jim Corsi den absolut richtigen Mann für eine bedeutende Erfindung geehrt hatte, bekam nach dem Triumph der Washington Capitals seinen Tag mit dem Stanley Cup. Barnes führte die 20 Kilogramm schwere und 90 Zentimeter hohe Trophäe in eine Bierbar aus, zu seinen Gästen zählten Matt Fenwick und andere Blogger.

5.5 56:44 SPIELINTELLIGENZ

Nach dem 2:2 wirkt Deutschland konzentrierter, wacher als Russland. Brooks Macek hatte bereits zwei gute Chancen, wie auf Knopfdruck spürt plötzlich jeder einzelne Spieler, wann er sich auf welches Risiko einlassen kann. Wie wichtig das gegen einen Gegner ist, der eigentlich auf jeder Position besser sein sollte, zeigt sich, als Frank Hördler versucht, den Puck mit der Rückhand aus dem eigenen Drittel zu lupfen. Pavel Datsyuk nimmt die Scheibe auf, bringt sie an der Bande unter Kontrolle. Wie so oft aber in diesem Finale ist Yasin Ehliz nicht weit.

Ehliz bedrängt Datsyuk nicht aggressiv, sondern wartet auf diesen einen Moment, wo er ihm den Puck von der Kelle stehlen kann. Im

Vollsprint transportiert er ihn über die eigene blaue Linie, durch das neutrale Drittel, ins russische Drittel.

Neben ihm zieht erst Macek sofort vor das russische Tor, dahinter folgt ihm Frank Mauer. Die Verteidigung zieht sich zurück, niemand greift Ehliz an, der sich komplett dem Geschehen zugewendet hat und mit seinem Pass wartet, bis der nachrückende Jonas Müller über die blaue Linie gefahren ist. Bis zu diesem Moment hat der Berliner Verteidiger im Trikot der Nationalmannschaft noch kein Tor geschossen und es sieht auch nicht so aus, als würde sich das im Gangneung Hockey Centre ändern.

Die vier russischen Spieler vor ihm aber konzentrieren sich weiterhin auf Macek und Mauer, ein Verteidiger ist bei dem halbherzigen Versuch, Ehliz' Pass zu verhindern, aus der Box ausgebrochen, Datsyuk fällt bereits auf Müllers erste subtile Bewegung rein, geht mit dem Knie aufs Eis, um einen möglichen Schuss zu blocken und beweist damit, dass selbst die vermeintlich unfehlbaren Größen dieses Sports auch schlechte Wechsel haben können.

Datsyuk versucht noch, Müller mit seinem ausgestreckten Schläger zu stören, Müller aber zieht den Puck im Vorwärtsgleiten kurz mit der Rückhand zu sich und hat plötzlich Zeit und Platz für einen platzierten Schuss. Der Puck schlägt über der Fanghand des ebenfalls irrlichternden Vasili Koshechkin ein. Drei Minuten und 16 Sekunden vor dem Ertönen der Schlusssirene führt Deutschland im olympischen Eishockeyfinale 3:2.

Es gibt keinen Test, um *Eishockeyintelligenz* zu bestimmen. Dementsprechend gibt es auch keinen Eishockey-Intelligenzquotienten. Trotzdem wird im Eishockey von *Hockey-IQ* geredet. Trainer rühmen Spieler für deren *Eishockey-IQ*, die weder auf dem Spielberichtsbogen noch in Highlightzusammenschnitten auffallen. Und wenn Manager vorsichtig auf die herausragende Mittelmäßigkeit eines Neuzugangs angesprochen werden, antworten sie gerne: „Kein Vorwurf, aber was Leute, die von außerhalb unseres Sports auf das Spiel blicken, nicht sehen, ist sein Eishockey-IQ."

Was ist das also, Eishockey-IQ?

Man muss gar nicht der Versuchung nachgeben, Eishockey als die schnellste Mannschaftssportart der Welt zu bezeichnen (weil die vielen Badminton-Doppelspieler, Jai-Alai oder Lacrosse-Profis unter den Lesern des Buchs spätestens jetzt gequält aufstöhnen), um jene Spieler zu würdigen, die Eishockey auf höchstem Niveau auf höchstem Tempo darbieten.

Niemand, der sich dauerhaft in der NHL, der KHL oder auch in der Deutschen Eishockey Liga etabliert hat, darf als Eishockeytrottel bezeichnet werden. Sie alle treffen in kürzester Zeit unzählige richtige Entscheidungen:

- ★ Welchen Laufweg wähle ich?
- ★ Biete ich mich an oder lenke ich die Aufmerksamkeit der Verteidiger auf mich?
- ★ Wie nehme ich den Puck an, Vorhand oder Rückhand, kontrolliert oder lasse ich ihn in die Laufrichtung abprallen oder ganz bewusst entgegen der Laufrichtung?
- ★ Welche Optionen gibt mir das System vor?
- ★ Oder wähle ich bewusst meinen eigenen Weg?
- ★ Wie verhalten sich die Gegner?
- ★ Wer stellt sich mir entgegen?
- ★ Wessen Aggressivität muss ich fürchten?
- ★ Wessen Schnelligkeit?
- ★ Mit welchem Gegner verbindet mich eine gemeinsame Vergangenheit?
- ★ Soll ich passen oder schießen?

- ★ Habe ich Zeit, um auszuholen?
- ★ Oder entscheide ich mich für einen ansatzlosen Handgelenkschuss?
- ★ Wohin schieße ich?
- ★ Five-Hole, Stockhand oder Fanghand?
- ★ Wo warten meine Mitspieler auf einen Abpraller?
- ★ Kenne ich den Torhüter?
- ★ Was wurde uns beim Videoscouting mit auf den Weg gegeben?
- ★ War der Puck drin?
- ★ Wie soll ich jubeln?

Eishockey ist ein Spiel von Fehlern. Aber jeder Spieler, der in der Lage ist, diese Fragen sekündlich neu und richtig zu beantworten, der das Schwierige leicht aussehen lässt, der ist, neben außerordentlichen athletischen und koordinativen Fähigkeiten, auch mit einer herausragenden Spielintelligenz gesegnet. Aber wie bei einem Mensatreffen gibt es auch im exklusiven Kreis der besten Eishockeyspieler Unterschiede, die sich nicht in Geschwindigkeit und Toren messen lassen.

Im Finale von Pyeongchang treffen die russische Eishockeyikone Pavel Datsyuk und der unerschrockene Tölzer Yasin Ehliz mehrmals aufeinander – und fast immer gibt es dem Spiel eine neue Wendung. Vor der Führung für die Russen verliert Ehliz den Puck an Datsyuk, vor dem vermeintlichen Siegtreffer für die Deutschen verliert Datsyuk den Puck an Ehliz. In der Nachbetrachtung aber wird man nur noch über Ehliz' gescheiterten Versuch sprechen, Datsyuk in der Verlängerung in der neutralen Zone auszuspielen, anstatt den Puck tief ins russische Drittel zu jagen. Datsyuk gilt im Eishockey als hochbegabt, was sagt das über den Eishockey-IQ von Ehliz aus?

Für den einstigen Weltklassespielmacher und aktuellen Individualtrainer Adam Oates ist ein hoher Eishockey-IQ eine Frage des Handwerks. „Es gibt eine Technik für jede Situation auf dem Eis: Es gibt eine Technik für Bullys. Es gibt eine Technik dafür, den Puck an der Bande aufzunehmen. Es gibt eine Technik dafür, den Puck auf das Tape deines Kollegen zu passen. Wenn du diese Techniken im System deiner Mannschaft richtig anwendest, dann hast du deinen Job erledigt. Wenn dir das nicht gelingt, dann nicht. Das verstehe ich unter Eishockey-IQ. Wenn der Puck an die Bande knallt, kann er auf 50 Arten abprallen und ein guter Spieler kann auf 50 Arten reagieren."

Für den aktuellen Weltklassespieler und -provokateur Brad Marchand ist Eishockey-IQ eine Frage der Genetik: „Es ist eine Sache, das Eis rauf- und runterskaten zu können, aber wenn du das Spiel nicht lesen kannst, wenn du deine Zuordnungen verpasst und nicht verteidigen kannst, dann du bist vielleicht gerade noch in der Lage, für eine Mannschaft zu spielen, die Letzter wird, aber du wirst es sicher nicht in eine gute Mannschaft schaffen. Eishockey-IQ hast du entweder oder du hast ihn nicht. Man kann es nicht lernen. Darum gibt es so viele Spieler in unteren Ligen, die alle Fertigkeiten mitbringen, die wie der Wind skaten können, aber die nicht über die mentale Kapazität verfügen, um auf dem höchsten Niveau mitzuhalten."

Es gibt Größen, deren Eishockey-IQ sich in der Anzahl der Trophäen ausdrückt, die sie über ihre Köpfe gestreckt haben. Was ist aber dann mit den Spielern, die das Pech hatten, in einer falschen Zeit geboren zu sein, wie der große Tscheche Vaclav Nedomansky, der sein bestes Eishockey spielte, als die UdSSR unschlagbar war und ihm nur einen WM-Titel ließ; oder einfach das Pech hatten, stets für Mannschaften zu spielen, die gut waren, aber nie gut genug, wie eben Adam Oates?

Eishockey-IQ lässt sich tatsächlich nicht in Titeln und Trophäen messen und schon gar nicht in Toren und Vorlagen. Eine hohe Spielintelligenz umfasst auch Zuverlässigkeit, defensives Stellungsspiel oder die eminent wichtige Fähigkeit, in gefährlichen Situationen richtig zu reagieren und schwere Verletzungen zu vermeiden.

Für Sidney Crosby definiert sich Eishockey-IQ in dieser wahrscheinlich schnellsten Mannschaftssportart der Welt doch über die Geschwindigkeit oder über das Talent, die Geschwindigkeit anders wahrzunehmen: „Es ist fast, als ob das Spiel für sie da draußen langsamer abläuft. Das kommt mir in den Sinn, wenn ich über Eishockey-IQ nachdenke. Ganz einfach an die Jungs, die sich jedem Niveau anpassen können und die das Spiel auf dem höchsten Niveau durchdenken." Crosby sprach über Jungs. Aber jeder, der das liest, denkt an Sidney Crosby. Auch das mag spielintelligente Profis auszeichnen: Demut.

Drei herausragende eishockeyintelligente Spieler

Hayley Wickenheiser: Auf den Eisflächen von Scotsguard, Dollard, South Fork und Shaunavon waren die Kinder der 1980er-Jahre Dale Hawerchuk von den Winnpeg Jets, Paul Coffey und natürlich Wayne Gretzky von den Edmonton Oilers. Besonders, wenn sie am Abend zuvor *Hockey Night in Canada* hatten gucken dürfen, wollten sie zeigen, was sie gelernt oder zumindest, was sie sich abgeschaut hatten. Vor allem wollten sie auffallen. Nur Hayley Wickenheiser wollte gar nicht erst bemerkt werden, Hayley Wickenheiser hatte auch die Oilers sehen dürfen, zu Hause im Hinterhof war sie auch Coffey und natürlich Gretzky.

Auf dem Eis aber wollte sie einfach nur dabei sein. „Ich weiß noch, dass ich Angst davor hatte, die Eishalle zu betreten", sagte sie *CBC* – 30 Jahre später. „Ich wollte mich einfach nicht damit auseinandersetzen, dass die Leute sagen: Oh, das Mädchen." Ihre Haare trug sie kurz, sie kam bereits angezogen oder legte ihre Ausrüstung auf der Toilette an. „Erst auf dem Eis fühlte ich mich frei. Da gehörte ich hin."

Und weil sie gut war, besser als viele Jungs ihres Alters, musste sie hören, wie gemein Eltern sein können – zu Kindern, die nicht ihre Kinder waren. „Ich hoffe wirklich, dass die Jungs das Mädchen, das heute mit Jungs spielt, so nicht mehr ertragen müssen." Wenn es so ist, dann ist das auch ihr Verdienst. Hayley Wickenheiser wurde zur besten Eishockeyspielerin der Welt, sie wurde nicht zu Wayne Gretzky. Ihr Spiel war eigen, physisch.

Es heißt, sie habe das Frauen-Eishockey verändert. Natürlich weil sie ihren Gegnerinnen körperlich überlegen war, aber dass sie die Möglichkeit dazu hatte, dass sie den Anfeindungen und Beleidigungen getrotzt hatte, das war auch ein Ausdruck ihrer herausragenden Spielintelligenz. Der Vergleich mit den Männern machte ihr nichts mehr aus, sie suchte ihn.

Hayley Wickenheiser wechselte nach Finnland, um in Kirkkonummi aus der dritten in die zweite Männerliga aufzusteigen. Spätestens, als sie bei den Olympischen Spielen von Sotschi 2014 Team Canada im Finale gegen die USA trotz eines gebrochenen Fußes zu einer weiteren Goldmedaille – ihrer vierten – geführt hatte, wollten die Mädchen in den Kleinstädten von Saskatchewan nicht mehr Gretzky oder Blake Wheeler von den Winnipeg Jets sein, sondern Hayley Wickenheiser.

Sergei Fedorov: Im sowjetischen Eishockey waren Checks nicht nur einfach nicht vorgesehen, man brauchte sie nicht, weil sowjetische Eishockeymannschaften immer den Puck wollten, oftmals bekamen und dann nicht mehr hergaben. Erst mit den Vergleichen mit Team Canada änderte sich das, aber sehr langsam. Aus sowjetischen wurden russische Eishockeyspieler und die waren nicht mehr nur bei Weltmeisterschaften und alle vier Jahre bei Olympischen Spielen zu bewundern.

Sergei Fedorov gehörte bereits zu einer neuen Generation von Russen, auf dem Eis individuell herausragend, schnell, unaufhaltsam, daneben freundlich, offen, sich seines guten Aussehens bewusst. Auf dem Eis trug er weiße Schlittschuhe, daneben hatte er das Auftreten eines Hollywood-Stars.

Scotty Bowman aber sah noch etwas anderes in seinem Mittelstürmer. „Fedorov war anders", stellte er in einem Interview mit *The Hockey News* fest, „er konnte so gut skaten, vor allem rückwärts." Als mehrere Verteidiger der Detroit Red Wings verletzt waren, stellte er seinen russischen Star in die Abwehr. In Russland beschwerte sich Viktor Fedorov bei Zeitungsredakteuren, beklagte einen Mangel an Respekt, sein Sohn führte derweil in Nordamerika vor, dass er das Spiel nicht nur aufgrund seines Skatings dominieren konnte, sondern auch, weil er es durchdacht hatte.

Mit Fedorov als Verteidiger gewannen die Red Wings 10 von 14 Spielen. Von der Vielseitigkeit Fedorovs profitierte ein junger Russe, dem Bowman mehr Eiszeit und Verantwortung gab. Sein Name: Pavel Datsyuk.

Vaclav Nedomansky: Sie hatten drei Koffer mit leichter Kleidung gepackt. Niemand sollte daran zweifeln, dass sie nur zu einem Sommerurlaub aufbrachen. Und nicht zu einer aufsehenerregenden Flucht. Vaclav, Vera und der drei Jahre alte Vashi Nedomansky stiegen in den dunkelblauen Citroën, den sie sich nur hatten leisten können, weil sie Eishockey-Erinnerungsstücke und böhmisches Kristall an Verwandtschaft in Westdeutschland verkauft hatten. Und dann brachen sie auf in die Schweiz, wo Nedomansky nur hatte hinfahren dürfen, weil er der bekannteste Sportler der Tschechoslowakei war, ein Superstar in einer Zeit, in der es keine Superstars gab.

„Er war größer als das Leben", sagte Peter Stastny, selbst einer der ganz Großen, die es ohne Nedomansky vielleicht nie nach Nordamerika geschafft hätten, einem Reporter von *The Athletic*. „Er war beinahe eine – und ich sage das, obwohl ich katholisch bin – gottgleiche Figur." Der Halbgott und seine Familie schafften es durch die Grenzkontrollen in Österreich und in der Schweiz. Und dann saßen sie in einem Flugzeug nach Toronto, auf dem Weg in die Freiheit. Wenig später wurde die Wohnung der Nedomanskys in Bratislava ausgeräumt – von Nachbarn und Polizisten. Der Mann, dessen Nummer 14 alle jungen Eishockeyspieler des Landes tragen wollten, sollte ausgelöscht werden.

Ehemalige Mannschaftskameraden durften nicht mehr über „Nedo" reden. Gerade unter Sportlern aber wuchs sein Ruhm durch die Flucht, wenn das nach seinen leidenschaftlichen Auftritten in den Spielen gegen die Mannschaft der Besatzungsmacht Sowjetunion in den Jahren nach dem Prager Frühling überhaupt noch möglich war.

Die Tennisspielerin Martina Navratilova verließ die Tschechoslowakei ein Jahr nach Nedomansky. Viele folgten ihr. Nedomansky aber war der Erste. Und er war der erste europäische Star in Nordamerika. Der Mittelstürmer schloss sich den Toronto Toros an, einer Mannschaft aus der World

Hockey Association, einer innovativen Profiliga, die die NHL von 1972 bis 1979 herausforderte und im Nachhinein auch inspiriert hatte.

Natürlich wurde er von seinen Gegnern getestet, vor allem körperlich. Nedomansky aber war zu groß – und zu gut. Als er in die NHL wechselte, war *Big Ned* bereits 34 Jahre alt und noch immer Weltklasse. Nicht mehr dank seiner beeindruckenden Statur, sondern vor allem dank seiner Spielintelligenz. In seiner Heimat waren sie traurig. „Es war", sagte Peter Stastny, „als wäre Wayne Gretzky einfach verschwunden." Aber die Menschen fanden Wege, um ihm zu folgen. Erst verbotenerweise über *Radio Free Europe*. Später folgten sie ihm tatsächlich in die Freiheit.

5.6 59:04.5 POWERPLAY

Brooks Macek will sich und seiner Reihe Zeit zum Wechseln verschaffen, schlenzt den Puck tief ins russische Drittel und dreht sich in Richtung der deutschen Bank. Sergei Kalinin zieht ihm mit dem Schläger trotzdem noch das rechte Bein weg. Oleg Znaroks kaut Kaugummi, auf seinem Gesicht ist allenfalls leichtes Amüsement abzulesen. Kalinin nimmt auf der Strafbank Platz, ohne zu protestieren. Deutschland führt 3:2 in einem olympischen Eishockeyfinale und ist in Überzahl, 2:11 Minuten vor dem Ende. Im Powerplay sichert David Wolf zunächst die Scheibe an der Bande, nimmt weitere zehn Sekunden von der Uhr.

Die deutsche Mannschaft findet zu ihrer Aufstellung, ist sichtbar um Puckkontrolle bemüht – bis ein Schuss von Yannic Seidenberg geblockt wird und der Puck über die blaue Linie prallt. Seidenberg baut erneut auf, zwei seiner Mitspieler fahren derweil zum Wechseln. Ohne Unterstützung schießt Seidenberg die Scheibe tief und überlässt sie so dem Gegner.

Ivan Telegin fährt sie resolut ins deutsche Drittel und Artyom Zub sichert sie dort mit einem waghalsigen Sprung, weshalb Znaroks Torhüter Koshechkin vom Eis winken kann. Kirill Kaprizov stürmt über die blaue Linie und passt den Puck vor das deutsche Tor. Mehrere Spieler scheitern daran, die Kontrolle über das schwarze Hartgummi zurückzuerlangen, ehe es eher zufällig rechts vor Danny aus den Birken auftaucht. Nikita Gusev wischt viel mehr mit der Rückhand nach der Scheibe, als dass er sie schießt. Der Puck aber fliegt genau über aus den Birkens Schulter ins Tor. 3:3. 55,5 Sekunden vor dem Ende.

Deutschland formiert sich danach noch einmal im Powerplay, wird dabei aber nicht mehr gefährlich. Kalinin verlässt die Strafbank nach seinem zweiminütigen Aufenthalt und geht – offensichtlich wegen seiner Schulterverletzung – sofort in die Kabine und wird erst zur Siegerehrung wiederkommen.

Mit dem Foulpfiff ändert sich jedes Eishockeyspiel von einer Sekunde auf die nächste. Nach mehr als einem Jahrhundert hat sich das Regelwerk auf eine Konsequenz hin zugespitzt: Für ein Foul wird eine Mannschaft damit bestraft, dass ihr Gegner alle Möglichkeiten bekommt, ein Tor zu erzielen. Bleibt die gefoulte Mannschaft im Puckbesitz, kann sie sofort den Torhüter zugunsten eines sechsten (fünften oder vierten) Feldspielers auswechseln (sie sollte dann nur vermeiden, den Puck ins eigene Tor fehlzupassen). Gleichgültig, wo auf dem Eis das Spiel unterbrochen wird, das erste Bully danach wird im Drittel der Mannschaft ausgetragen, die gerade gefoult hat.

Dazu kommt die nicht ganz unbedeutende Kleinigkeit, dass der foulende Spieler vom Eis muss. Das gefoulte Team darf also in Überzahl weiterspielen – eine der großen Ausnahmen im Eishockeyvokabular, in der die deutsche Bezeichnung treffender ist als der englische Fachbegriff. Nicht selten fehlt es dem *Powerplay* doch an Kraft, Wucht, schlicht an: Power.

Zu Beginn eines jeden Powerplays treffen beide Mannschaften die stille Übereinkunft, dass die eine für die Dauer der Strafzeit verteidigt, während die andere angreifen darf. Eine Mannschaft bemüht sich um

Beruhigung des Spiels, um präzise einstudierte Pässe und kontrollierte Abschlüsse, die andere Mannschaft versucht, die Ruhe und die Ordnung zu stören, ohne danach selbst zwingend zum Abschluss zu kommen. In Pyeongchang hat die deutsche Mannschaft diese Übereinkunft gebrochen, indem sie den Russen den Puck einfach überlassen hat, woraufhin die russische Mannschaft selbst zwingend den Abschluss gesucht und gefunden hat.

Die Special Teams, also das Powerplay (Überzahl) und das Penalty Killing (Unterzahl), werden immer wichtiger. Das heißt es schon seit Jahren. Dabei hat jedes einzelne Powerplay jede einzelne Partie schon immer prägen, verändern oder entscheiden können. Und natürlich war es in jedem einzelnen Powerplay auch schon immer möglich, dass überhaupt nichts passiert.

Bei Heimspielen erhöht sich der Druck auf das gastgebende Team, vor allem, wenn bereits die vorigen Überzahlspiele ereignislos zu Ende gingen. Oftmals scheitern verunsicherte Mannschaften dann schon daran, den Puck unfallfrei ins gegnerische Drittel zu transportieren. Mit jedem Fehlpass wächst die Unruhe auf den Rängen und das Selbstbewusstsein der Unterzahlmannschaft.

Das Gefühl, dass man ganz glücklich ist, wenn die Schiedsrichter nicht jedes Foul der Gegner ahnden, kennen sowohl Spieler als auch Fans. Nur Trainer würden das nie zugeben. Es ist aber nicht selten, dass ein gelungenes Powerplay, das allein den kleinen Makel eines nicht erzielten Tors mit sich bringt, einer Mannschaft Sicherheit und Selbstvertrauen gibt. Man kann also gerne behaupten, dass ein gutes Powerplay jede fünfte Gelegenheit nutzen sollte, ein sehr gutes jede vierte.

Im Einzelfall entscheidet aber nicht immer der Torerfolg über den Erfolg eines Powerplays. Im Nachhinein hätte die deutsche Mannschaft, zwei Minuten und elf Sekunden vor der Siegerehrung, wahrscheinlich gerne auf die Powerplay-Möglichkeit verzichtet.

Wenn man durch ein Powerplay nicht nur die Zeit bis zur Siegerehrung herunterspielen, sondern tatsächlich ein Tor erzielen will, hat man mehrere taktische Aufstellungsvarianten, die immer den individuellen Fähigkeiten der Spieler angepasst werden sollten. Wenn sich niemand findet, der entweder schnell, hart oder präzise von der blauen Linie schießen kann, macht es keinen Sinn, den Schirm aufzuspannen und drei Spieler in die Zone zwischen der blauen Linie und den Bullypunkten zu beordern, die sich gegenseitig die Schüsse auflegen sollen, während ihre beiden Kollegen vor dem Tor die Sicht des Torhüters behindern und auf Abpraller warten sollen (Umbrella).

Wenn man keinen umsichtigen Quarterback hat, der mit seinem Schuss sowohl selbst den Abschluss sucht als auch mit klugen Pässen immer wieder für Überzahlsituationen rechts oder links vom Torhüter sorgt, macht es keinen Sinn, das Overloadsystem zu spielen. Mittlerweile konzentrieren sich allerdings eh die meisten Mannschaften auf ein 1-3-1-System, wenn sie denn zu einer kontrollierten Aufstellung im gegnerischen Drittel gefunden haben. Auch da ist ein klassischer Blue-Liner, also ein Verteidiger mit einem harten Schuss, nicht mehr unbedingt vonnöten.

Die Zukunft des Powerplays ist bereits in Vancouver und in Denver zu beobachten, wo mit Quinn Hughes von den Canucks und Cale Makar von den Colorado Avalanche schnelle, bewegliche Verteidiger das Überzahlspiel ihrer Mannschaften organisieren, schussstarke Stürmer ins Spiel bringen oder selbst präzise abschließen.

Drei herausragende Powerplay-Spezialisten

Alexander Ovechkin: Torhüter achten auf die Schläger der Torjäger, die sich vor ihnen aufbauen, sie achten darauf, wo sich der Puck auf der Kelle befindet und sie achten auf die Hüften. Mit ein wenig Erfahrung und guter Vorbereitung spekulieren sie meist erfolgreich darauf, ob ein Angreifer passen oder schießen wird. Als Alexander Ovechkin in einem 2:1-Konter seine Hüfte ausrichtete und sich dafür bereit machte, den

Puck von Niklas Bäckström präzise serviert zu bekommen, wusste Jonathan Quick, was ihn erwartete. Nur zögerte Bäckström den Pass hinaus und Ovechkin wartete, rückwärtsfahrend, bis er die Scheibe mit einem perfekten Schlagschuss einen Zentimeter neben den Pfosten setzte.

Quick, einer der besten und athletischsten Torhüter seiner Zeit, hatte keine Chance, das Tor zu verhindert. Ovechkin hätte in diesem Buch an vielen Stellen vorkommen können. Als Freund Vladimir Putins, als einer der großen Torschützen, als einer der wenigen wirklich charismatischen Stars, die nicht nur auf dem Eis überzeugen, als Brunnendurchschwimmer und Feierbiest (wie nach dem Stanley-Cup-Erfolg seiner Washington Capitals 2018), als dreimaliger Weltmeister und trotzdem als tragische Figur des russischen Eishockeys, selbst als einer der wirkungsvollsten Checker und Forechecker hätte man den Ausnahmeathleten aus Moskau bezeichnen können, ohne sich lächerlich zu machen, und natürlich auch im Kapitel über den Schlagschuss. Ovechkin ist ein Highlightspieler, der Tore mit einer Wucht, einer Akrobatik und einer Unwiderstehlichkeit erzielt hat, die man so von keinem Spieler vor ihm gesehen hatte.

Aber am wirkungsvollsten ist Ovechkin, wenn er sich in sein Büro zurückzieht. Im Powerplay platziert er sich rechts vom Torhüter am oberen Ende des Bullykreises und wartet darauf, dass er von Bäckström, John Carlson oder in der Nationalmannschaft von Pavel Datsyuk oder Evgeni Malkin bedient wird. Jeder Torhüter, jeder an sich unerschrockene Abwehrspieler weiß, was dann passieren wird. Und trotzdem kann es niemand verhindern.

An dieser Stelle müsste man seine Rekorde aufzählen, seinen unaufhaltsamen Aufstieg in den Rekordlisten, nur macht das keinen Sinn, weil Ovechkin währenddessen einfach weiter Tore schießen würde. Bei numerischer Gleichzahl gelingt es dem großen Rivalen von Sidney Crosby (der Russe wurde 2004 gedraftet, der Kanadier 2005, aufgrund des Lockouts gaben beide ihr Debüt erst 2005/2006 – zum Rookie des Jahres wurde Ovechkin gewählt, den ersten und zweiten und dritten Stanley

Cup aber gewann Crosby mit Pittsburgh, ehe Ovechkin mit den Capitals nachziehen konnte) wie keinem Zweiten, Schüsse zu generieren.

In die Geschichte der National Hockey League aber wird er als gefährlichster und erfolgreichster Power-Play-Torschütze eingehen – vor Wayne Gretzky (der in dieser einen Statistik nur auf Rang 17 geführt wird), Mario Lemieux und Dave Andreychuk, einem echten Spezialisten. Auf Ovechkins Schuss sind sie alle neidisch. Patrick Kane, selbst ein Ausnahmekönner, hat das sogar zugegeben. Ovechkin selbst aber sagt: „Meine Waffe ist nicht mein Schuss. Meine Waffe bin ich."

Petteri Nummelin: Artemi Panarin hat eine herausragende Erfolgsquote, natürlich zählt TJ Oshie zu den Besten. Aber kein NHL-Spieler hat im Penaltyschießen eine Bilanz wie Petteri Nummelin. Gut, der Finne ist für die Columbus Blue Jackets und die Minnesota Wild auch nur 10-mal vom Bullypunkt aus angelaufen, aber achtmal davon hat er danach getroffen. Es ist unwahrscheinlich, dass es noch einmal jemandem gelingt, den Verteidiger von der Spitze dieser ewigen Statistik zu verdrängen. Es ist nur fair, dass Nummelin zumindest in einer Kategorie unter den Besten überhaupt geführt wird. Ansonsten hat die National Hockey League einen der begabtesten Offensivverteidiger in der Geschichte des Spiels kaum angemessen behandelt.

Mit wohlwollend gemessenen 1,78 Meter Körperlänge und 85 Kilogramm wurde man in den 1990er-Jahren noch übersehen. Nummelin war bereits 27 Jahre alt, Weltmeister und zum besten Abwehrspieler bei einer Weltmeisterschaft gewählt worden, als ihm die verzweifelten Columbus Blue Jackets einen Vertrag gaben. In der jungen Mannschaft aber sollte Nummelin verteidigen. „Der Fokus lag auf der Defensive, was nicht gerade zu meinen Stärken zählt", erklärte er später dem Portal *hockeyfans.ch* selbstkritisch. „Minnesota war offensiver eingestellt, was mir sicherlich entgegenkam, aber richtig glücklich wurde ich in der NHL nicht."

Dafür wurden die Fans in der Schweiz glücklich mit ihm. Verteidiger war „il folletto" (der Kobold) in der Nationalliga A nur auf dem Papier, Journalisten beschrieben ihn als „Spektakelverteidiger". In seinen 657 Spielen für den HC Davos und den HC Lugano sammelte er unglaubliche 622 Punkte – viele davon in Überzahl. Nummelin spielte nicht Powerplay, er nahm auch nicht nur daran teil, er orchestrierte es, hielt Pucks artistisch im Drittel, verteilte sie, hämmerte sie in die Netze oder zielte sie beinahe zärtlich in Lücken, von denen die gegnerischen Torhüter nicht einmal ahnten, dass sie sie ließen.

Am beeindruckendsten ist aber vielleicht sein Abschied bei den Bianconeri in Lugano. In der Schweiz sind bloß vier Importspieler zugelassen, in den Play-offs hatte Nummelin erkannt, dass andere besser waren. Trotzdem stand er hinter der Bande, um sein Team und die Coaches zu unterstützen, die beschlossen hatten, auf ihn verzichten zu können. Nummelin war da bereits 39 Jahre alt, was ihn nicht daran hinderte, nach 15 WM-Teilnahmen und einer beispiellosen Karriere noch weitere drei Spielzeiten in der finnischen Liiga dranzuhängen, ein Jahr in Norwegen und eines in Japan. Die NHL missbrauchte Nummelin als Spezialisten für Penaltys. Sie ahnt gar nicht, was sie verpasst hat.

Thomas Greilinger: Er war das größte Talent des deutschen Eishockeys, ein Ereignis auf Eis, ein Sorgenkind, übergewichtig, ein Sportinvalide, gescheitert, plötzlich wieder da, deutscher Meister und er wird in die Geschichte eingehen als einer der begabtesten Eishockeyspieler, die Deutschland je hervorgebracht hat. Hollywood-Produzenten würden aus der Karriere von Thomas Greilinger ein abendfüllendes Sportlerdrama machen, das an einem Sonntagnachmittag im Frühjahr 2019 nicht mit noch einem Happy End zu Ende ging.

Nach einem 2:3 im entscheidenden siebten Viertelfinalspiel in Köln ist da der ERC Ingolstadt aus den Play-offs ausgeschieden – und mit ihm Greilinger. Dass die aktuelle seine letzte Saison in der Deutschen Eishockey Liga sein würde, das hatte der 37 Jahre alte Niederbayer schon Wochen davor angekündigt. Offiziell wurde er bereits am Ende der Punkterunde verabschiedet. An diesem Sonntag kurvte er dann ein letztes Mal über das Eis der Kölner Arena, Greilinger trug den roten Helm, der den jeweiligen Topscorern vorbehalten ist, er bereitete den zwischenzeitlichen Ausgleich zum 1:1 vor und dann stand er 3,6 Sekunden vor dem Ende zum Bully vor dem Ingolstädter Tor und ließ den Kopf hängen. Er wusste, dass dieses 100. Play-off-Spiel sein letztes sein würde.

„Ich habe mich ja länger auf diesen Moment vorbereiten können. Aber ich habe wirklich nicht damit gerechnet, dass es heute passiert", sagte ein lächelnder Greilinger danach im Interview mit *Magenta Sport*. „Bis jetzt ist noch alles gut. Mal sehen, was noch passiert." Typisch Greilinger, der immer höflich war, aber nie extrovertiert, weshalb seine außergewöhnliche Geschichte auch nie die Beachtung erfahren hat, die ihr zugestanden hätte. Greilinger galt als Jahrhunderttalent, das sein Versprechen nicht hatte einlösen können. Nach einer schweren Knieverletzung musste er ein Jahr aussetzen, Ärzte hatten seine Karriere bereits als beendet erklärt.

Greilinger aber machte weiter, zu Hause bei seinem Deggendorfer SC in der Oberliga – weitere drei Jahre später war er für den ERC Ingolstadt DEL-Topscorer, 2014 Meister mit dem Klub, der ihm eine zweite Chance gegeben hatte. Greilinger war immer ein guter Skater, was man aber auf den ersten Blick gar nicht sah, so breitbeinig, wie er beschleunigte. Greilinger war auch kein Schmied mit dem Schläger. Aber er war schon immer ein Zocker, ein Gefühlsspieler, einer, der immer den Kopf oben hatte. Einer, der perfekt für das Überzahlspiel war. In der DEL war der linke Bullykreis nicht Ovechkins Büro, in DEL-Arenen hatte es sich Greilinger hier bequem gemacht.

Aber, anders als der Russe, wartete der Niederbayer nicht auf Zuspiele, sondern verschaffte sich selbst Platz, Zeit und den perfekten Winkel. Zwei, drei schnelle Schritte, den Kopf hatte er ohnehin immer oben, ein schneller Schuss, Tor. So wird das auch weitergehen. Wieder zu Hause in Deggendorf. In der Oberliga, fair ist das eigentlich nicht.

★ 6 ★

DRITTE DRITTELPAUSE

6.1 GESTANK

Nach dem 4:3 gegen Kanada im Halbfinale betrat Marco Sturm unter großem Jubel die Kabine. Der Bundestrainer zog sich die Akkreditierung über den Kopf, die vielen gezückten Smartphones irritierten ihn offensichtlich nicht. Sturm wunderte sich auch nicht, dass der Lärm noch einmal anschwoll.

Er grinste, als sich in seinem Rücken Verteidiger Marcel Müller anschlich. Und er grinste immer noch, als Müller den kompletten, mit einer roten, isotonischen Getränkemischung gefüllten Kanister über ihm ausschüttete. Es war der Moment, in dem sich die unglaubliche Freude über den Einzug einer deutschen Eishockeynationalmannschaft in ein olympisches Finale endgültig entlud. Auf dem Instagram®-Video von Yasin Ehliz sieht man, wie sich schweißnasse Männer umarmen, wie sie singen, grölen, hüpfen. Und man sieht Sturm in seinem rosagefärbten Slimfit-Hemd orientierungslos durch die Kabine schweben. Man riecht zum Glück: nichts.

Es gibt Sprays gegen den Gestank und Profis, die darauf schwören, ihre Ausrüstung mit verdünntem Wodka einzusprühen. In der Nachwuchsakademie von Red Bull in Salzburg wälzen Klimaanlagen die belastete Luft ständig um. Und trotzdem: Eine normale Eishockeykabine stinkt – und zwar bestialisch.

Man muss kein Transpirationsproblem haben, damit sämtliche Schweißdrüsen bereits nach der ersten Runde auf dem Eis arbeiten wie die acht Zylinder eines Dodge Charger von 1968. Ein eigentlich geruchsloser Film entsteht dann zwischen der Haut und den synthetischen Materialien der Ausrüstung, bis der Schweiß einwirkt, es sich gemütlich macht im Schulterschutz, den Ellbogen- und den Knieschonern. Bakterien laben sich an dem Zucker im Schweiß, zurück bleiben Fettsäurereste. Und die stinken.

In Profimannschaften sind Betreuer, echte Profis, dafür zuständig, die Ausrüstung und die Handschuhe ständig zu trocknen und zu reinigen, so gut das geht. Profi-Mannschaften trainieren und spielen aber auch viel öfter als Bierliga- und Hobbyteams. Deshalb stinkt es in jeder Kabine, manchmal weniger, meistens mehr. Trotzdem lieben Eishockeyspieler und -trainer den Gestank.

Der Spruch eines offensichtlich sehr beliebten Kapuzenpullovers erklärt, warum das so ist: „Eishockey riecht wie der Furz eines Einhorns." Dem ist nicht mehr hinzuzufügen.

6.2 GEWALT

Geschubst wird in jedem Eishockeyspiel, hart gecheckt und gefoult sowieso. Doch je größer die Bühne, je bedeutender die Trophäe, je größer das Endspiel, desto unwahrscheinlicher ist es, dass Gewalt ausbricht, ob spontan oder geplant. Im olympischen Eishockeyfinale von Pyeongchang gibt es keine brutalen Checks, schon gar keine Schlägereien, die ohnehin selten geworden sind im modernen Eisho-

ckey. Die Geschichte des Sports ist aber schon immer eine Geschichte der Gewalt.

Todd Fedoruk trägt eine Titanplatte über dem linken Auge und eine unter dem linken Auge, er hat zwei Titanplatten über dem linken Mundwinkel, drei Zahnimplantate im Mund, sein Oberkiefer ist gebrochen, ebenso sein rechtes Jochbein, seine Stirn wird von drei Titanplatten zusammengehalten. Und das sind nur die Verletzungen in seinem Gesicht, deren Spuren man nicht sieht.

Todd Fedoruk hat Eishockey gespielt, obwohl da bereits einige Beobachter widersprechen würden. Es war ja nicht so, dass er es zu 570 Einsätzen in der besten Liga der Welt gebracht hat, weil er besser Eishockey spielen konnte als viele andere. Fedoruk ist von sechs NHL-Klubs angestellt worden, weil er bereit war, seine körperliche Unversehrtheit seinem Traum zu opfern und wohl auch dem Erfolg der Mannschaften, deren Trikots er trug, weil er Schmerzen ertragen und anderen Schmerzen zugefügt hat.

Fedoruk übernahm eine Aufgabe, die in den 1970er-, 1980er-, 1990er- und 2000er-Jahren in jedem Team vergeben wurde, die aber mit der Beschleunigung des Spiels überflüssig geworden zu sein scheint, was der eine Teil der Eishockeywelt begrüßt und der andere bedauert. Fedoruk war, wenn man dieser Aufgabe ein wenig Respekt entgegenbrachte, ein Enforcer, ein Vollstrecker, was nicht ganz korrekt, aber eindrucksvoll übersetzt ist. Für diejenigen, die Spieler wie Fedoruk nicht sehen wollten, wenn sie zum Eishockey gingen, war er ein Goon, ein Trottel oder Schlägertyp – was aus Sicht der Gegner von Schlägereien auf dem Eis gleichbedeutend ist.

Die Debatte um Schlägereien hat den Sport entzweit. Dort die Fraktion, für die das Rohe, Einschüchternde und Brutale schon immer ein Teil des Spiels war, die fasziniert ist von spontanen Gewaltausbrüchen und von der Vorstellung, dass jeder Konflikt mit bloßen Fäusten gelöst werden kann, die dabei aber immer ignoriert haben, welch verheerende Folgen die Boxeinlagen haben können und immer gehabt haben.

Und da die Fraktion, die Eishockey liebt, obwohl es noch immer der einzige Mannschaftskontaktsport ist, der Gewalt zumindest toleriert, der vorgibt, das Archaische auf dem Eis zu verachten, es sich dabei aber nicht eingestehen will, dass auch die angeblich friedliebenden Beobachter die Faust ballen, wenn der Provokateur der gegnerischen Mannschaft für sein Verhalten zur Rechenschaft gezogen wird – und das nicht von einem Schiedsrichter. Und es gibt die Fraktion der Spieler, die sich bei Umfragen noch immer regelmäßig gegen ein konsequentes Verbot von Faustkämpfen ausspricht.

Dabei scheint die Zeit der Massenschlägereien vorbei zu sein. *Goons* gibt es ohnehin kaum noch. *Enforcer* leisten sich die Teams nur noch, wenn sie dem sich ständig steigernden Tempo des Spiels noch folgen können – wie Tom Wilson von den Washington Capitals, der weniger für seine Bereitschaft bekannt ist, die Handschuhe fallen zu lassen, als für seine oftmals dreckigen und gefährlichen Checks, aber eben auch für seine Wucht und die Torgefahr, die er ausstrahlt.

International hat es den Enforcer ohnehin nie gegeben, wenngleich bei den hasserfüllten Treffen zwischen der Sbornaja und dem Team Canada Spieler diese Rolle übernommen hatten, die zu Hause in ihren Teams von Enforcern geschützt wurden – was die These des Autors Howard Bloom und gruppenpsychologische Untersuchungen bestätigt, wonach sich in jeder Gruppe ein Anführer, ein Witzbold, ein Nerd und ein Enforcer findet und selbst in einer Gruppe von Anführern ein Anführer seine Rolle behält, die anderen aber die Rollen des Witzbolds, des Nerds und des Enforcers übernehmen. Wobei man anmerken darf, dass sich gerade im Eishockey die Enforcer nicht selten auch für die Rolle des Witzbolds erwärmen können – oder zumindest für die des Entertainers.

„Wenn ein Boxkampf beginnt", fragte Don Cherry, einst Erfolgstrainer, dann scharfzüngiger, aber unerträglicher, weil ewig gestriger, homo- und xenophober und im Herbst 2019 viel zu spät abgesetzter Experte mit einem Faible für extravagante Anzüge, einst ungewöhnlich zutreffend, „haben Sie schon einmal gesehen, dass dann jemand aufsteht, um sich einen Kaffee zu holen?"

Der Legende nach endete das erste offizielle Eishockeyspiel überhaupt mit einer Massenschlägerei, wobei sich kein seriöser Sporthistoriker darauf festlegen will, dass die Premiere tatsächlich am 3. März 1875 im Victoria Skating Rink von Montreal gegeben wurde. Und auch die *Montreal Gazette* ging in ihrem Spielbericht nicht auf die Schlägerei ein, die nach der Partie zwischen Spielern und Zuschauern ausgebrochen sein soll:

HOCKEY – Gestern Abend versammelte sich ein großes Publikum im Rink, um einen neuartigen Wettstreit auf dem Eis mitzuverfolgen. Das Hockeyspiel auf Eis, obwohl in Neuengland und anderen Teilen der Vereinigten Staaten sehr en vogue, ist hier nicht sehr bekannt, folglich wurde das Ereignis letzten Abend mit großem Interesse erwartet. Hockey wird üblicherweise mit einem Ball gespielt, doch gestern wurde, um Unfälle zu vermeiden, ein flacher, hölzerner Block verwendet, sodass er ohne Abheben auf dem Eis glitt.

Auf eine Art ähnelt das Spiel dem Lacrosse – der Block muss auf dieselbe Weise wie der Gummiball durch zwei Flaggen passieren, die etwa acht Fuß voneinander platziert sind. Die Spieler gestern Abend waren 18 an der Zahl – neun auf jeder Seite – und waren wie folgt: Torrance (Kapitän), Meagher, Potter, Goff, Barnston, Gardner, Griffin, Jarvis und Whiting. Creighton (Kapitän), Campbell, Campbell, Esdaile, Joseph, Henshaw, Chapman, Powell und Clouston.

Das Match war eine interessante und recht umkämpfte Angelegenheit, die Bemühungen der Spieler riefen viel Belustigung hervor, als sie sich gegenseitig umkreisten und auswichen. Trotz des brillanten Spiels von Kapitän Torrances Team trug Kapitän Creightons Team den Sieg davon, das mit zwei Games zu einem Game der Torrance-Neun gewann. Das Spiel wurde um halb zehn beendet und die Zuschauer zogen sich, mit der Unterhaltung des Abends sehr zufrieden, zurück.

Da sich sowohl die Torrance-Neun als auch die Creighton-Neun aus Rugby-Spielern rekrutierte, ist es nicht unwahrscheinlich, dass es nicht beim gegenseitigen Umkreisen und Ausweichen blieb. In der Frühzeit des Sports trafen Mitglieder der englischen und der schottischen Elite von

Montreal auf dem Eis zusammen, Franko-Kanadier sowie katholische Iren und protestantische Schotten aufeinander. Es ging um Herkunft, Standesdünkel und Religion.

„Diese Elemente wurden vermischt mit den bestehenden englischen Ideen von Fair Play und einer Art sich selbst regelnden Schulhofjustiz, die beides hervorgebracht hat: die Händeschüttelschlangen nach einem Spiel und die mitunter hässliche Vorstellung, dass die Spieler ihre Konflikte unter sich selbst lösen sollten", sagt Adam Gopnik, ein Autor, der sich mit der Frage beschäftigt hat, warum Eishockey Gewalt schon immer toleriert hat und warum sich das trotz erschreckender Vorfälle über die Zeit nicht geändert hat.

1905 wurde Alcide Laurin in einem Spiel zweier lokaler Teams aus Ottawa von einem Faustschlag und einem geschwungenen Schläger niedergestreckt, er verstarb noch auf dem Eis. Zwei Jahre später erlag Owen McCourt seinen Verletzungen, nachdem er am Kopf von einem Schläger getroffen wurde, der eigentlich seinem Mitspieler gegolten hatte. Schon damals galt, was der bereits aus dem Vorwort dieses Buchs bekannte Brendan Shanahan ein Jahrhundert später formulieren sollte: „ ... während wir uns in hoher Geschwindigkeit auf einem rutschigen Untergrund fortbewegen, während fünf andere Jungs mit Keulen in den Händen versuchen, uns umzubringen. Ach ja, habe ich erwähnt, dass wir währenddessen auf Kufen stehen, die keinen halben Zentimeter dick sind?"

Waffen in den Händen und an den Füßen, die bei hoher Geschwindigkeit eingesetzt werden, aus dieser Mischung erklärt sich die Vielzahl spontaner Gewaltausbrüche, daraus erklärt sich auch, warum selbst Spieler, die von allen als fair oder zurückhaltend beschrieben werden, kaum durch ihre Karrieren kommen, ohne einmal ausgerastet zu sein.

Zur Taktik wurde die Gewalt erst mit den Broad Street Bullies in den 1970er-Jahren. Ihre zwei Stanley Cups verdankten die Philadelphia Flyers ihrer Skrupellosigkeit und der Vorgabe ihres Eigners Ed Snider, der sein Team nicht herumgeschubst sehen wollte. NHL-Teams hatten damals jeweils einen rauen Burschen, der bereit war, auf seine Kollegen aufzupassen. *Policemen* wurden sie genannt.

Snider aber wollte nicht nur einen, er wollte sechs, sieben Polizisten. In Torhüter Bernie Parent und dem (in diesem Buch nicht nur aufgrund seiner technischen Fähigkeiten immer wieder erwähnten) Stürmer Bobby Clarke hatten sie zwar herausragende Spieler, zu einer herausragenden Mannschaft aber wurden sie nur, weil Dave *The Hammer* Schulz, Andre Dupont und Gary Dornhoefer ihre Gegner erst einschüchterten und letztlich auch verprügelten. Jahrzehnte später gelten die Broad Street Bullies als Comedy-Truppe, den Charlestown Chiefs aus dem Film *Slap Shot* nicht unähnlich, damals jedoch wurden sie so sehr gehasst, dass die NHL ihr Regelwerk anpasste, um zumindest die schlimmsten Gewaltexzesse zu verhindern.

Im Eishockey aber waren die Enforcer endgültig akzeptiert. Es wird gemeinhin anerkannt, dass der schmächtige Wayne Gretzky niemals *The Great One* geworden wäre, hätte nicht erst Dave Semenko und später Marty McSorley auf ihn aufgepasst. „Brett Hull wäre nicht Brett Hull geworden, hätte er nicht Typen wie Tony Twist und Kelly Chase in seinem Rücken gehabt", sagte Brett Hull über Brett Hull und die Enforcer, die ihn einst beschützten. Steve Yzerman hatte Bob Probert an seiner Seite, Mats Sundin hatte Tie Domi, überhaupt jedes erfolgreiche Team dieser Ära hatte einen Enforcer.

Und weil in Europa zunächst einmal jene ihre Karriere fortsetzten, die für die NHL nicht gut und für die AHL nicht mehr ehrgeizig genug waren, hatten auch gerade die Klubs in der DEL alle ihre Enforcer. Mit dem Unterschied, dass sie in Deutschland auch im Powerplay gebraucht wurden – wenn sie nicht gerade selbst auf der Strafbank saßen.

Die Folge waren fürchterliche, mit Gewalt durchsetzte Spiele. An den beiden eher unrühmlichen Rekordspielen gegen die Frankfurt Lions und den Schwenninger ERC waren jeweils die Ice Tigers aus Nürnberg beteiligt. Wenn man sich die Zusammenschnitte jener 336-Strafminuten-Exzesse heute noch einmal ansieht, kann man kaum mehr darüber schmunzeln.

Die Gewalt wurde zum Selbstzweck. Auch wenn viele Kinder und Jugendliche gerade durch die Prügeleien angezogen wurden: Es war eine dunkle Zeit für die deutsche Profiliga.

Ironischerweise wollte die NHL in ihrem Ansinnen, über die Grenzen von Nordamerika hinauszuwachsen, das Spiel aber auch für Menschen reizvoll machen, die von der Gewalt abgestoßen wurden. Die sogenannte *Instigator Rule*, eine Regel, nach der der Spieler, der eine Schlägerei verursacht oder provoziert hat, härter bestraft wird, als sein Gegner, wurde eingeführt. Aber, wie immer in der Geschichte dieses Sports, fanden die Teams einen Weg, diese Regel zu hintergehen.

Staged Fights wurden erfunden, Faustkämpfe vereinbart – ein Schauspiel, das der DEL glücklicherweise erspart blieb. Was dazu führte, dass Bob Hartley als Coach der Calgary Flames am 18. Januar 2014 mit Brian McGrattan, Kevin Westgarth, Blair Jones, Ladislav Smid und Chris Butler fünf Schwergewichte als Startformation aufs Eis schickte und John Tortorella als Coach der Vancouver Canucks mit Tom Sestito, Kellan Lain, Dale Weise, Kevin Bieksa und Jason Garrison konterte. Zwei Sekunden, nachdem der Puck gefallen waren, bildeten sich fünf Boxerpärchen – es war beschämend für die beiden Trainer und die gesamte Liga. „Eine absolute Dummheit", gab Tortorella in einem Interview mit dem *Columbus Post Dispatch* sehr viel später zu.

„Ich will eigentlich nicht darüber reden, weil es so peinlich war. Aber ich weiß, dass die Fragen danach immer wieder kommen werden, also beantworte ich sie dieses eine Mal: Ich hatte mein Herz am rechten Fleck und dachte, ich mache das Richtige. Aber offensichtlich war ich nicht bei Sinnen."

Es war der letzte Auftritt einer aussterbenden Spezies. George Parros, Brandon Prust, Brian McGrattan, die letzten bekannten Enforcer, mussten ihre Karrieren vorzeitig beenden. In einer Sportart, in der man es sich nicht mehr leisten konnte, schwere, langsame Spieler, die dafür boxen konnten, im Aufgebot zu haben, war kein Platz mehr für sie. Gewalt und Faustkämpfe wird es trotzdem immer wieder geben, in nahezu jeder

Liga auf der Welt, es liegt in der rauen Natur des Sports und ist vielleicht sogar in ihrer DNS festgeschrieben, seitdem die Torrance-Neun und die Creighton-Neun aufeinander losgelassen wurden. Enforcer aber werden nur vereinzelt überleben. Es bleibt die respektvolle Erinnerung derer, die sie beschützt haben, und der Stolz jener, die alles dafür geopfert hätten, in der besten Liga der Welt zu spielen, obwohl sie dafür das Talent nicht hatten.

Am Ende des Dokumentarfilms *Ice Guardians* wird Kelly Chase gefragt, ob er das alles noch einmal auf sich nehmen würde. Chase, 2.117 Strafminuten in 485 NHL-Spielen, legt seine schweren, geschundenen Hände in den Nacken, blickt an die Decke, blickt wieder in die Kamera, man sieht, wie sich seine Augen mit Tränen füllen. Dann sagt er: „Mit ein bisschen mehr Feuer."

Drei herausragende Enforcer

Bob Probert: Es mag befremdlich erscheinen, in einem Buch über Eishockey drei Spieler zu würdigen, die vor allem dafür bekannt waren, ihren Gegnern ernsthafte Verletzungen zuzufügen, die dafür bejubelt wurden, wenn sie mit nacktem Oberkörper und blutigen Fingerknöcheln vom Eis fuhren. Ein Buch über Eishockey aber wäre nicht vollständig, wenn es nicht die Dialektik des Sports aufzeigen würde. Und die innerlich zerrissenen Charaktere, die er hervorgebracht hat.

So wie Bob Probert, das gefürchteste Schwergewicht seiner Zeit. Ein Stürmer, der Tore schießen konnte, vor allem aber boxen wie kein Zweiter, der erst die Attacken seiner Gegner ertrug, ehe er zuschlug und die Müdigkeit seines Gegenübers nutzte. Aber eben auch ein Mensch, der versuchte, seine Angst vor den Schmerzen, der Niederlage und dem Verlust seines Arbeitsplatzes mit Kokain zu übertönen. Probert kollabierte und starb auf einem Boot auf dem Lake St. Clair. Er wurde nur 45 Jahre alt.

Derek Boogaard: Kinder werden nicht als Schlägertypen geboren, sie werden zu Schlägern gemacht. So war das auch bei Derek Boogaard, einem schüchternen Jungen aus Saskatchewan, der sich nirgendwo hatte einfügen können, weil sein Vater ein Mountie war und regelmäßig versetzt wurde, von einem kanadischen Kaff in das nächste. Eishockey war die einzige Konstante für seinen Sohn, der überall sofort auffiel, allerdings nicht, weil er so elegant skaten konnte oder weil er so viele Tore schoss.

Derek Boogaard war einfach nur groß, viel größer als seine Mitspieler und seine Gegner. Allein sein Schatten schüchterte die anderen Kinder ein, wenn sich aber einer wehrte, wenn einer das nachmachte, was er von den Spielen im Fernsehen kannte, dann wurde Boogaard klein. Bis in einem bis dahin ereignislosen Spiel ein Torhüter gefoult wurde, in dem Gewühl danach wurde Derek Boogaard zum Schläger. Die Schiedsrichter mussten ihn von seinen Gegnern losreißen, allein ihn geleiteten sie vom Eis. Aber als er von der gegnerischen Bank aus beleidigt wurde, ging es hinter der Bande weiter. Derek Boogaard nahm es mit einer ganzen Mannschaft auf.

Das mag sich wie eine Episode aus einem Asterix-Band lesen, tatsächlich aber war es der Anfang einer der traurigsten Geschichten des Eishockeys. Seine Eltern waren entsetzt, die Scouts waren entzückt. „Es war beeindruckend. Er war so groß, so stark, so gemein", sagte Todd Ripplinger in einer Dokumentation der *New York Times*. „Und ich dachte mir, vielleicht verwandelt sich dieser Junge irgendwann in ein Tier." Und Derek Boogaard wurde zum Tier, er wurde zum Boogeyman, zum Butzemann, wurde zu einem der populärsten Spieler der NHL und erfüllte sich einen Traum, den zu träumen er eigentlich nicht gewagt hatte.

In hitzigen Spielen wurde es laut, wenn er sich über die Bande schwang, weil die Fans der Minnesota Wild wussten, dass etwas passieren würde, etwas Hässliches, etwas, auf das sie dennoch alle gewartet hatten. Oftmals musste er nur ein paar Runden drehen oder provokativ an der Bank der Gegner vorbeifahren. „Er war die Atombombe", sagte Todd Fedoruk. „Er ist da, wenn du ihn brauchst. Aber du musst ihn nicht benutzen." Boogaard war es, der Fedoruk den Wangenknochen gebrochen hatte. Mit nur einem Faustschlag. Fedoruk spielte danach noch weiter, aber seine Karriere als Enforcer war vorbei.

Auch Boogaard war nicht unverletzlich. Mit jeder Operation musste die Dosis an Schmerzmitteln erhöht werden. „Er hatte eine hohe Schmerztoleranz, also brauchte er auch hohe Dosen an Schmerzmitteln", stellte Joanne Boogaard, seine Mutter, fest. Sein Klub schickte ihn in ein Rehaprogramm für Abhängige, aber Boogaard wollte anderen sein Problem nicht eingestehen. Und sich selbst auch nicht. Als er sein Debüt für die New York Rangers gab, war er nicht fit, war er nicht mehr gesund. Die Hände, die Schultern, seine Nase – alles war kaputt. Aber schlimmer war, was er seinem Gehirn angetan hatte.

Auch die Rangers wollten ihm helfen. Derek Boogaard aber wollte sich nicht helfen lassen. Am 13. Mai 2011 wurde er tot in seiner Wohnung in Minneapolis aufgefunden. Er ist im Schlaf gestorben an einer verhängnisvollen Mixtur aus Alkohol und einem hoch dosierten Schmerzmittel. Boogaard litt an chronisch traumatischer Enzephalopathie, an CTE, der tödlichen Volkskrankheit in Kontaktsportarten.

George Parros: Zu einem bekannten Enforcer wurden Spieler, die zu allem bereit waren, erst, wenn sie einen einschüchternden Spitznamen verliehen bekamen: *The Albanian Assassin* zum Beispiel, Tie Domi wurde so aufgrund seiner albanischen Wurzeln genannt, oder *The Chief* (Craig Berube, der die St. Louis Blues als Trainer 2019 zu ihrem ersten Stanley Cup führte), *Tiger* (David Williams, mit 4.421 sehr wahrscheinlich auf ewig der Spieler mit den meisten Strafminuten) oder *Cementhead* (Wayne Gretzkys Aufpasser Dave Semenko).

George Parros nannte man *The Violent Gentleman*, den gewalttätigen Gentleman. Parros studierte und spielte Eishockey an der renommierten Stanford-Universität. *Sporting News* ernannte ihn zum viertintelligentesten Profisportler (es „gewann" Craig Breslow, Pitcher und Yale-Absolvent). Offensichtlich war er so intelligent, um zu erkennen, dass er es als normaler Eishockeyspieler nicht in die NHL schaffen wurde. Er nahm

Boxstunden, wurde zum Enforcer und prügelte sich in die beste Liga der Welt.

Exakt 1.111 Strafminuten, 493 Spiele, 18 Tore und einen Stanley Cup mit den Anaheim Ducks später beendete er seine Karriere. Im September 2017 wurde er zum Chef des Departments of Player Safety ernannt. Er entscheidet, ob schwere Fouls längere Sperren zur Folge haben sollen. Und wenn er gefragt wird, ob gerade er, ein Gentleman, aber ein gewalttätiger, diese Aufgabe übernehmen sollte, verweist er darauf, kein einziges Mal in seiner Karriere länger gesperrt worden zu sein.

6.3 GEFAHR

Ein Spieler hat sich in dem Finale von Pyeongchang verletzt, ein anderer hat sich im Gesicht einen Cut zugezogen. Ansonsten wird die größte Gefahr für beide Mannschaften darin bestehen, die Feierlichkeiten danach unversehrt zu überstehen.

Gedanklich beschäftigte sich Scott Sabourin bereits mit Jobalternativen, die mit Eishockey wenig bis gar nichts zu tun hatten. Der Kanadier war groß, ordentlich torgefährlich, wurde beim Draft trotzdem übersehen und begann seine Reise über den Eishockeykontinent. Manchester/New Hampshire, Des Moines/Iowa, Ontario, San Diego und Stockton/Kalifornien, American Hockey League und East Coast Hockey League, überall wurde Sabourin geschätzt – auch, weil er überall bereit war, die Handschuhe fallen zu lassen und sich zu prügeln. Im Sommer 2019 aber hatte er keinen gültigen Vertrag mehr und auch keine Angebote. Sabourin hatte zwei Optionen, Europa oder Karriereende, und plötzlich das Angebot, sich im Trainingscamp der Ottawa Senators zu empfehlen. Sabourin nahm an – in dem Wissen, nur einer von vielen namenlosen Spielern zu sein, die ihren Traum von der NHL nicht aufgeben wollen.

„Namenlos" soll dabei nicht respektlos klingen, ironischerweise wurde Sabourin genau deshalb bekannt. Nachdem er in einem Vorbereitungsspiel gegen Toronto so spielte, wie er es gelernt hatte, unangenehm, hart, unnachgiebig, wurde Auston Matthews auf ihn aufmerksam. Der Superstar der Maple Leafs fuhr in einer Unterbrechung auf Sabourin zu und umrundete ihn, um keinesfalls beiläufig seinen Namen zu entziffern.

In den Minuten danach wurden von der Szene Gifs und Memes angefertigt, zumindest für ein paar Stunden hatte Eishockey-Twitter® ein Thema, um sich darüber zu belustigen oder zu empören. Sabourins Mitspieler warfen Matthews mangelnden Respekt vor, Sabourin aber schadete die Einlage nicht.

Im Gegenteil, die Senators gaben ihm einen Vertrag. Am 2. Oktober 2019 gab er sein Debüt in der National Hockey League. Im Alter von 27 Jahren. Gegen Toronto. Gegen Matthews. Natürlich erzielte er sein erstes NHL-Tor in seinem ersten NHL-Spiel. Ottawa verlor das Spiel 3:5, Sabourin aber galt als Held der Namenlosen und gab all jenen Hoffnung, die nicht aufgeben wollen. Einen Monat später lag er bewusstlos in einer Lache seines eigenen Bluts auf dem Eis.

Das Aschenputtelmärchen von Scott Sabourin wird jedes Jahr neu geschrieben, nicht nur in der NHL, sondern in sämtlichen Ligen darunter, in der Schweiz, in Skandinavien, in Russland und natürlich auch in der Deutschen Eishockey Liga. Doch in seinem elften Spiel wurde Sabourin zur Symbolfigur eines anderen Narrativs des modernen Eishockeys. Im TD Garden von Boston waren noch nicht einmal vier Minuten gespielt, als Sabourin in seinem ersten Wechsel pflichtbewusst seine Aufgaben erledigte: Checks zu Ende fahren, einschüchtern, Härte zeigen.

Bruins-Stürmer David Backes war an der eigenen blauen Linie gerade erst den Puck losgeworden, als Sabourin frontal in ihn reinfuhr. Eine vollkommen normale Szene in nahezu jedem Profispiel, ein sauberer Check – bei dem allerdings die Köpfe der beiden Spieler gegeneinander knallten. Backes blieb stehen, versuchte, Puck und Spiel zu folgen. Sabourin aber verlor noch in der Luft das Bewusstsein und knallte ungebremst mit dem Gesicht auf die

Eisfläche. Backes merkte, dass sich in seinem Rücken etwas Dramatisches abspielte, hob sofort den Handschuh und winkte die Ersthelfer aufs Eis.

Und als der regungslose Sabourin behandelt und auf eine Trage gelegt wurde, hielt die Arena den Atem an. Die Spieler beider Teams versammelten sich auf dem Eis, um Sabourin einen Klaps mit auf den Weg zu geben. Die Zuschauer standen schweigend von ihren Sitzen auf und tippten allenfalls zitternd vier Wörter in ihre Smartphones, um ihr Entsetzen via Twitter® mit der Welt zu teilen: *Scary Scene* in Boston.

Eishockey ist ein gefährlicher Sport. So gefährlich, dass jedes Engagement eines deutschen NHL-Profis in der Nationalmannschaft neu verhandelt werden muss, weil es so teuer ist, deren Dienste versichern zu lassen. So gefährlich, dass herausragende Spieler, wie der Kaufbeurer Stefan Ustorf oder der Kanadier Marc Savard, ihr Leben nach dem Eishockey nur unter Einschränkungen leben können. So gefährlich, dass 16 Fälle überliefert sind, bei denen Spieler auf dem Eis gestorben sind oder später infolge von Unfällen oder Checks.

Allerdings sind diese extremen Unglücke mit der Einführung der Helmpflicht und der ständigen Verbesserung der Ausrüstung stark zurückgegangen. Die Zahl der ernsthaften Kopfverletzungen stieg hingegen. Zumindest nimmt man das an. Seriöse Zahlen gibt es kaum, aber dass es sich Ex-Spieler wie Daniel Carcillo zur Aufgabe gemacht haben, auf die möglicherweise fatalen Folgen des Eishockeyalltags aufmerksam zu machen, wird nicht mehr nur belächelt.

Als Mitglied der Chicago Blackhawks hatte der Stürmer Carcillo den Verteidiger Steve Montador kennengelernt, auch diese beide waren bekannt dafür, die Handschuhe fallen zu lassen, aber nur sie selbst wussten, dass sie beide die inneren Dämonen, die ihre Interpretation der Arbeit mit sich brachte, in Alkohol ertränkt hatten, und dass sie ihre Schmerzen mit Medikamenten betäubten.

Carcillo erkannte, dass es seinem Freund nicht gut ging, dass er unter Gedächtnisverlust und den Spätfolgen von Gehirnerschütterungen litt.

Am 15. Februar 2015 wurde Steve Montador tot in seinem Haus in Mississauga aufgefunden. Ein Fremdverschulden schloss die Polizei aus. Eine neuropathologische Post-Mortem-Analyse seines Gehirns ergab, dass Steve Montador an der neurodegenerativen Krankheit *chronische traumatische Enzephalopathie (CTE)* erkrankt war.

Zwischen 2002 und 2006 waren drei ehemalige Profis aus der National Football League gestorben, viel zu jung. Ein Neuropathologe untersuchte auch diese Todesfälle und stellte bei allen dreien CTE fest und den Zusammenhang mit den Gefahren ihres Sports her. Die NFL verharmloste das Risiko von Gehirnerschütterungen zunächst, beauftragte mit Elliot J. Pellman sogar einen zynischen Rheumatologen, der noch 2005 feststellte: „Gehirnerschütterungen sind Teil des Berufs."

Es war nur der Beginn einer Auseinandersetzung zwischen dem entmenschlichten Geschäft Profisport und Medizinern und Sportlern, die erkannt hatten, welch große Gefahr diese tückische Krankheit darstellt. Ärzten, die die Gehirne der jung verstorbenen Football- und Eishockeyprofis sezierten, bot sich ein grauenerregendes Bild: Weite Teile der äußerlich normal wirkenden Hirne waren im Inneren löchrig und stark beschädigt. Die NFL aber leugnete weiterhin einen Zusammenhang zwischen den Risiken des Footballs und den oftmals tödlichen Hirnschäden – selbst nachdem sie einen Fonds einrichten ließ, der 18.000 betroffene Sportler und deren Angehörige mit 765 Millionen US-Dollar entschädigen soll.

Der traurige Fall von Todd Ewen verdeutlicht, wie berechnend die NHL mit dem Thema umgeht. Ewen war ein Enforcer, einer, der sich seinen Platz in der besten Liga der Welt erkämpft hatte. Der Privatmann Ewen schrieb Kinderbücher, aber nachdem er seine Karriere 1998 nach elf Spielzeiten in der NHL beendet hatte, stellte Kelly Ewen fest, dass sich ihr Ehemann veränderte, dass seine Stimmung plötzlich umschlug. Todd Ewen wurde depressiv.

Aber als die Ersten seiner Kollegen viel zu früh starben und bei vielen CTE festgestellt wurde, schloss er sich nicht einer ersten Sammelklage von zehn Spielern an. Im September 2015 beendete er sein Leben im Keller seines Hauses. Seine Frau ließ sein Gehirn untersuchen, ein halbes Jahr später bekam sie das Ergebnis: Todd Ewen litt nicht an CTE. Den Anwälten der NHL bot sich dadurch eine zynische Interpretationsmöglichkeit. Ewen hatte Selbstmord begangen, weil er sich einbildete, an CTE zu leiden, weshalb es gefährlich wäre, wenn die Liga andere Spieler warnen würde, weil auch sie sich aus Angst umbringen könnten.

Die Zeit der regelmäßigen Faustkämpfe ist in den großen Ligen und bei großen Meisterschaften vorbei. In der NHL beobachten sogenannte *Concussion Spotter* alle Spieler und haben die Möglichkeit, Spieler vorsorglich zu sperren, die sich offensichtlich eine Gehirnerschütterung zugezogen haben. Und auch in Deutschland müssen sich Spieler nach Checks gegen den Kopf an ein strenges Gehirnerschütterungsprotokoll halten. Die Gefahr aber bleibt, auch weil nicht immer der Kopf getroffen werden muss, um Schäden am Gehirn hervorzurufen, und weil nicht jeder Spieler seinen großen Traum seiner Gesundheit opfern will. Scott Sabourin stand drei Wochen nach seinem Unfall wieder auf dem Eis. Seine Kollegen von den Ottawa Senators berichteten nach seinem ersten Training von dem breiten Grinsen in seinem Gesicht.

6.4 GELD

Christian Ehrhoff hat während seiner Zeit in der NHL 43,3 Millionen US-Dollar verdient. Ilya Kovalchuk kam etwa auf 67,7 Millionen US-Dollar und Pavel Datsyuk auf 77,2 Millionen US-Dollar. Bei den beiden Russen kommen noch einmal mehrere Hundert Millionen Rubel aus der KHL dazu. In diesem olympischen Finale stehen mehrere Spieler auf dem Eis, die für mehrere nachfolgende Generationen ausgesorgt haben. Es gibt aber auch Profis, die auf höchstem Niveau gespielt haben und trotzdem irgendwann keine Alternative zu einem Leben auf der Straße hatten. Eishockey und Geld führen eine komplizierte Beziehung.

Ben Meisner hat 500 US-Dollar verdient. In der Woche. Davon hat er seinen Spielerberater bezahlt, seine Krankenversicherung und seine Wohnung. Für ihn war das okay. Schwierig war nur, dass er nicht wusste, ob er in der darauf folgenden Woche wieder 500 US-Dollar verdienen würde oder ob er überhaupt noch einmal etwas verdienen würde. Der Torhüter hat seine Zeit in den Minor Leagues sehr eindrucksvoll in einem Beitrag für *The Players' Tribune* beschrieben, einem Beitrag, der damit beginnt, dass sich Meisner die Schleife eines Seils um den Hals legt.

Meisner litt an Depressionen. Erst als er in Deutschland angekommen war, als Torhüter in der DEL mit einem Vertrag bis zum Ende der Saison, mit einer Krankenversicherung, vor allem aber mit der Sicherheit, sich am Ende der kommenden Woche nicht einen neuen Klub suchen zu müssen, fand er die Stärke, über seine Krankheit zu sprechen. In Nordamerika konnte er sich das nicht leisten, das ist nicht nur finanziell gemeint. Am College war er ein ordentlicher Torhüter, aber von seiner Sorte gab es Hunderte und bei 98 Profiteams potenziell nur 196 Stellen. Und so schlug er sich durch, von Wochenvertrag zum nächsten Versprechen zur nächsten Chance. „Wenn du auf der untersten Sprosse angekommen bist", schrieb er, „kannst du eigentlich nur noch nach Hause gehen." Für jemanden, der Hilfe braucht, ist die unterste Sprosse ein gefährlicher Ort.

Sergei Bobrovsky ist ebenfalls ein Torhüter, zwei Jahre älter als Ben Meisner. Er zählt aber zu den 196 Torhütern, die es geschafft haben. Nein, er zählt zu einem kleinen Kreis an Torhütern, die sich nie mehr sorgen müssen, eine Arztrechnung nicht bezahlen zu können. An seinem ersten Arbeitstag bei den Florida Panthers fuhr der Russe in einem Lamborghini vor, in dem ihn seine Kollegen bis dahin noch nicht gesehen hatten. Sie gratulierten Bobrovsky zu seinem neuen Auto, woraufhin er antwortete: „Happy birthday to me." Bobrovsky hatte sich den Lamborghini am Vormittag zu seinem Geburtstag gekauft. Ganz einfach, weil er es konnte.

Und dann ist da die Geschichte von Joe Murphy, über den Chris Luongo sagte, der in Ottawa spielte, in New York, Landshut, Nürnberg und Krefeld: „Er war ein Künstler – auf dem Eis und abseits des Eises." Deshalb wurde er 1986 beim Draft von den Detroit Red Wings weit vor Brian Leetch und Vincent Damphousse an erster Stelle ausgewählt. Er gewann den Stanley Cup, da war er gerade einmal 22 Jahre alt. Im selben Jahr noch zog er sich die erste schwere Gehirnerschütterung zu, was damals noch nicht als Grund angesehen wurde, ein Eishockeyspiel zu verpassen. Eine folgenreiche Schlägerei beendete seine Karriere im Herbst 2001. Murphy war zu jung, um sich zur Ruhe zu setzen.

Aber er hatte Geld, das an Black-Jack-Tischen ausgegeben werden musste. Drogen, Alkohol, alles verschwamm. Es ging Murphy nicht gut. „Welcher Mensch, der bei klarem Verstand ist, macht zwei, drei Jahre lang Party?", fragte Murphy einen Reporter von *Sportsnet*, da lebte er bereits seit einem Jahr auf der Straße, bettelte vor Supermärkten um Lebensmittel.

Man könnte diese Liste der Extreme über Dutzende von Seiten weiterführen, wenn auch sicher nicht in dieser Abfolge. Auf jeden Eishockeyspieler, der ihrer aller Traum von Ruhm, italienischen Supersportwagen und First-Class-Flügen lebte und in der NHL, der KHL oder in der Schweiz zum Millionär wurde, kommen viele andere, deren Träume zu Albträumen wurden, weil sie schlecht beraten wurden, weil ihre Gegner, skrupellose Trainer und Funktionäre oder sie selbst ihre Gesundheit ruiniert hatten oder weil sie einfach nicht gut genug waren.

In jeder professionellen Liga auf der Welt gibt es Geringverdiener, die ausgenutzt werden, weil sie nicht aufhören, an diese eine Chance zu glauben. Es gibt diese Geschichten ja tatsächlich von Verteidigern, die sich von Gävle ins Stanley-Cup-Finale gearbeitet (Brian Rafalski) und von Angreifern, die es dank deutscher Vorfahren via Iserlohn ins olympische Finale von Pyeongchang geschafft hatten (Brooks Macek).

Es gibt aber auch Geschichten von Havard-Studenten, die wussten, dass sie mit Eishockey niemals angemessen viel Geld verdienen würden, die ihre Begabung aber immerhin dazu nutzen wollten, noch ein bisschen was von der Welt zu sehen. Auch wenn diese Welt im Icehouse von Neuwied eine sehr eigene war. Die schönste dieser Geschichten erzählt Bill Keenan im grandiosen Buch *Odd Man Rush.*

Überall aber geht es um Geld, über das in Deutschland nicht geredet wird – weder von denen, die ungleich weniger verdienen wie ein Fußballprofi gleicher Qualität, die sich aber auch dank gestellter Wohnungen und Teamautos dem Ende ihrer Karrieren nicht sorgenvoll annähern müssen, noch von denen, die in der Kabine nebendran sitzen, sich in jeden Schuss schmeißen, die ihren großverdienenden Kollegen buchstäblich bis aufs Blut verteidigen würden, die am Monatsende aber doch eine Null weniger auf ihrem Gehaltszettel zählen.

In Nordamerika liefert das Geld ein Thema, um auch im Sommer über Eishockey reden zu können. Der Tarifvertrag der NHL, das *CBA* (*Collective Bargaining Agreement*), ist ein Fest für Zahlenmenschen und Juristen. Für Neulinge gibt es Standardverträge (*Entry Level Contracts*) mit vorgeschriebenen Gehältern (bis zu 925.000 US-Dollar im Jahr), Laufzeiten (1-3 Jahre) und Boni.

Spieler, deren Verträge auslaufen, werden *Free Agents* genannt und in sechs Gruppen aufgeteilt, wobei nur entscheidend und für Normaldenkende nachvollziehbar ist, ob sie zunächst nur mit ihren Klubs verhandeln dürfen (*Restricted Free Agents*) oder ob sie auch mit anderen Klubs verhandeln dürfen (*Unrestricted Free Agents*).

Es gibt Ausnahmen, Sonderregeln und ein Instrument, das tatsächlich über die Jahre zusammen mit dem Draft-System für eine erstaunliche Ausgeglichenheit der Liga sorgt: der (je nach Übersetzung auch der oder das) *Salary Cap*, die Gehaltsobergrenze. In der Saison 2019/2020 dürfen NHL-Klubs jeweils 81,5 Millionen US-Dollar an Gehältern ausgeben. Das klingt komfortabel. Wenn man aber, wie die Toronto Maple Leafs, seinen vier vermeintlich besten Stürmern (Matthews, Tavares, Marner und Nylander) bereits 40 Millionen US-Dollar zahlt, man mit vier Stürmern allein aber kein Spiel gewinnen wird, kann es schon mal schwierig werden, trotzdem noch eine konkurrenzfähige Mannschaft mit Perspektive zusammenzustellen.

Der Großteil der 31 (bald 32) Klubs balanciert ständig an der Gehaltsgrenze entlang, es gibt aber auch immer Team, die zusehen müssen, die

Gehaltsuntergrenze von 60 Millionen US-Dollar nicht zu unterschreiten, weil sich ihre jungen Mannschaften neu formieren oder ganz einfach, weil der Besitzer zu geizig ist.

In diesem komplexen System gibt es Glückliche, die aufgrund der Marktsituation bereits nach einer erfolgreichen Saison Luxusverträge unterschreiben durften (wie der verletzungsanfällige Stürmer David Clarkson, der drei Jahre in Folge kein Spiel absolviert hat, aber trotzdem jedes Mal 5,25 Millionen US-Dollar überwiesen bekommt) und kaum Bemitleidenswerte, deren Spielerberater den wahren Wert ihres Klienten nicht einschätzen konnten (wie der Schweizer Roman Josi, der als einer der besten Verteidiger der Welt mit dem Hungerlohn von 4,0 Millionen US-Dollar auskommen musste).

Neid, Eifersucht und Missgunst sind in diesem System trotzdem nicht vorgesehen, weil jede Zahl und beinahe jedes Vertragsdetail bekannt ist und die Voraussetzungen eigentlich für alle gleich sind. Wer das Glück hat, in der NHL über längere Zeit konstante Leistungen abzurufen, wird zwangsläufig zum Dollarmillionär. In der DEL hingegen wissen Profis oftmals nur vom Hörensagen, was ihre Kollegen verdienen. Nicht selten ist es eine schiefe Gehaltsstruktur, die maßgeblich zum Misslingen einer Saison beiträgt.

Wenn Spieler zu Beginn ihrer Karrieren gefragt werden, geht es natürlich nicht um Gehälter, Geld und Vertragslaufzeiten. „Ich spiele Eishockey nicht wegen des Gelds", sagte David Pastrnak aus Havirov und weil der Tscheche tatsächlich Eishockey spielt, wie ein 11-Jähriger nach dem Genuss von zwei Litern Cola im Körper eines ausgewachsenen Mannes, wurde er für diesen kleinen Spruch ausgiebig gefeiert. Je älter aber Profis werden, je mehr Kinder sie haben, je mehr Immobilien sie bezahlen müssen, desto ehrlicher werden sie, wenn es um die nächsten Vertragsverhandlungen geht.

Auch bei den Frauen geht es um Geld. Allerdings um Geld, das noch immer nicht bezahlt wird. Amanda und Phil Kessel wuchsen zusammen in Wisconsin auf, zusammen entdeckten sie ihre Liebe zum Eishockey und zusammen wurden sie zu den besten Spielern der Welt. Beide vertraten die USA bei Olympischen Spielen, beide gewannen Silber. Phil aber verdient 9.000.000 US-Dollar im Jahr, Amanda 26.000 US-Dollar.

In der National Women's Hockey League zählte sie damit noch zu den Topverdienern. Viele Frauen mussten mit weniger als 2.000 US-Dollar pro Saison auskommen, natürlich ohne Krankenversicherung. Die Zeiten aber ändern sich – oder zumindest die Frauen, die sich das nicht mehr gefallen lassen. Das US-Team initiierte vor dem WM 2018 in den USA einen vielbeachteten Boykott. Und im Mai 2019 beschlossen 200 der besten Spielerinnen der Welt, in der kommenden Saison nicht in der NWHL antreten zu wollen.

Stattdessen treten die Mannschaften der USA und Kanada zu Freundschaftsspielen an, um auf die Ungleichbehandlung aufmerksam zu machen. Das ist in etwa so, als würden sich Borussia Dortmund und Schalke 04 gemeinsam für eine Sache einsetzen. Und als Brianna Decker, eine dreimalige Olympiateilnehmerin für Kanada, nach einem der ersten Spiele in Toronto aus der Kabine kam, sah sie ein elf Jahre altes Mädchen mit einem Schild. Decker holte sofort US-Amerikanerinnen und Kanadierinnen zu sich, um mit dem Mädchen für ein Foto zu posieren. Auf dem Schild stand: „Ab wann darf ich davon träumen, von Eishockey leben zu können?"

★ 7 ★

VERLÄNGERUNG

7.1 66:38 DAS TOR HÜTEN

Ilya Kovalchuk nimmt den Puck im eigenen Drittel an der Bande auf, schubst ihn links an Frank Hördler vorbei und überholt den deutschen Verteidiger rechts. Kovalchuk ist schnell, so schnell, dass er die Scheibe noch vor dem absichernden Yannic Seidenberg aufnimmt, obwohl der den kürzeren Weg hat. Kovalchuk lässt Seidenberg stehen und hat in vollem Tempo nur noch den deutschen Torhüter vor sich. Weil aber der Puck noch ein wenig schneller ist, bekommt er ihn erst kurz vor Danny aus den Birken wieder unter Kontrolle.

Der mehrmalige deutsche Meister versucht, Kovalchuk die Scheibe vom Schläger zu stechen, verfehlt den Puck, aber rutscht gleichzeitig im Spagat zurück in sein Tor. Kovalchuk versucht, die Scheibe im letzten Moment über aus den Birkens linke Beinschiene ins Tor zu lupfen. Doch der Puck touchiert das synthetische Leder und trudelt hoch – bis sie Gerrit Fauser aus der Luft pflückt.

Er spielte trotz eines zertrümmerten Ellbogens, er hatte mehrmals im Gesicht genäht werden müssen – während des Spiels. Seine Lunge kollabierte einmal, mehrere Sehnen in beiden Händen waren gerissen. Und dann gibt es noch dieses Foto von Terry Sawchuk, das einst im *Time Magazine* erschien und noch immer auf allen Onlineplatformen geteilt wird. Es zeigt den damals 36 Jahre alten Torhüter der Toronto Maple Leafs mit zwei Dutzend zum Teil tiefer Narben im Gesicht. Dass ihm die Narben eine Maskenbildnerin auf Stirn, Wangen und Kinn gemalt hatte, wird dabei gerne übersehen. Sawchuk hat dem furchtlosen Eishockeytorhüter ein Gesicht gegeben. Ein Gesicht, das man immer gesehen hat, weil sich Torhütermasken erst zu Beginn der 1970er-Jahre durchsetzten.

Aber selbst danach musste man sich stets um Torhüter sorgen. Am 22. März 1989 durchtrennte eine Schlittschuhkufe die Halsschlagader von Clint Malachuk, dem Schlussmann der Buffalo Sabres. In Sekunden färbte sich das Eis unter Malarchuk rot, der Anblick der Blutfonäne führte dazu, dass elf Fans ohnmächtig wurden, drei Spieler übergaben sich auf dem Eis. Malarchuk ließ sich sofort vom Eis führen, damit seine Mutter nicht mitansehen musste, wie ihr Sohn auf dem Eis stirbt, er ließ ihr ausrichten, dass er sie liebe und verlangte nach einem Priester. Malarchuk aber überlebte, weil sich der Athletiktrainer Jim Pizzutelli in seine Wunde kniete, um die Blutung zu stoppen – ganz so, wie er es als Soldat in Vietnam gelernt hatte.

Dann gibt es noch die Geschichten von den gebrochenen Händen der Torhüter, die versucht hatten, die Schlagschüsse von Al MacInnis zu parieren, und die sehr realen Geschwindigkeiten, die Pucks im Eishockey erreichen. Und es gibt die Kritik, die Häme und den Druck, denen man sich in einer solch exponierten Rolle stellen muss. „Wie würden Sie das finden?", frug der große Jacques Plante ebenfalls im *Life Magazine*, „wenn Ihnen in Ihrem Büro ein kleiner Fehler unterliefe, woraufhin hinter Ihnen plötzlich eine rote Lampe aufleuchtete und Sie 18.000 Menschen anschreien: Du Schwein! Du Vollidiot! Du könntest nicht einmal einen Basketball halten. Schmeißt den Trottel raus."

Wenn man all das weiß, warum sollte sich überhaupt irgendwer bewusst dazu entscheiden, Eishockeytorhüter zu werden?

Weil einem der große Bruder den Arm nach oben reißt, wenn für das Spiel auf dem Weiher ein Torhüter gesucht wird – so war das jedenfalls bei dem Schweden Henrik Lundqvist. Weil Torhüter die meiste Eiszeit haben – so begründet es zumindest die kanadische Torhüterin Kendra Fisher. Weil die martialisch wirkende Ausrüstung gerade auf Kinder eine ungebrochene Faszination ausübt. Oder weil man einfach nicht so viel laufen will – so wie Danny aus den Birken, der deutsche Silbermedaillengewinner. Doch kaum ein Torhüter beginnt seine Karriere mit einem Shutout, einem Spiel ohne Gegentor. In seinem ersten Spiel hatte Lundqvist den Puck 12-mal aus seinem Tor holen müssen. „Kann nur besser werden, oder?", fragte er sich. In seinem zweiten Spiel hat er 18 kassiert.

Torhüter müssen so beweglich sein wie Ringer, so schnell wie Boxer und am besten auch so ausdauernd. Feldspieler verlieren pro Spiel bis zu drei Kilogramm an Schweiß, Torhüter noch einmal zwei Kilogramm mehr. Manche leiden zudem unter verstärkter Dehydration, selbst Weltklassetorhüter wie Ryan Miller oder Jean-Sebastian Giguere hatten so sehr mit diesem Problem zu kämpfen, dass ihnen mitunter in Drittelpausen Infusionen gelegt werden mussten.

Torhüter müssen famose Athleten sein, über eine außergewöhnliche koordinative Fähigkeit zwischen Hand und Auge und blitzschnelle Reflexe verfügen, doch der Unterschied zwischen guten und herausragenden Torhütern lässt sich nicht in vergossenem Schweiß messen. Der Unterschied liegt zwischen den Ohren.

Torhüter stehen entweder unter Dauerstress, jeder Schuss ist eine neue Gelegenheit, sich auszuzeichnen und jeder Gegenangriff eine neue Situation, in der in Bruchteilen von Sekunden die immer gleichen Fragen beantwortet werden müssen: Schuss oder Pass? Wenn Pass, wohin? Wer könnte von einem Abpraller profitieren? Welcher Angreifer ist für welche Vorlieben bekannt?

Noch unangenehmer aber sind die Spiele, in denen nichts passiert, weil die eigene Mannschaft so überlegen ist und die Gegner entweder tief in deren Drittel drängt, oder den Großteil ihrer Schüsse abblockt. Torhüter beschäftigen sich dann selbst, checken in Spielunterbrechungen alle Winkel, gehen noch einmal automatisierte Bewegungen durch, um bereit zu sein, sollte doch einmal ein Gegner durchbrechen oder sich doch ein Schuss gefährlich hindurchmogeln.

Feldspieler dürfen Fehler machen, selten werden sie direkt für Gegentore verantwortlich gemacht, normalerweise stehen da ja noch fünf weitere Spieler im gleichen Trikot auf dem Eis. Ein Torhüter hingegen kann 50-mal routiniert oder sensationell reagieren, greift er beim entscheidenden Schuss daneben, ist er schuld. Wobei das eigentlich nur beurteilen kann, wer selbst schon einmal versucht hat, ein rasend schnelles Eishockeyspiel durch die Gitterstäbe einer Maske zu beobachten, während die (zumindest im trockenen Zustand) 20 Kilogramm schwere Ausrüstung verhindert, dass man sich selbst dem Tempo des Spiels anpasst.

Erfahrene Torhüter ahnen mit einem Blick auf das Schlägerblatt des Angreifers, wohin er schießen wird. Blöderweise sind die Kumpels des Angreifers dafür bekannt, ganz zufällig genau diesen Blick zu verstellen. Gerade im Powerplay machen sie das zufällig so geschickt, dass der Torhüter noch nicht einmal den Schuss selbst sieht. Der Torhüter kann sich also nur auf sein Stellungsspiel verlassen – und auf seine Reflexe vertrauen. Eine spektakuläre Parade ist häufig nur nötig, weil das Stellungsspiel zuvor mangelhaft war. Wobei sich auch hier das Spiel ständig weiterentwickelt.

Zusammen mit ihren Goalie Coaches arbeiten Torhüter ständig daran, es den Schützen noch schwerer zu machen. Wenn also der Russe Andrei Vasilevski den Puck hinter seinem Rücken fängt oder der Kölner Hannibal Weitzmann die Scheibe mit der Kufe seines Schlittschuhs abwehrt, dann ist das kein Zufall oder herausragendes Talent, sondern das Ergebnis harter Arbeit und hunderter Wiederholungen. Torhüter tragen im Training Scheuklappen oder spezielle Masken über ihren Masken, die ihr ohnehin schon nicht sehr großes Gesichtsfeld weiter einschwärzen.

Sie arbeiten mit Videoanalysen und schauen sich ihre Bemühungen noch auf dem Eis sofort auf dem Tablet an, damit sich Fehler gar nicht erst automatisieren können. Tim Thomas, ein politisch eher fragwürdiger, konservativer US-Amerikaner, gab seiner Karriere spät den entscheidenden Schub, indem er Yoga in seine Vorbereitung integrierte. Viele Torhüter vertrauen auf das Feedback von Psychologen. Nicht selten sind es in einer Mannschaft die Torhüter, die am härtesten und am kreativsten daran arbeiten, besser zu werden.

Torhüter nehmen Sonderrollen ein – in der eigenen Mannschaft. Darüber hinaus bilden sie eine Art Geheimbund, der sich nur in herzlichen Umarmungen in der Handshake-Line offenbarte oder wenn das Spiel durch einen Gewaltausbruch unterbrochen wird. In den 1980er-Jahren nahmen die Edmonton Oilers und die Calgary Flames die „Battle of Alberta", die Schlacht um die kanadische Provinz Alberta, zu oft zu wörtlich. Wayne Gretzky, Jari Kurri und Paul Coffey auf der einen und Joey Nieuwendyk, Joe Mullen und Al MacInnis auf der anderen Seite zauberten, der Rest prügelte sich. Edmontons Grant Fuhr und Calgarys Mike Vernon standen dann gemeinsam an der Seite, um „das Feuerwerk zu genießen".

Torhüter sind beliebt; bei anderen Torhütern, bei Mitspielern und bei Fans. Der spektakuläre Lette Elvis Merzlikins ließ sich regelmäßig ebenso spektakulär in der Curva Nord des HC Lugano feiern, der Deutsche Gerhard Hegen schlug Purzelbäume, mitunter sogar während des Spiels, die Videos des Rad schlagenden und tanzenden Július Hudáček aus seiner Zeit im schwedischen Örebro sind YouTube®Klassiker.

Eigentlich haben Torhüter nur einen Feind. „Warum wird der Puck Puck genannt?", fragte einmal Martin Brodeur, einer der herausragenden Torhüter der Geschichte, und gab sich die Antwort gleich selbst: „Weil dreckiger kleiner Bastard schon vergeben war."

Drei herausragende Torhüter

Ken Dryden: *The Game* ist eines der besten Bücher über Sport, es gibt nicht wenige, die behaupten, dass es das beste überhaupt ist. Es geht um das Spiel Eishockey, um die NHL in den 1970er-Jahren, um große Spieler wie Bobby Orr, um den Konflikt zwischen Franko- und Anglokanadiern, um die hasserfüllte Rivalität zwischen den Montreal Canadiens und den Boston Bruins und es geht um Ken Dryden, den besten Torhüter seiner Zeit. Geschrieben wurde es von Ken Dryden, einem Jurastudenten, der in acht Spielzeiten als Eishockeyprofi mit den Canadiens fünfmal den Stanley Cup gewann und nach dem vierten in Folge 1979 seine Karriere beendete und Rechtsanwalt, Erfolgsautor und ehrenamtlich ein intellektueller Botschafter des schönen Spiels wurde.

Bei seinen Buchprojekten ging es ihm nicht immer nur darum, viele Exemplare zu verkaufen, sonst hätte er kaum *In School: Our Kids, Our Teachers, Our Classrooms* über das kanadische Schulsystem geschrieben. Mit *Game Change: The Life and Death of Steve Montador and the Future of Hockey* wollte er sogar nur einen einzigen Menschen erreichen: Gary Bettman, ebenfalls Rechtsanwalt und Commissioner, Chef der National Hockey League. Der ehemalige Torhüter Dryden hatte sich mit der düsteren Gegenwart des Spiels, mit den Folgen von CTE und dem Umgang der NHL damit auseinandergesetzt. Kopfverletzungen, die Folgen von Gehirnerschütterungen, die Selbstmorde, Dryden kam zu dem Schluss, dass „Eishockey, so, wie wir es jetzt spielen, ein Problem hat". Und dass dieses Problem nur von wenigen Menschen gelöst werden kann, zum Beispiel von Gary Bettman.

„Als Commissioner verwaltet man manchmal und manchmal führt man. Jetzt ist eine Zeit, um zu führen." Dryden ist wahrscheinlich der einzige Spieler, der es mit der Zeit geschafft hat, eher für seine intellektuellen als für seine sportlichen Leistungen bekannt zu sein. In diesem seltenen Fall ist das bedauernswert, denn die Geschichte eines Studenten, der 1971 in der ersten Runde der Play-offs mit einer Erfahrung von sechs Profispielen die bösen Boston Bruins um Bobby Orr demoralisierte und rauswarf, ist nicht weniger als faszinierend.

„Eine verfluchte Giraffe", so nannte ihn Phil Esposito, der in der Saison zuvor 76 Tore geschossen hatte, in den legendären sieben Play-off-Spielen aber an Dryden verzweifelte. 13 Spiele später war der Jurastudent

Stanley-Cup-Sieger. Erst in der Saison danach gewann er auch die Calder-Trophy für den besten Neuling der Liga.

Vladislav Tretiak: Die Kanadier hatten Respekt vor Ragulin, Maltsev, Kharlamov und Mikhailov, in dem Torhüter der Sowjets aber sahen sie eine Schwachstelle. Die Kanadier dachten, dass Vladislav Tretiak ein fürchterlicher Schlussmann sei, worin sie sich natürlich fürchterlich täuschten.

Die Späher hatten nur ein Spiel gesehen. Tretiak kassierte acht Gegentore in einem Trainingsspiel. Was die Späher nicht wussten: Tretiak hatte in der Nacht zuvor seine Hochzeit feiern dürfen. Tatsächlich musste Tretiak im ersten Spiel der *Summit Series* dann auch sofort zwei schnelle Gegentore schlucken – danach zeigte er aber, warum er in Europa längst „der Mann mit den 1.000 Händen" genannt wurde. Die UdSSR verlor die *Summit Series*, allerdings denkbar knapp. Mit dem entscheidenden Treffer wurde Paul Henderson zum kanadischen Nationalhelden, Tretiak sollte das 5:6 in Moskau nie vergessen. Trotzdem wurde er zum besten Torhüter seiner Zeit.

Zehn Weltmeistertitel, drei olympische Goldmedaillen, unzählige Auszeichnungen und der Mittelpunkt einer historischen Fehlentscheidung. Natürlich trat die Mannschaft der Sowjetunion auch zu den Olympischen Spielen in Lake Placid 1980 als alleiniger Topfavorit an. In der Vorbereitung besiegte sie Team USA mit 12:3. „Wir hatten diese College-Kids in einem Testspiel 12:3 geputzt und einfach unterschätzt", gab Tretiak sehr viel später zu. Im Turnier trafen die beiden ungleichen Mannschaften erneut aufeinander. Beim 2:1 für seine Mannschaft patzte Tretiak und wurde von Viktor Tikhonov vom Eis genommen. Ein typischer Tikhonov. Ein klarer Fehler, das zumindest meint Tretiak: „Mit mir hätten wir das Spiel gewonnen."

Stattdessen erlebte die Eishockeywelt das *Miracle on Ice*. Darunter litt nur die Reputation des Trainers, Tretiak wurde weiterhin verehrt und respektiert. Er selbst wollte sich endlich in der NHL beweisen, durfte aber nicht. Der Torhüter war einfach zehn Jahre zu früh geboren worden. Die

Montreal Canadiens sicherten sich im Draft die Rechte an dem Torhüter aus Moskau. Immerhin sein Buch *Eishockey, der Sport, den ich liebe*, schaffte es nach Kanada und wurde dort mit einer Startauflage von 110.000 Exemplaren vertrieben.

Dominik Hašek: Eishockeytorhüter, heißt es, seien speziell, nicht selten verrückt, durchgeknallt. Doch wenn man bereits die Schweiger, die Showmen und die Lebensmüden als speziell, verrückt oder durchgeknallt bezeichnet, welches Attribut bleibt dann noch für Dominik Hašek? Dazu braucht es einen Begriff, der stärker ist als jedes Adjektiv. Es braucht eine Marke für den besten Torhüter, den der Eishockeysport je erlebt hat. Es braucht den *Dominator*.

Doch bevor aus dem schmalen Mann aus Pardubice *The Dominator* wurde, vergingen bereits viele Jahre, in denen Hašek eher belächelt als verehrt wurde. Der Tscheche war zu Hause in der Extraliga bereits dreimal zum wertvollsten Spieler gewählt worden, hatte seinem HC Pardubice zwei Meistertitel gesichert, ehe er für die Chicago Blackhawks seinen ersten Auftritt auf der größten Bühne der Eishockeywelt bekam.

Nach zwei Jahren als Ersatzmann von Ed Belfour wurde Hašek in Spiel vier der Stanley-Cup-Finalserie gegen die Pittsburgh Penguins eingewechselt. Der 27-Jährige stoppte nicht nur Mario Lemieux, sondern zeigte Paraden und Einlagen, die man so zuvor noch nicht gesehen hatte. Die Penguins gewannen zwar den Stanley Cup, Hašek aber gewann das Interesse der Buffalo Sabres, die nicht daran glauben wollten, dass der Tscheche einfach nur Glück hatte.

Hašeks Besessenheit machte die Sabres zu einer Mannschaft, die schwer zu besiegen war. Im Training forderte er seine Mitspieler dazu auf, sich ihm im Eins-gegen-Eins zu stellen. Besaß einer die Frechheit, ihn zu überwinden, musste er immer wieder anlaufen – bis ihn Hašek zehnmal in Folge gestoppt hatte. „Es war einfach verrückt", erinnerte sich der Verteidiger Scott Hannan. „Dominik war der ultimative Wettkämpfer." Und ein Mann für ultimative Spiele. In seiner ersten Play-off-Serie mit den Sabres fehlte den New Jersey Devils nur noch ein Sieg, um Buffalo rauszuwerfen. Hašek aber weigerte sich auszuscheiden, wehrte 70 Schüsse ab, bis in der vierten Verlängerung Scott Hannan, der Verteidiger, für die Sabres traf. 1:0. Auf der anderen Seite stand ein junger Torhüter namens Martin Brodeur im Tor.

Hašek wurde zum besten Torhüter der NHL gewählt, brach Rekorde, wurde mit Tschechien 1998 Olympiasieger, den Stanley Cup aber konnte er mit den Sabres nicht gewinnen. 1999 war er nah dran, dann erzielte Brett Hull für die Dallas Stars einen irregulären Treffer. Hašek musste erneut wechseln, ab 2001 komplettierte er in Detroit ein Starensemble im Tor, gewann doch noch zwei Stanley Cups und sorgte weiterhin für irrwitzige Szenen, in denen er, auf dem Rücken liegend, Pucks abwehrte, die die Schützen allesamt bereits im Netz zappeln sahen und bereits jubelnd abdrehten, oder in denen er aus seinem Kasten sprintete, um Gegner umzugrätschen. Das muss man sich genauso vorstellen, wie es da geschrieben steht. Hašek war immer ein bisschen anders, der vielleicht einzige Torhüter, der Spiele dominierte.

7.2 69:11 GERECHTIGKEIT

Yasin Ehliz kommt im Mitteldrittel spontan an den Puck, sieht aber sofort Pavel Datsyuk auf sich zufahren. Ehliz versucht, den Puck an Datsyuk vorbeizuziehen. Datsyuk aber wischt ihn ihm vom Schläger und dringt nach einem Doppelpass in das deutsche Drittel ein. Patrick Reimer will ihn noch vor der blauen Linie stellen, geht aufs Knie, lehnt sich weit nach vorne, will ihm die Scheibe vom Blatt stechen. Sein Schläger rutscht dabei aber an Datsyuks Schläger ab und trifft den Russen im Gesicht. Datsyuk fasst sich mit dem Handschuh ins Gesicht. Der Arm von Schiedsrichter Aleksi Rantala geht sofort nach oben. Als Ehliz an den Puck kommt, wird das Spiel unterbrochen.

Für Patrick Reimer war das Turnier schon vorbei. Als Deutschland gegen Norwegen und im Achtelfinale gegen die Schweiz gewann, saß er auf der

Tribüne – zwischen seiner Frau, seinem Vater und seinem besten Freund. Ein eingeklemmter Nerv machte Eishockeyspielen unmöglich, Reimer hatte Schmerzen, die bis in seine Finger ausstrahlten – am Tag des Viertelfinales wagte er sich erstmals wieder aufs Eis.

Die Öffentlichkeit ließ man glauben, dass sich der Kapitän der Nürnberg Ice Tigers eine „Unterkörperverletzung" zugezogen hatte. Niemand sollte wissen, dass ihn sein Halswirbel ausbremste, schon gar nicht seine Gegner. Denn Reimer konnte gegen Schweden dabei sein, auf dem Eis, bis um 23.31 Uhr, bis zum historischen Ende, das er noch lange aus seinem Gedächtnis wird hervorholen können.

Oder?

„Ich glaube, hervorholen kann man das nicht. Das ist ein Moment, den muss man erleben und dann auch genauso genießen, gerade weil er einmalig sein wird. Aber natürlich kann man versuchen, sich daran zu erinnern, was wir jetzt einmal machen wollen: Für mich war das ohnehin schon ein besonderer Tag und ein besonderes Spiel, weil ich gar nicht wusste, ob ich überhaupt noch einmal zurückkomme. Ich hatte schon zu meiner Frau, meinem Freund und meinem Vater gesagt, dass ich mein letztes Olympiaspiel vielleicht schon bestritten habe. Ich nehme normalerweise nie Schmerztabletten, aber da musste ich mir viele verabreichen, um wenigstens zwei Stunden am Stück schlafen zu können. Mir ging es dann immer noch nicht so ganz gut. In der Früh beim Training war es dann okay oder so weit gut genug, um spielen zu können. Das habe ich (Bundestrainer) Marco (Sturm) dann auch gesagt und glücklicherweise hat er das genauso gesehen."

Sie waren zurück im Aufgebot.

„Genau. Das Spiel ist dann allgemein schon super gelaufen. Ich glaube, wir haben da alle einfach nur den Moment gelebt und alle daran geglaubt. So kam es dann auch zum Tor: Yasin hat mir die Scheibe rübergespielt. Und ich hab die freie Bahn gesehen, hab instinktiv irgendeine Bewegung gemacht, auf die der Verteidiger glücklicherweise angebissen hat und dann konnte ich zum Tor ziehen. Eigentlich wollte ich die Scheibe direkt oben reinlupfen, das hat nicht funktioniert, aber ich hab nachstochern können und, ja, dann sieht man den Puck über die Linie kullern. Da gab es kein Halten mehr. Ich war natürlich sehr glücklich, dass mich Yasin direkt in den Schwitzkasten genommen hat. Das war für meinen Nacken super. Plötzlich aber haben alle so verhalten reagiert. Ich hatte mit der großen Traube gerechnet."

Die kam aber nicht, weil sich die Schiedsrichter erst noch einmal die Videoaufzeichnung der Szene anschauen wollten.

„Es herrschte Verwirrung. Ich habe zwar mal gesagt, dass es schön war, weil man so hatte zweimal feiern können. Aber, ich glaube, dass der Jubel noch ausgelassener gewesen wäre, wenn es direkt gezählt hätte. So war es ein schöner Spannungsbogen für alle. Nur für mich nicht. Ich war mir zu 100 % sicher, dass das Tor regulär war. Jungs, der war drin, hab' ich gesagt, da kann gar nichts sein. Aber vielleicht war da eine Strafe, vielleicht haben sie ein Abseits gesehen."

Sie haben so einige Tore in Ihrer Karriere geschossen, darunter ein wichtiges Derbytor mit Düsseldorf gegen Köln und Overtime-Treffer mit Nürnberg. War das Ihr schönster Treffer, der den Sie am intensivsten genossen haben?

„Ja. Man weiß, wo man da aufläuft und es ist einem direkt bewusst, dass man mit diesem Tor ins olympische Halbfinale eingezogen ist, was es so von einer deutschen Mannschaft noch nie gegeben hat. Es gab immer emotionale Tore und es ist auch jedes Overtime-Tor in der DEL toll, man freut sich riesig. Ich bin auch gar nicht der große Jubler, einer, der ausflippt. Aber es gibt auch in der DEL solche Tore, wo dann die Hölle los ist. Aber das war verständlicherweise noch einmal eine ganz andere Nummer. Was nah rankommt, war zugleich mein erstes Tor bei einer WM: das 2:0 gegen Russland 2011. Zuvor hatte man Russland noch nie geschlagen, kurz vor Ende hatten wir ganz klassisch wieder eine Strafzeit. Jeder bangte, dann mach ich das 2:0, das war ein ähnliches Gefühl."

Aber auf dieser Gefühlsskala müssen wir uns jetzt leider wieder in die andere Richtung bewegen. Sie sagen, dass Sie sich das Finale noch nicht wieder angesehen haben und das eigentlich auch nie machen wollen. Sie werden also vielleicht nie sehen, wie Sie sich auf die Strafbank setzen, hoch zum Videowürfel blicken, den Kopf schütteln, auf Ihre Fingernägel schauen, wieder den Kopf schütteln, wieder hoch hinauf zum Videowürfel blicken. Ein Küchenpsychologe würde das als Übersprungshandlungen bezeichnen. Was ist da in Ihnen vorgegangen?

„Ich weiß es nicht mehr so richtig. Aber, ich glaube, ich hatte schon im Gefühl, dass sich die Russen das nicht entgehen lassen würden – bei 4:3 in der Verlängerung. Ob so etwas zu denken nun gut ist, oder nicht. Aber ich dachte mir schon, dass es jetzt dann vorbei ist. Leider kam es dann auch so. Und ich konnte natürlich nicht glauben, dass so eine blöde Strafe dieses Spiel entscheiden muss. Erstens war ich mir nicht sicher, dass man das pfeifen muss. Ich hatte ihn ja nur leicht touchiert, von meinem Gefühl her. Wie gesagt, ich habe noch nicht einmal ein Bild davon gesehen. Aber in meiner Erinnerung bin ich an seinem Schläger hochgerutscht. Ich wollte ihm den Puck ausstechen. Hat er mir den Schläger hochgeschlagen? Bin ich hochgerutscht? Keine Ahnung. Jedenfalls wollte ich das nicht wahrhaben, dass so ein Scheiß passiert. In der Verlängerung."

Der Regel nach war es korrekt, das zu pfeifen, weil Ihr Schläger Datsyuk ja tatsächlich im Gesicht getroffen hat – was maximal unglücklich war, aber eben auch kein bewusstes Foul. Gibt es so etwas wie Gerechtigkeit im Eishockey?

„Weiß ich nicht. War es gerecht, dass sie das Finale dann so gewinnen? Ich glaube, dass sie zu Beginn die bessere Mannschaft waren, dann an sich selbst gescheitert sind und wir Oberwasser hatten ab dem Zeitpunkt, als wir auch ein Tor geschossen haben. Der Ausgleich zum 3:3 war mehr als glücklich. Die Verlängerung wurde dann durch die Überzahl entschieden. In diesem Spiel gab es so viele Kleinigkeiten, die den Verlauf geändert hätten, die dafür gesorgt hätten, dass wir das Spiel gewinnen. Aber:

Hätten wir gegen die Schweiz nicht das Glück gehabt, dass die sich nach neun Sekunden eine Spieldauerstrafe leisten oder gegen Schweden in der Overtime oder gegen Kanada, hätte das Turnier für uns auch schon dreimal vorher beendet sein können.

Trotzdem hätte jeder gesagt, dass wir ein gutes Turnier gespielt haben. Losgelöst von allem, haben wir das Spiel sehr unglücklich verloren, vielleicht war es auch ungerecht. Im Turnierverlauf war es vielleicht gerecht, dass wir das Spiel verloren haben. Aber was heißt das schon im Sport, gerecht, ungerecht? Da hatten sie einfach mehr Glück.

Noch einmal zurück zur Strafzeit. Ich habe danach mit Lars Brüggemann gesprochen (einem ehemaligen Profispieler und -schiedsrichter, der als Leiter des Schiedsrichterwesens der Deutschen Eishockey Liga hohes Ansehen unter den Spielern genießt). Der sagte auch, dass man die Strafe geben kann, aber nicht unbedingt muss. Die Entscheidung aber war vertretbar. Rantala hat keinen Fehler begangen, das kann ich auch akzeptieren."

Auf den Fernsehbildern sieht man Sie nach dem Siegtreffer für die Russen auf der Strafbank sitzen. Alleine. Man glaubt, zu sehen, wie Sie versuchen, das Geschehen sofort zu verarbeiten. Und man sieht Ihre grenzenlose Enttäuschung. Bei der Siegerehrung scheint es so, als trügen Sie die Silbermedaille mit Stolz, als könnten Sie sich freuen über das, was Sie gewonnen haben, anstatt das zu betrauern, was Ihnen genommen wurde. Was ist da passiert?

„Ich war ja auch unglaublich stolz. Wir haben uns auch gesagt, dass es keinen Grund gibt, traurig zu sein. Wir hatten so viel erreicht. Rückblickend glaube ich aber auch, dass es eine Trotzreaktion war. Als ich in der Zeit danach das eine oder andere Interview gegeben habe, war es vielleicht noch zu nah. Natürlich waren wir maßlos enttäuscht. Wir hatten das olympische Finale verloren, in der Verlängerung. Und ich war es, der dabei auf der Strafbank saß. Ich bin wirklich froh, dass es kein dummes Beinstellen war oder eine andere Aktion, die vermeidbar gewesen wäre. Das hätte mich tatsächlich aufgefressen.

Aber auch so ist es kein schönes Gefühl, auf der Strafbank zu sitzen und zu wissen, jetzt hat man den Russen die Chance gegeben, das Spiel zu gewinnen. Es kam von niemandem auch nur ein schiefer Blick. Es hat auch nie irgendjemand etwas gesagt oder mir Vorwürfe gemacht, zumindest nicht aus dem Team. Auf Instagram® hat sich der eine oder andere Russe bei mir bedankt."

Hätten Sie die Gelegenheit gehabt, sich das Spiel noch einmal anzusehen?

„Nee, ich habe es aber auch nie forciert. In Ausschnitten habe ich bei irgendwelchen Veranstaltungen die Tore gesehen, aber das ganze Spiel? Nein. Ich weiß auch nicht, ob mir das etwas geben würde, außer, dass ich mich vielleicht wieder darüber aufregen muss. Da muss man irgendwann loslassen, irgendwann muss man es einfach akzeptieren. Man hört ja auch so noch oft genug, ah, das war so knapp. Mein älterer Bruder hat das Spiel direkt danach noch einmal angeschaut und dann noch einmal die letzten Minuten – bis seine Lebensgefährtin gesagt hat: Wie oft willst du dir das noch anschauen? Es wird sich am Resultat nichts mehr ändern! Und so ist es doch. Ich fühle es immer noch. Ich weiß, wie es war. Ich war dabei. Das wird mir keiner nehmen."

Schon am Tag nach dem Finale wird Patrick Reimer zusammen mit Yasin Ehliz und Leo Pföderl am Flughafen in Nürnberg empfangen – von 500 Eishockeyfans. Viele davon werden die Namen der drei Nationalspieler auf ihren Ice-Tigers-Trikots tragen, aber es werden auch viele Menschen dabei sein, die zwei Wochen zuvor noch keine Eishockeyfans waren. Reimer, Ehliz und Pföderl werden riesige Blumensträuße überreicht bekommen, ein Bürgermeister wird etwas sagen, was kaum jemanden interessiert.

Reimer wird etwas sagen, was den Lärmpegel noch einmal nach oben treiben wird: „Ich bin gerade aus unserem Traum wachgerüttelt worden. Es ist einfach nur der Wahnsinn, was hier passiert." Und dann werden sie Autogramme geben, für Selfies posieren und vielleicht irgendwann realisieren, was ihnen in Südkorea gelungen ist.

Deutschland wird das Finale im Gangneung Hockey Centre verlieren, aber Silber gewinnen. Im Eishockey. Keiner deutschen Mannschaft ist etwas Vergleichbares gelungen, es ist nicht unwahrscheinlich, dass einer deutschen Mannschaft niemals mehr etwas Vergleichbares gelingen wird. Patrick Reimer wird es für immer fühlen. Er wird immer wissen, wie es war. Er war dabei.

7.3 69:40 KUNST

Patrick Reimer sitzt auf der Strafbank. Pavel Datsyuk bleibt auf dem Eis, gewinnt das Bully, vergibt die erste Chance des Powerplays mit der Rückhand. Russland bleibt in Puckbesitz. Vyacheslav Voynov verteilt die Scheibe, der große Datsyuk lauert vor Danny aus den Birken, Nikita Gusev und Kirill Kaprizov warten in den Halbpositionen. Voynov passt einmal, zweimal auf Gusev, der die Scheibe jedes Mal streichelt, Schüsse und Querpässe auf Kaprizov subtil andeutet, der die drei deutschen Unterzahlspieler beobachtet, sie heranlockt, auf den ihren ersten Fehler wartet, den Puck dann aber doch auf Voynov zurücklegt.

Der Verteidiger entscheidet sich diesmal für Kaprizov, der sofort das lange Zuspiel auf Gusev wagt. Gusev zuckt kurz und sorgt so dafür, dass der deutsche Abwehrspieler Moritz Müller und der deutsche Angreifer Marcel Goc den Passweg auf Kaprizov für einen Augenblick freigeben. Sein Pass ist perfekt, der One-Timer von Kaprizov auch. Der Puck schlägt unter der Latte ein. 3:4. Schläger und Handschuhe fliegen, aus den Birken kniet auf dem Eis, Reimer bleibt auf dem Eis sitzen und Oleg Znaroks, der ewig schlecht gelaunte Cheftrainer, wirft Kusshände ins Publikum. Deutschland hat die Silbermedaille bei den Olympischen Spielen 2018 gewonnen.

Patrick Reimer hatte recht gehabt. Diese Chance haben sich die Russen nicht entgehen lassen, nicht in der Verlängerung eines Finales, in dem sie als Russen gar nicht erst hatten auftreten dürfen. Aber wie sie diese Chance nutzten, das war beeindruckend. In der 70. und letzten Minute des Finales von Pyeongchang vereinigten sich Geduld, Technik, Kraft, Schnelligkeit und Präzision zu Kunst.

Brendan Shanahan definierte Eishockey, als er nach der diesem Spiel innewohnenden Härte gefragt wurde. Lange vor dem Kanadier aber hatte der Eishockeyphilosoph Anatoli Tarasov die Entwicklung seines Sports vorhergesagt: „Die Geheimnisse von heute sind morgen allen bekannt. Man muss nur genau hinschauen. Es wird im Eishockey keine Geheimnisse mehr geben. Mit Vorstellungskraft, harter Arbeit, Disziplin und Hingabe lassen sich alle Ziele erreichen. Mit Geheimnissen hat das nichts zu tun, überhaupt nichts. Es werden immer die besonderen Spieler sein, die den Unterschied machen. Spieler mit der Weisheit von Schachgroßmeistern, der Genauigkeit von Scharfschützen und dem Rhythmus von Musikern. Vor allem aber müssen sie herausragende Athleten sein."

Jahrzehnte nach dieser Weissagung ist die Athletik längst Grundvoraussetzung geworden. Am olympischen Eishockeyturnier von Pyeongchang haben ausschließlich herausragende Athleten teilgenommen. Aber auch weise Eishockeyspieler, wie Pavel Datsyuk und Patrick Reimer, Präzisionsarbeiter wie Kirill Kaprizov und Dominik Kahun und Spieler, die den Rhythmus des Endspiels bestimmten, wie Nikita Gusev und Yasin Ehliz.

Eishockey ist eine Mannschaftssportart, die abstoßend, weil brutal sein kann, die immer rasant und immer faszinierend ist. Aber es waren immer die Spieler, die die Grenzen immer weiter verschoben haben. Darunter aber gab es einen Künstler, der immer noch weit über allen anderen schwebt. Das sollte man wissen.

Der Ausnahmespieler

Wayne Gretzky: Vielleicht gibt es unzählige 10-Jährige, die sich von ihrem Vater hatten anhören müssen, dass sie sich besser darauf vorbereiten sollten, dass die Menschen irgendwann kommen werden, um sie sprinten, Rad fahren, turnen, Volleyball oder Eishockey spielen zu sehen. Aber nur Wayne Douglas Gretzky aus Brantford, Ontario, nahm die Worte ernst.

Der Legende nach hatte Walter Gretzky das Haus in der Varadi Avenue nur ausgesucht, weil der Hinterhof eben genug war, um darauf eine Eisfläche zu errichten. „Wally's Coliseum" entstand und der kleine Wayne hatte die Gelegenheit, vor der Schule, nach der Schule und nach dem Abendessen aufs Eis zu gehen.

Es folgte die normale Karriere eines Wunderkinds, ein Sechsjähriger unter 10-Jährigen, gepriesen von Mitspielern, Trainern und Gegnern gleichermaßen. Gretzky aber war nicht nur ein Wunderkind, er war das Wunder selbst. Nachdem er 378 Tore geschossen hatte – in einer Saison! –, drehte sich die Stimmung. Eltern seiner Gegenspieler beleidigten ihn, seine Gegenspieler drohten ihm. Nicht nur einmal saß Gretzky nach Spielen, die er dominiert hatte, weinend im Fond des Familienkombis.

Sehr viel später sagte er, dass er nicht spiele, um in die Zeitung zu kommen oder um im Fernsehen zu sehen zu sein, er spiele aus Spaß. Und vielleicht ist das tatsächlich die ganze Wahrheit hinter dem größten Eishockeyspieler aller Zeiten. Ja, aller Zeiten, weil es unmöglich ist, dass diesen Sport noch einmal ein Mensch so verändern wird wie Wayne Gretzky. Wer an Fußball denkt, denkt an Maradona, Beckenbauer, Pelé, Messi und Ronaldo. Wer an Basketball denkt, dachte lange Zeit an Jordan, mittlerweile aber eben auch an LeBron James.

Aber wer an Eishockey denkt, denkt immer noch zunächst an Wayne Gretzky, der Menschen das Spiel hat lieben lassen, die nie selbst auf dem Eis standen, der zum ersten Weltstar dieser Sportart wurde, der im Alter von 17 Jahren in der World Hockey Association anfing, einer wilden Konkurrenzliga, weil er für die NHL noch drei Jahre zu jung war. Gretzky brach schnell alle Rekorde, irgendwann sogar die Rekorde von Gordie Howe, seinem Kindheitsidol, dessen Nummer neun er tragen wollte. Weil die Nummer neun bei den Sault Ste. Marie Greyhounds, seinem Jugendteam, aber bereits an Brian Gualazzi (Wer? Genau!) vergeben war, wählte Gretzky auf Rat seines Trainers die Nummer 99 aus.

23 Jahre später entschied die NHL, dass die 99 nie wieder vergeben werden dürfe – ligaweit. Weltweit gilt es als verpönt, die 99 zu tragen. Es gab viele Spieler, die Eishockey revolutioniert, dominiert und geprägt haben. Es gab Vsevolod Bobrov, Vladimir Martinec, Gordie Howe, Bobby Orr, Mario Lemieux. Aber es gab nur eine Nummer 99.

ANHANG

1 DANKE

Unter den Eishockeybuchrezensenten im Hause Böhm ist meine Frau Katrin der Anatoli Tarasov. Zum Einstieg sei das erste Kapitel unverständlich, umständlich formuliert, einfach nicht geeignet. Danach aber werde *Eishockey – alles, was man wissen muss* ganz okay. Konstruktive Kritik, so wichtig.

Noch wichtiger: die Liebe von Katrin, Henri und Ben und das Verständnis, dass sich der Ehemann und Papa drei Monate lang in den Keller zurückzogen hat; in Bertram einen Vater, der mich so lange mit zum Eishockey genommen hat, bis ich endlich kapiert habe, dass es einen faszinierenderen Sport gar nicht geben kann, und in Angelika eine Mama, die oft an mir verzweifelt ist und trotzdem nie an mir gezweifelt hat; die Hilfe von Christoph Fetzer und Bernd Schwickerath, zwei herausragenden Eishockeyjournalisten; die vielen fehlenden Wörter, um die Michael Fischer und Sebastian Gloser jene Lückentexte für die *Nürnberger Nachrichten* ergänzt haben, die in der Zeit geschrieben wurden, in der auch dieses Buch entstanden ist; die Zeit von Patrick Reimer, einem herausragenden Kapitän, und die Zeit von Kurt Kleinendorst und Rob Wilson, die ich selbst gerne als meine Trainer erlebt hätte; ein wichtiger Hinweis von Felix Jäckle; die wertvollen Download-Links, die mir *Eurosport* freundlicherweise zugesandt hat; und das Verständnis von Thorsten Drenkard, einem herausragenden Trauzeugen und Freund, dafür, dass ich mich über Wochen wie ein Vollidiot benommen habe. Danke.

2 QUELLENVERZEICHNIS

Artikel

Associated Press: „Blades of Steel" von Stephen Whyno, 1. Oktober 2018.

The Athletic: „What does it mean to have a high Hockey IQ?" von Seth Rorabaugh, 7. Januar 2019.

The Athletic: „Former Maple Leafs goalie Ben Scrivens talks Olympics" von Joshua Kloke, 30. Januar 2018.

The Athletic: „The all-time best and worst sticks" von Justin Bourne, 4. Dezember 2018.

The Athletic: „How an NHL player is fitted with the perfect stick" von Fluto Shinzawa, 2. Oktober 2018.

The Athletic: „The best is yet to come: Boycotting women's hockey players kick off North

The Athletic: „Austrian anomaly: The unlikely rise of Coyotes forward Michael Grabner" von Craig Morgan, 28. September 2018.

The Athletic: „An old jock strap, sweat-stained hats and the McDonald's arches" von Rob Rossi, 4. November 2019.

The Athletic: „The best is yet to come" von Haley Salvian, 23. September 2019.

The Atlantic: „The tragic post-hockey life of an NHL enforcer" von Nicolas Pollock, 25. April 2019.

CBC Sports: „In search of Vic Ferrari" von Elliotte Friedman, 6. August 2014.

CBC Sports: „98 problems: How it all went wrong for Canada's Olympic hockey team in Nagano" von Mike Brophy, 3. Februar 2017.

Canadian Broadcasting Corporation: „Top ten greatest Canadians – Wayne Gretzky", 2006.

Bleacher Report: „Anton Volchenkov has the potential to reverse misfortunes with New Jersey Devils" von Alison Myers, 3. Dezember 2011.

Deadspin: „Your hockey gear is foul, clean it, or else" von Jolie Kerr, 15. November 2013.

Eishockey News: „Ich bin selten nervös – so ist mein Naturell" von Anette Laqua, 11. März 2019.

The Guardian: „Why won't the NHL allow its players to go to the 2018 Winter Olympics?" von Joshua Kloke, 4. April 2017.

The Guardian: „‚We're not going to play': Will a player boycott save women's hockey ... or harm it?" von Erica Ayala, 6. Mai 2019.

Hamburger Abendblatt: „Patrick Köppchen: „Ohne Schmerztabletten geht es nicht" von Alexander Berthold und Björn Jensen, 20. März 2012.

Hockeyfans.ch: „Eine Legende sagt Ciao" von Maurizio Urech, 31. August 2013.

Hockey-graphs.com: „The usefulness or lack thereof of hit totals" von Garret Hohl, 2. Februar 2015.

The Hockey News: „Happy birthday, Anatoly Tarasov" von Ken Campbell, 10. Dezember 2018.

Los Angeles Times: „Controlling the faceoff is critical to the game of hockey" von David Wharton, 11. Juni 2014.

Mentalfloss.com: „12 Fun facts about slap shot" von Mark Mancini, 24. Februar 2014.

Montreal Gazette: „Hockey", 4. März 1875.

National Post: „There can only be one Bobby Orr" von Cam Cole, 20. März 2013.

Neue Zürcher Zeitung: „Die Systemfrage" von Hermann Pedergnana, 3. Oktober 2013.

Neue Zürcher Zeitung: „Die Tücken des Hybrid Icing" von Hermann Pedergnana, 26. Oktober 2014.

New York Times: *„In hockey loss, Russian pride yields to gloo" von Karen Crouse, 19. Februar 2014.*

Nova Caps: „Tim Barnes hat his day with the Stanley Cup in Calgary" von Jon Sorensen, 30. Oktober 2018.

Ottawa Sun: „Senators' Scott Sabourin back on ice" von Bruce Garrioch, 23. November 2019.

The Players' Tribune: „What you don't know about: being a sniper" von James Neal, 29. September 2015.

The Players' Tribune: „A letter to my younger self" von Doug Gilmour, 9. März 2016.

The Players' Tribune: „Elite snipers 101" von Jonathan Quick, 29. Juli 2015.

The Players' Tribune: „How we play hockey in Russia" von Evgenij Kuznetsov, 29. Dezember 2015.

The Players' Tribune: „The beautiful game" von Igor Larionov, 23. Februar 2015.

The Players' Tribune: „It's time for action" von Ken Dryden, 6. April 2018.

The Players' Tribune: „Gone" von Daniel Carcillo, 23. April 2015.

The Players' Tribune: „I'm not Connor McDavid" von Ben Meisner, 14. August 2018.

The Players' Tribune: „Incredible, amazing, perfect, gold" von Jocelyne Lamoureux-Davidson, 28. Februar 2018.

The Players' Tribune: „If I should die" von Kendra Fisher, 11. Dezember 2017.

Puckprose.com: „Who is the greatest goal scorer of their generation?" von Jeremy Tuch, 20. November 2018.

Reuters: „Not seen in Pyeongchang: NHL players or wooden sticks" von Dan Burns, 18. Februar 2018.

Rolling Stone: „Why slap shot captures the 1970s better than any other sports movie" von Dan Epstein, 24. Februar 2917.

Spiegel: „Der Mann, der nicht Bundestrainer werden wollte" von Bernd Schwickerath, 9. April 2013.

The Sporting News: „Goal droughts happen to the NHL's very best" von Travis Yost, 17. November 2016.

The Sporting News: „SN names the 20 smartest athletes in sports", 23. September 2010.

The Sporting News: „The real story of how Corsi got its name" von Bob McKenzie, 6. Oktober 2014.

Sportsnet: „Bobby Orr talks hockey's most iconic photograph" von Luke Fox, 10. Mai 2017.

Sportsnet: „All and nothing" von Ryan Dixon.

Sportsnet: „Yanic Perreault, Chicago Blackhawks faceoff guru" von Damien Cox, 7. Mai 2015.

Sportsnet: „Era adjusted: Greatest NHL goal-scoring seasons of all-time" von Steve Dangle, 20. Oktober 2017.

Sportsnet: „Era adjusted: Why Brett Hull's 1990-91 may never be surpassed" von Steven Dangle, 27. Oktober 2017.

Sportsnet: „NHL will not participate in 2018 Pyeongchang Olympic Games" von Elliotte Friedman, 3. April 2017.

Sportsnet: „Oilers' Leon Draisaitl modeling game after two-way star Pavel Datsyuk" von Mark Spector, von 14. Oktober 2019.

Spox.com: „Ich habe ein Monat gar nichts gesehen", APA, 1. Oktober 2019.

Sports Illustrated: „Double duty: The value of a two-way forward in Today's NHL" von Alex Prewitt, 2. Oktober 2019.

Süddeutsche Zeitung: „Abschied des Lokomotivführers" von Johannes Schnitzler, 5. November 2018.

Süddeutsche Zeitung: „Der Hut kommt wieder ins Museum" von Ulrich Hartmann, 11. November 2018.

Time.com: „The NHL is not allowing players to compete in the 2018 Winter Olympics. Here's What to Know" von Jennifer Calfas, 14. Februar 2018.

Vice.com: „When American hockey players destroyed the olympic village in Nagano" von Terrence Doyle, 24. Februar 2016.

Watson.ch: „Der letzte Romantiker des Schweizer Eishockeys" von Klaus Zaugg, 28. Dezember 2014.

Watson.ch: „Komponist, Dirigent und Rockstar" von Klaus Zaugg, 25. Dezember 2016.

Watson.ch: „Zwei rasierfaule und abergläubische NHL-Spieler «erfinden» den Playoff-Bart" von Ralf Meile, 8. April 2019.

Watson.ch: „Zum Schiri nüma ‹Fuck you› sägä, äs git zwei Minuta, hä!" von Reto Fehr, 19. Oktober 2019.

Watson.ch: „Als nach der grössten Prügelei aller Zeiten die Lichter ausgingen und ein Spiel die Eishockey-Welt veränderte" von Klaus Zaugg.

Die Welt: „Udo Kießling: Hart gegen sich selbst, hart gegen andere" von Oliver Trust, 6. Januar 1996.

Yahoo Sports: „Russian reaction to hockey elimination? Stunned silence, shaken pride" von Dmitry Chesnokov, 20. Februar 2014.

Zeit online: „Wen interessiert schon Eishockey?" von Florian Meißner, 7. Mai 2010.

Zeit online: „Der schrullige Kauz, der Dirk Nowitzki erfand" von Tobias Jochheim, 20. November 2012.

Zeit online: „Ein Haufen ungekämmter Rüpel" von Oliver Fritsch, 24. Februar 2018.

Podcast

31 Thoughts

Hockey Buddies

The Hockey News Podcast

The Hockey Think Tank Podcast

Puck Soup

The Pulp Hockey Show

Shorthanded News

Spittin' Chiclets

Bücher

Dryden, K.: *The Game*. John Wiley & Sons.

Eckert, H.: *Eishockey Weltgeschichte*. Copress-Verlag.

Keenan, B.: *Odd Rush*. 2016, Skyhorse Publishing.

Klein, G.: *Die Droge Eishockey*. 1999, weropress.

Podnieks, A. (2003): *The Goal: Bobby Orr and the most famous shot in Stanley Cup History*. Triumph.

Schwickerath, B. (2018): *Die stärkste Liga der Welt*. Verlag Die Werkstatt.

Snyder, J.: *Ice Hockey injuries: Who gets hurt and why does it matter?*.

Willes, Ed (2008).: *Gretzky to Lemieux: The story of the 1987 Canada Cup*. 2008 McClelland & Stewart.

Wyshynski, G.: *Take your eyes off the puck*. Triumph.

Filme

Harvey, Brett. (2016): *Ice Guardians*.

Hill, George Roy. (1977): *Slap Shot*.

New York Times Video: *Punched out: The death of Derek Boogaard* von Shayla Harris.

Polsky, Gabe. (2014): *Red army*.

Roy, George. (2010): *Broad Street Bullies*. HBO Sports.

TSN Original, *Legalized – Part 2*.

Online-Enzyklopädien, ohne die dieses Buch nicht hätte geschrieben werden können

www.eliteprospects.com

www.wikipedia.de

3 BILDNACHWEIS

Umschlaggestaltung: Katerina Georgieva

Coverfoto: © dpa – picture alliance

Layout: Annika Naas

Satz: ZeroSoft

Lektorat: Dr. Irmgard Jaeger

Projektleitung: Riccardo Rip